Autores varios

Evangelios Apócrifos

Barcelona **2024**
Linkgua-ediciones.com

Créditos

Título original: Evangelios apócrifos

© 2024, Red ediciones S.L.
Red ediciones se reserva los derechos del traductor, que se acreditarán si en algún momento surgiera una demanda por sus posibles herederos.

Traducción: Edmundo González-Blanco

e-mail: info@linkgua.com

Diseño de cubierta: Mario Eskenazi.

ISBN rústica: 978-84-9816-615-6.
ISBN ebook: 978-84-9897-620-5.

Sumario

Brevísima presentación

Los Evangelios apócrifos fueron escritos en los primeros siglos del cristianismo y cuentan historias relativas a Jesús, que contienen episodios omitidos en la Biblia y no fueron aceptados por la ortodoxia cristiana.

Algunas de sus fuentes se encuentran en los rollos del mar muerto y los de Nag Hammadi.

Se les dio el nombre de Evangelios por su aspecto similar a los cuatro evangelios admitidos en el canon del Nuevo Testamento. Sin embargo, muchos de ellos no tienen un estilo evangélico.

Algunos de estos escritos aparecieron en comunidades gnósticas, con la intención de contener palabras ocultas (en griego, apokryphos). Y cabe comentar que el término apócrifo no indicaba en sus orígenes falsedad sino misterio. Estos mensajes, ocultos entre los discursos y atribuidos a Cristo, estaban reservados a los iniciados de esas comunidades.

Evangelio de Santo Tomás (redacción griega)

I. Preámbulo

1. Yo, Tomás Israelita, vengo a anunciaros a todos vosotros, mis hermanos entre los gentiles, para que los conozcáis, los actos de la infancia y los prodigios de Nuestro Señor Jesucristo, cumplidos por él después de su nacimiento en nuestro país.

2. Y he aquí cuál fue su comienzo.

II. Gorriones hechos con barro

1. El niño Jesús, de cinco años de edad, jugaba en el vado de un arroyo, y traía las aguas corrientes a posar, y las tornaba puras enseguida, y con una simple palabra las mandaba.

2. Y, amasando barro, formó doce gorriones, e hizo esto un día de sábado. Y había allí otros muchos niños, que jugaban con él.

3. Y un judío, que había notado lo que hacía Jesús, fue acto seguido, a comunicárselo a su padre José, diciéndole: He aquí que tu hijo está cerca del arroyo, y, habiendo cogido barro, ha compuesto con él doce gorriones, y ha profanado el sábado.

4. Y José se dirigió al lugar que estaba Jesús, lo vio, y le gritó: ¿Por qué haces, en día de sábado, lo que no está permitido hacer? Pero Jesús, dando una palmada, y dirigiéndose a los gorriones, exclamó: Volad. Y los pájaros abrieron sus alas, y volaron, piando con estruendo.

5. Y los judíos quedaron atónitos ante este espectáculo, y fueron a contar a sus jefes lo que habían visto hacer a Jesús.

III. Muerte del hijo de Anás

1. Y el hijo de Anás el escriba se encontraba allí, y, con una rama de sauce, dispersaba las aguas que Jesús había reunido.

2. Y Jesús, viendo lo que ocurría, se encolerizó, y le dijo: Insensato, injusto e impío, ¿qué mal te han hecho estas fosas y estas aguas? He aquí que ahora te secarás como un árbol, y no tendrás ni raíz, ni hojas, ni fruto.

3. E inmediatamente aquel niño se secó por entero. Y Jesús se fue de allí, y volvió a la casa de José. Pero los padres del muchacho muerto lo tomaron

en sus brazos, llorando su juventud, y lo llevaron a José, a quien reprocharon tener un hijo que hacía tales cosas.

IV. Castigo infligido por Jesús a un niño

1. Otra vez, Jesús atravesaba la aldea, y un niño que corría, chocó en su espalda. Y Jesús, irritado, exclamó: No continuarás tu camino. Y, acto seguido, el niño cayó muerto. Y algunas personas, que habían visto lo ocurrido, se preguntaron: ¿De dónde procede este niño, que cada una de sus palabras se realiza tan pronto?

2. Y los padres del niño muerto fueron a encontrar a José, y se le quejaron, diciendo: Con semejante hijo no puedes habitar con nosotros en la aldea, donde debes enseñarle a bendecir, y no a maldecir, porque mata a nuestros hijos.

V. José reprende a Jesús

1. Y José tomó a su hijo aparte, y lo reprendió, diciendo: ¿Por qué obras así? Estas gentes sufren, y nos odian, y nos persiguen. Y Jesús respondió: Sé que las palabras que pronuncias no son tuyas. Sin embargo, me callaré a causa de ti. Pero ellos sufrirán su castigo. Y, sin demora, los que lo acusaban, quedaron ciegos.

2. Y los que vieron esto, vacilantes y atónitos, decían de Jesús que toda palabra que pronunciaba, buena o mala, se cumplía, y producía un milagro. Y, cuando hubieron visto que Jesús hacía cosas semejantes, José se levantó, lo agarró por la oreja, y se la estiró con fuerza.

3. Pero el niño se enfadó, y le dijo: Bien fácil te es buscar sin encontrar, y acabas de obrar como un insensato. ¿Ignoras que te pertenezco? No me hagas daño.

VI. Exposición del alfabeto

1. Y un maestro de escuela, llamado Zaqueo, que se encontraba allí, oyó a Jesús hablar así a su padre, y le sorprendió mucho que un niño se expresase de aquella manera.

2. Y, algunos días después, se acercó a José, y le dijo: Tienes un hijo dotado de buen sentido e inteligencia. Confíalo a mi cuidado, para que aprenda las letras,

y, con las letras, le enseñaré toda ciencia. Y también le enseñaré a saludar a los mayores, a honrarlos como antepasados, a respetarlos como padres, y a amar a los de su edad.

3. Y le escribió todas las letras del alfabeto desde Alpha hasta Omega muy puntualmente y con toda claridad. Mas Jesús, mirando a Zaqueo, le dijo: Tú, que no conoces la naturaleza del Alpha, ¿cómo quieres enseñar a los demás la Beta? Hipócrita, enseña primero el Alpha, si sabes, y después te creeremos respecto a la Beta. Luego se puso a discutir con el maestro de escuela sobre las primeras letras, y Zaqueo no pudo contestarle.

4. Y, en presencia de muchas personas, el niño dijo a Zaqueo: Observa, maestro, la disposición de la primera letra, y nota cómo hay líneas y un rasgo mediano que atraviesa las líneas que tú ves comunes y reunidas, y cómo la parte superior avanza y las reúne de nuevo, triples y homogéneas, principales y subordinadas, de igual medida. Tales son las líneas del Alpha.

VII. Perplejidad de Zaqueo

1. Y, cuando Zaqueo, el maestro de escuela, oyó al niño exponer las alegorías tan numerosas y tan grandes de la primera letra, quedó perplejo ante tal respuesta y ante tal enseñanza, y dijo a los asistentes: ¡Desventurado de mí, a qué extremo me veo reducido! Me he cubierto de vergüenza, al traer a mi escuela a este muchacho.

2. Así, pues, hermano José, te ruego que lo lleves contigo, porque no puedo soportar la severidad de su mirada, ni penetrar el sentido de su palabra en modo alguno. Este niño no ha nacido en la tierra, es capaz de domar el fuego mismo, y quizá ha sido engendrado antes de la creación del mundo. ¿Qué vientre lo ha llevado? ¿Qué pecho lo ha nutrido? Lo ignoro. ¡Ay, amigo mío, tu hijo me pone fuera de mí, y no puedo seguir su pensamiento! Me he equivocado en absoluto. Yo quería tener en él un discípulo, y me he encontrado con que tengo en él un maestro.

3. Me doy cuenta de mi oprobio, amigos míos, porque yo, que soy un viejo, he sido vencido por un niño. Y no me queda sino abandonarme al desaliento o a la muerte, a causa de este niño, ya que no puedo, en este momento, mirarlo cara a cara. ¿Qué responderé, cuando digan todos que he sido derrotado por un pequeñuelo? ¿Y qué podré explicar acerca de lo que él me ha dicho de las

líneas de la primera raya? No lo sé, amigos míos, por cuanto no conozco, ni el comienzo, ni el fin, de este niño.

4. Así, pues, hermano José, te ruego que lo lleves contigo a tu casa. Es algo muy grande, sin duda: un dios, un ángel o algo parecido.

VIII. Conclusión de la historia de Zaqueo

1. Y, mientras los judíos daban consejos a Zaqueo, el niño rompió a reír, y dijo: Ahora que tu aventura produce sus frutos, y que los ciegos de corazón ven, he aquí que yo vengo de lo alto para maldecirlos, y para llamarlos a lo alto, como me lo ordenó el que me ha enviado a causa de vosotros.

2. Y, cuando el niño hubo acabado de hablar, pronto todos los que habían caído antes bajo su maldición, quedaron curados. Y nadie, desde entonces, se atrevió a provocar nunca su cólera, por miedo a que los maldijese, y los hiriese de enfermedad.

IX. Niño caído de una terraza

1. Algunos días después, Jesús jugaba en una terraza, sobre lo alto de una casa, y uno de los niños que jugaba con él, cayó de la terraza, y murió. Y, viendo esto, los demás niños huyeron, y Jesús quedó solo.

2. Y, habiendo llegado los padres del niño muerto, acusaron a Jesús de haberlo hecho caer. (Jesús les dijo: Yo no hice tal.) Y lanzaron invectivas contra él.

3. Mas Jesús se tiró de la terraza abajo, se detuvo cerca del cuerpo del niño caído, y gritó a gran voz, diciendo: Zenón (porque tal era su nombre), levántate, y dime: ¿Soy yo quien te hizo caer? Y, habiéndose levantado inmediatamente, el niño repuso: No, Señor, tú no me has hecho caer, sino que me has resucitado. Y los espectadores del lance quedaron conmovidos de asombro. Y los padres del niño glorificaron a Dios por el milagro cumplido, y adoraron a Jesús.

X. Resurrección de un joven

1. Pasados otros cuantos días, un joven cortaba leña en las proximidades del pueblo. Y he aquí que su hacha le hendió la planta del pie, y murió, por haber perdido toda su sangre.

2. Y, como ello produjera una aglomeración y un tumulto de gentes, el niño Jesús corrió también allí, y, haciéndose sitio, atravesó la multitud, y tomó el pie herido del joven, que enseguida quedó curado. Y dijo al joven: Levántate, sigue cortando leña, y acuérdate de mí. Y la multitud, al ver lo que había pasado, adoró al niño, diciendo: Verdaderamente, el espíritu de Dios reside en ti.

XI. Jesús en la fuente

1. Y, cuando tenía seis años, su madre le dio un cántaro, y lo envió a tomar agua, para llevarla a casa. Pero, habiendo tropezado el niño con la multitud, el cántaro se rompió.

2. Entonces Jesús, extendiendo la túnica que lo cubría, la llenó de agua, y la llevó a su madre. Y su madre, reconociendo milagro tal, lo abrazó, y guardó en su corazón los misterios que veía cumplidos.

XII. Milagro del grano de trigo

1. Otra vez, en la época de la siembra, el niño salió con su padre para sembrar trigo en su campo, y, mientras su padre sembraba, el niño Jesús sembró también un grano de trigo.

2. Y, una vez lo hubo recolectado y molido, obtuvo cien medidas y, llamando a la granja a todos los pobres de la aldea, les distribuyó el trigo, y José se quedó con lo que aún restaba. Y Jesús tenía ocho años cuando hizo este milagro.

XIII. Milagro de las dos piezas de un lecho

1. Y su padre era carpintero, y hacía en aquel tiempo carretas y yugos. Y un hombre rico le encargó que le hiciese un lecho. Mas, habiendo cortado una de las piezas más pequeña que la otra, no sabía qué partido tomar. Entonces el niño Jesús dijo a su padre José: Pon las dos piezas en el suelo, e iguálalas por tu lado.

2. Y José procedió como el niño le había indicado. Y Jesús se puso al otro lado, tiró de la pieza más corta, y la tornó igual a la otra. Y su padre José, viendo tal, quedó admirado, y abrazó a Jesús, diciendo: Felicitarme puedo de que Dios me haya dado este niño.

XIV. Relaciones con un segundo maestro

1. Viendo José que el niño crecía en edad y en inteligencia, y no queriendo que permaneciese iletrado, lo llevó a un segundo maestro. Y este maestro dijo a José: Le enseñaré primero las letras griegas, y luego las hebraicas. Porque el maestro conocía la inteligencia del niño. Sin embargo, después de haber escrito el alfabeto, se ocupó largamente de él, y Jesús no le respondió, hasta que le advirtió:

2. Si eres verdaderamente un maestro, y conoces bien el alfabeto, dime primero el valor de Alpha y yo te diré luego el de Beta. Pero el maestro, irritado, le pegó en la cabeza. Y el niño, en su dolor, lo maldijo, y aquél cayó exánime, con la faz contra tierra.

3. Y el niño volvió a casa de José, que quedó muy afligido, y recomendó a su madre: No le dejes pasar la puerta, porque cuantos lo encolerizan, quedan heridos de muerte.

XV. Jesús confunde a un tercer maestro

1. Y, algún tiempo después, otro maestro que era pariente y amigo de José, le dijo: Tráeme al niño a la escuela, que quizá podré por la dulzura enseñarle las letras. Y José le contestó: Si tienes valor, hermano, llévalo contigo. Y lo llevó con temor y repugnancia, y el niño iba con placer.

2. Y, entrando decididamente en la escuela, encontró un libro sobre un pupitre, y, tomándolo, no leía los caracteres que en él se encontraban, sino que, abriendo la boca, hablaba conforme a la inspiración del Espíritu Santo. Y enseñó la Ley a los presentes. Y, juntándose una gran multitud, lo rodeaba, lo escuchaba, y se admiraba de la belleza de sus descripciones, de lo justo de sus discursos, y de que un niño como él se expresase de tal manera.

3. Al oír esto, José, espantado, fue a la escuela, temiendo por la salud del profesor. Y el maestro dijo a José: Sabe, hermano, que yo he tomado al niño por discípulo, pero está lleno de sabiduría y de gracia. Condúcelo, yo te lo ruego, a tu domicilio.

4. Y, cuando el niño hubo oído estas palabras, sonrió. y le dijo: Puesto que has hablado bien, y has dado un buen testimonio, sea por tu causa curado

quien fue herido. Y enseguida el otro maestro fue curado. Y José volvió con el niño a su casa.

XVI. Jacobo, curado de una mordedura de víbora

1. Y José envió a su hijo Jacobo a cortar madera, el niño Jesús lo seguía. Y, mientras Jacobo trabajaba, una víbora le mordió en la mano.

2. Y, como sufría y parecía herido de muerte, Jesús se aproximó, y le sopló en la mordedura, y enseguida cesó el dolor, y murió el reptil, y, al instante, Jacobo quedó sano y salvo.

XVII. Resurrección de un niño

1. Más tarde, murió un niño en la vecindad, y su madre lloraba mucho. Y Jesús oyó el clamor de su gran pena y se apresuró a acudir. Y, hallando al niño muerto, le tocó el pecho, y dijo: Yo te mando, niño, que no mueras, sino que vivas, y que te quedes con tu madre. Y enseguida el niño abrió los ojos, y sonrió. Y Jesús dijo a la mujer: Tómalo, y dale leche, y acuérdate de mí.

2. Y, viendo esto, la gente se llenó de admiración, y decía: En verdad, este niño es un Dios o un ángel de Dios, porque toda palabra suya se convierte en un hecho. Y Jesús se fue a jugar con los demás niños.

XVIII. Resurrección de un hombre

1. Algún tiempo más tarde, habiéndose producido en una casa que se construía un gran tumulto, Jesús se levantó, y acudió al lugar. Y, viendo a un hombre que yacía sin vida, le tomó la mano y dijo: Levántate, hombre, y continúa laborando en tu obra, pues yo te lo ordeno. Y el hombre se levantó, y lo adoró.

2. Viendo lo cual, quedó la gente admirada, y decía: Este niño viene del cielo, porque ha salvado almas de la muerte, y las salvará durante toda su vida.

XIX. Jesús en medio de los doctores

1. Cuando tuvo la edad de doce años, sus padres, siguiendo la costumbre, fueron a Jerusalén por las fiestas de Pascua con otros compañeros de viaje, y, después de las fiestas, regresaron a su morada. Y, mientras ellos volvían, el niño Jesús quedó en Jerusalén, y sus padres pensaron que estaba entre sus compañeros de viaje.

2. Mas, tras una jornada de camino, buscaron entre sus deudos, y, no hallándolo, se afligieron, y tomaron a la ciudad para buscarlo. Y, tres días después, lo hallaron en el templo, sentado entre los doctores, escuchándolos e interrogándolos. Y todos estaban atentos y sorprendidos de que un niño redujese al silencio a los ancianos del templo y a los doctores del pueblo, explicando los puntos principales de la Ley y las parábolas de los profetas.

3. Y su madre María, aproximándose, le dijo: ¿Por qué nos has hecho esto, hijo mío? He aquí que estábamos afligidos, y que te buscábamos. Pero Jesús les dijo: ¿Por qué me buscabais? ¿No sabéis que es preciso que yo atienda a las cosas que afectan a mi Padre?

4. Y los escribas y los fariseos dijeron a María: ¿Tú eres madre de este niño? Ella respondió: Lo soy. Y ellos dijeron: Feliz eres entre las mujeres, porque Dios ha bendecido el fruto de tus entrañas. Nunca hemos visto ni oído tanta gloria, tanta virtud, tanta sabiduría.

5. Y Jesús, levantándose, siguió a su madre, y estaba sometido a su familia. Y su madre guardaba estas cosas en su corazón. Y Jesús crecía en sabiduría, en edad y en gracia. Gloria a él por los siglos de los siglos. Amén.

Evangelio de Santo Tomás (redacción latina)

I. De cómo María y José huyeron con Jesús a Egipto
1. Cuando Herodes hizo buscar a Jesús, para matarlo, el ángel dijo a José:
2. Toma a María y a su hijo, y huye a Egipto, lejos de los que quieren matar al niño.
3. Y Jesús tenía dos años cuando entró en Egipto.
4. Y ocurrió que, como cruzasen un sembrado, recogió espigas, y las puso al fuego, y las asó, y las comió.
5. Y, llegados a Egipto, fueron admitidos en la casa de una viuda.
6. Y pasaron un año allí.
7. Y Jesús cumplió los tres años. Y, viendo jugar a los niños, comenzó a tomar parte en sus diversiones.
8. Y, encontrando un pez seco, lo puso en un plato, y le ordenó que palpitase.
9. Y el pez comenzó a palpitar.
10. Y Jesús le dijo: Quítate la sal que has tomado, y ve al agua.
11. Y fue así. Mas los vecinos, viendo lo que había hecho, llevaron la noticia a la casa de la viuda en que vivía María, la madre de Jesús.
12. Y aquella mujer, al saber lo ocurrido, los arrojó de su casa.

II. Jesús y los doce pajarillos
1. Y Jesús, paseando con su madre María por la plaza de la población, vio a un maestro que enseñaba a sus discípulos.
2. Y he aquí que doce pajarillos descendieron sobre donde estaban los discípulos con el maestro.
3. Y Jesús, al observar esto, se paró, y se puso a reír.
4. Y, viéndolo reír, el maestro se encolerizó.
5. Y dijo a sus discípulos: Id y traédmelo.
6. Y cuando se lo llevaron, el maestro lo agarró de una oreja.
7. Y le preguntó: ¿Qué has visto que te haya hecho reír?
8. Y Jesús le contestó: Maestro, he aquí mi mano llena de trigo.
9. Yo lo he mostrado a esos pájaros, y he esparcido este grano, y ellos se han apresurado a venir por él.

10. Y Jesús estuvo allí hasta que los pájaros se repartieron el trigo.

11. Mas el maestro lo echó de la ciudad, con su madre.

III. Jesús vuelve de Egipto a Judea

1. Y he aquí que el ángel del Señor se apareció a María.

2. Y le dijo: Toma el niño, y vuelve a la tierra de los judíos.

3. Porque los que querían su vida, han muerto.

4. Y María se levantó y se llevó a Jesús.

5. Y fueron a la ciudad de Nazareth, donde estaba la hacienda de su padre.

6. Y cuando José salió de Egipto, después de la muerte de Herodes, condujo a Jesús al desierto, hasta que los que querían la vida del niño no turbasen a Jerusalén.

7. Y dio gracias al Altísimo, porque le había dado la inteligencia.

8. Y porque había hallado gracia ante el Señor Dios. Amén.

IV. Cosas que hizo Jesús en la villa de Nazareth

1. Glorioso es para Tomás Israelita, apóstol del Señor, contar las obras de Jesús, cuando estaba en Nazareth, de regreso de Egipto.

2. Oíd atentamente, hermanos queridos, lo que hizo el Señor Jesús en la ciudad de Nazareth.

3. Jesús tenía cinco años, cuando una gran lluvia cayó sobre la tierra.

4. Y el Señor Jesús andaba bajo la lluvia.

5. Y era espantosa, mas él la reunió en una cisterna y le ordenó ser clara. Y ella lo fue.

6. Y, tomando el barro de aquel pozo, lo modeló, y le dio forma de doce pajaritos.

7. Y Jesús hacía estas cosas un día de sábado, en medio de los hijos de los judíos.

8. Y los hijos de los judíos fueron a José, padre de Jesús, y le dijeron:.

9. He aquí que tu hijo jugaba con nosotros.

10. Y ha tomado barro, y ha modelado doce pájaros, y ha violado el sábado.

11. Y José vino al niño Jesús, y le dijo: ¿Por qué has hecho lo que no está permitido hacer en día de sábado?

12. Mas Jesús, abriendo las manos, dijo a los pájaros: Levantaos y volad.

13. Porque nadie ha de daros muerte.

14. Y poniéndose a volar, alababan con sus gritos a Dios Todopoderoso.

15. Y, al ver esto, los judíos, maravilláronse, y empezaron a divulgar los milagros de Jesús.

16. Y un fariseo, que estaba con el niño, tomó un ramo de oliva, y destruyó la fuente que había hecho Jesús.

17. Y, cuando Jesús lo vio, se enojó, y dijo: Sodomita impío e ignorante, ¿qué te habían hecho estas fuentes, que son obra mía?

18. Quedarás como un árbol seco, sin raíces, sin hojas ni frutos.

19. Y el fariseo se secó, y cayó a tierra, y murió.

20. Y sus padres llevaron su cuerpo, y se enojaron con José.

21. Y le decían: He aquí la obra de tu hijo. Enséñale a orar, y no a maldecir.

V. Los nazarenos se irritan contra José por las cosas que obra Jesús

1. Y, unos días después, yendo Jesús con José por la ciudad, un niño corrió ante ellos, y, tropezando intencionadamente con Jesús, lo lastimó mucho en un costado.

2. Mas Jesús le dijo: No acabarás el camino que has comenzado a recorrer.

3. Y el niño cayó a tierra, y murió.

4. Y los que vieron tal milagro, exclamaron: ¿De dónde es este niño?

5. Y dijeron a José: No conviene que semejante niño esté entre nosotros. Aléjalo de aquí.

6. Mas si es preciso que tú estés entre nosotros, enséñale a orar, y no a maldecir, porque nuestros hijos han perdido la razón.

7. Y José llamó a Jesús y le dijo: ¿Por qué maldices?

8. He aquí que los habitantes de esta ciudad nos odian.

9. Mas Jesús dijo: Yo sé que a ti, y no a mí, afectan esos discursos.

10. Y me callaré por ti, mas que ellos vean lo que hacen, según su discreción.

11. Y todos los que hablaban contra Jesús, quedaron ciegos.

12. Y se fueron diciendo: Todas las palabras que salen de su boca tienen una potencia fatal.

13. Y viendo José lo que había hecho Jesús, se enfureció, y le agarró de una oreja.

14. Y Jesús se enojó, y dijo a José: Bástete mirarme, mas no me toques.

15. Tú no sabes quién soy. Y si lo supieras, no me contrariarías. Porque, aunque estoy aquí contigo, he sido creado antes que tú.

VI. De cómo fue tratado Jesús por un maestro de escuela

1. Y un hombre llamado Zaqueo escuchaba lo que Jesús decía a José.

2. Y lleno de admiración por Jesús, dijo: Nunca he visto un niño que hablase así.

3. Y se acercó a José y le dijo: Tienes un hijo muy inteligente. Envíamelo, para que le enseñe las letras.

4. Y luego que las sepa, yo lo instruiré con esmero, para que no permanezca en la ignorancia.

5. Y José contestó: Nadie puede enseñarle, sino Dios. ¿Crees que este niño es como los demás?

6. Y oyendo Jesús lo que Zaqueo hablaba a José, le dijo: Maestro, todas las palabras que salen de mi boca son verdaderas.

7. Y yo he sido el Señor antes que todos los hombres, y la gloria de los siglos me ha sido dada. Mas nada se os ha dado a vosotros.

8. Porque yo soy antes que los siglos, y sé cuál será el número de los años de tu vida, y que serás desterrado.

9. Y tú debes comprender lo que ha dicho mi padre, porque cuantas palabras salen de mi boca son verdaderas.

10. Y oyendo los judíos lo que decía Jesús, se maravillaban.

11. Y decían: Estamos escuchando de este niño discursos que no hemos oído nunca, y que no oiremos jamás de nadie.

12. Ni aun de los príncipes de los sacerdotes, ni de los doctores de la Ley, ni de los fariseos.

13. Y Jesús les contestó: ¿De qué os maravilláis?

14. Miráis como increíble lo que os he dicho, y he aquí que os he dicho la verdad.

15. Porque yo sé cuándo habéis nacido vosotros y vuestros padres, y os puedo decir cómo fue hecho el mundo, y conozco a quien me ha enviado a vosotros.

16. Y los judíos estaban tan asombrados que no acertaban a responder.

17. Y el niño, recogiéndose en sí mismo, se gozó, y dijo: Os he hablado en parábola, porque sé que sois débiles e ignorantes.

18. Y el maestro dijo a José: Tráemelo, para que le enseñe las letras.

19. Y José llevó a Jesús a la casa del maestro, donde había otros niños instruyéndose.

20. Y el maestro, hablándole con dulzura, se puso a enseñarle las letras.

21. Mas él escribió el primer versículo, que va desde A a T, y se puso a instruirlo.

22. Y el maestro pegó al niño en la cabeza, y el niño le dijo: Conviene que yo te instruya a ti, y no tú a mi.

23. Porque yo conozco las letras que quieres enseñarme, y sé que nada puede salir de ti, más que palabras, y no sabiduría.

24. Y comenzando el versículo, recitó desde A hasta F muy rápidamente. Y mirando al maestro dijo: Tú no sabes explicar lo que es A ni lo que es B. ¿Cómo quieres enseñar las otras letras?

25. Hipócrita, dime qué es A, y te diré que es B. Y queriendo aquel doctor explicar la A, no pudo dar ninguna respuesta.

26. Y Jesús dijo a Zaqueo. Escucha, doctor, y comprende la primera letra.

27. Nota que tiene dos trazos que se unen, se separan y engruesan, y que son el símbolo de la permanencia, de la dispersión y de la variedad.

28. Y viendo Zaqueo explicar así la primera letra, se asombró de que un niño tuviera ciencia tan profunda, y exclamó: ¡Malhaya yo!

29. Porque he traído sobre mí una gran vergüenza por causa de este niño, y estoy lleno de estupefacción.

30. Y dijo a José: Yo te ruego, hermano, que te lo lleves, pues no puedo mirarlo a la cara, ni escuchar sus discursos asombrosos.

31. Porque este niño puede dominar el fuego y encadenar la mar, por haber nacido antes que los siglos.

32. Y yo no sé qué vientre lo ha engendrado ni qué pecho lo ha nutrido.

33. He aquí que quedo abatido en espíritu, porque seré objeto de irrisión. Yo lo creía discípulo, y resulta ser maestro.

34. Y no puedo sobrellevar mi oprobio porque soy viejo, y, sin embargo, nada hallo que responderle.

35. Y quiero caer enfermo, y dejar este mundo, o, a lo menos, abandonar esta ciudad, donde todos han visto mi afrenta de ser confundido por un niño.

36. ¿Qué podré ya decir a los otros? ¿Qué discursos haré, si él me ha vencido ya en la primera letra?

37. Estoy estupefacto, ¡oh amigos!, y no hallo ni el principio ni el fin de la contestación que habría de darle.

38. Y ahora, hermano José, llévate al niño a casa, porque es un maestro, y un Señor, o un ángel.

39. Y volviéndose Jesús a los judíos que estaban con Zaqueo, les dijo: Que los que no creían, crean, y que los que no comprendían, comprendan, y que los sordos oigan y que los muertos resuciten.

40. Y cuando hubo callado el niño Jesús, todos los que habían sido heridos por su palabra, curaron.

VII. Jesús resucita a un niño

1. Subiendo un día Jesús con unos niños a la azotea de una casa, se puso a jugar con ellos.

2. Y uno cayó al patio y murió. Y todos los niños huyeron, mas Jesús se quedó.

3. Y, habiendo llegado los padres del niño muerto, decían a Jesús: Tú eres quien lo has tirado. Y lo amenazaban.

4. Y Jesús, saliendo de la casa. se puso en pie ante el niño muerto, y le dijo en voz alta: Simón, Simón, levántate y di si yo te he hecho caer.

5. Y el niño se levantó, y dijo: No, Señor. Y viendo sus padres el gran milagro que había hecho Jesús, lo adoraron y glorificaron a Dios.

VIII. Jesús cura el pie de un niño

1. Y un niño partía madera, y se hirió un pie.

2. Y, sobreviniendo allí mucha gente, Jesús se acercó también al niño, y le tocó el pie, y curó.

3. Y díjole Jesús: Levántate, y parte tu leña, y acuérdate de mí.

4. Y la gente, al ver este milagro, adoró a Jesús, diciendo: Verdaderamente, creemos que es Dios.

IX. Jesús lleva el agua en su ropa

1. Y tenía Jesús seis años. Y su madre lo envió a buscar agua.

2. Y como llegase Jesús a la fuente, había mucha multitud, y se rompió su cántaro.

3. Y en la ropa que vestía, recogió agua y la llevó a María, su madre.

4. Y viendo ella el milagro que había hecho Jesús, lo abrazó, y dijo: Señor, óyeme, y salva a mi hijo.

X. Jesús siembra trigo

1. Y, al advenir la sementera, José fue a sembrar, y Jesús iba con él.

2. Y cuando empezó a sembrar José, Jesús tomó un puñado de trigo, y lo esparció por el suelo.

3. Y llegado el tiempo de la siega, José fue a recolectar.

4. Y Jesús recogió las espigas del trigo que había sembrado, e hizo cien haces de buen grano, y lo repartió a los pobres, a las viudas y a los huérfanos.

XI. Jesús iguala dos maderos desiguales

1. Y Jesús cumplió la edad de ocho años.

2. Y José era carpintero, y hacía carretas y yugos para los bueyes.

3. Y un rico dijo a José: Maestro, hazme un lecho grande y hermoso.

4. Y José estaba afligido, porque uno de los maderos que iba a emplear era más corto que el otro.

5. Mas le dijo Jesús: No te aflijas. Toma el madero de un lado, yo lo tomaré del otro, y tiremos.

6. Y, haciéndolo así, el madero adquirió la longitud precisa. Y Jesús dijo a José: Trabaja. He ahí el madero que necesitabas.

7. Y, al ver José lo que había hecho Jesús, lo abrazó, diciendo: Bendito sea Dios, que me ha dado tal hijo.

XII. Jesús es llevado a otro maestro para aprender las letras

1. Y viendo José el poder de Jesús, y que crecía, pensó enviarlo a un maestro que le enseñase las letras, y lo llevó a un doctor.

2. Y este doctor dijo a José: ¿Qué letras quieres que aprenda tu hijo?

3. Y José le contestó: Enséñale primero las letras extranjeras y luego las hebreas. Porque estaba informado de que aquel doctor era muy sabio.

4. Y cuando el doctor escribió el primer versículo, que es A y B, se lo explicó a Jesús varias horas.

5. Mas Jesús callaba y nada respondía.

6. Y dijo luego al doctor: Si eres verdaderamente un maestro, y sabes las letras, dime la potencia de la letra A, y yo te diré la potencia de la letra B.

7. Mas el maestro, colérico, le pegó en la cabeza. Y Jesús, irritado, lo maldijo, y el maestro cayó al suelo, y murió.

8. Y Jesús volvió a su casa, mas José prohibió a María que lo dejase pasar el umbral.

XIII. Jesús es llevado por tercera vez a un maestro

1. Mas, transcurridos pocos días, vino un doctor, amigo de José.

2. Y dijo: Llévame el niño, y yo le enseñaré las letra tratándolo con mucha dulzura.

3. Y José contestó: Si puedes conseguirlo, instrúyelo.

4. Y recibiendo el doctor a Jesús, lo llevó con alegría.

5. Y llegado Jesús a la morada del doctor, encontró un libro en un rincón, y tomándolo, lo abrió.

6. Mas no leía lo que estaba escrito en él, sino que abría la boca y hablaba por inspiración del Espíritu Santo, y enseñaba la Ley.

7. Y todos los asistentes lo escuchaban atentos, y el maestro lo oía con placer, y le pidió que enseñase con más extensión.

8. Y mucha gente se reunió para escuchar los discursos que salían de su boca.

9. Mas José, sabiendo esto, se espantó. Y el maestro le dijo: Hermano, yo he recibido a tu hijo para instruirlo.

10. Empero, he aquí que él está lleno de sabiduría. Llévalo a tu casa con gozo, porque la sabiduría que tiene es un don del Señor.

11. Y oyendo Jesús hablar así al maestro, se regocijó y dijo: Tú ahora, maestro, has dicho la verdad.

12. Y por ti, el que es muerto, debe resucitar. Y José lo llevó a casa.

XIV. Jesús cura a Jacobo de la mordedura de una víbora

1. José envió a Jacobo a recoger paja, y Jesús iba con él.

2. Y mientras Jacobo recogía la paja, una víbora lo mordió, y cayó al suelo como muerto.

3. Y viendo esto Jesús, sopló sobre la herida, y Jacobo quedó curado, y la víbora murió.

XV. Jesús resucita a otro niño

1. Y habiendo muerto el hijo de un vecino, su madre se entregó a un gran dolor.

2. Y sabiéndolo Jesús, llegóse al cadáver del niño, y se inclinó sobre él, y sopló sobre su pecho.

3. Y le dijo: Niño, yo te ordeno no morir, sino vivir.

4. Y el niño resucitó. Y Jesús dijo a la madre: Toma a tu hijo, y dale de mamar, y acuérdate de mí.

5. Y viendo este milagro, decía la gente: En verdad, este niño es del cielo.

6. Porque ha librado varias vidas de la muerte, y cura a todos los que esperan en él.

7. Y los escribas y los fariseos se llegaron a María, y le preguntaron: ¿Eres tú la madre de este niño? Y ella dijo: En verdad que lo soy.

8. Y ellos le dijeron: Dichosa eres tú entre todas las mujeres.

9. Porque Dios ha bendecido el fruto de tu vientre, pues que te ha dado un hijo tan glorioso y dotado de una sabiduría como nunca hemos visto ni oído.

10. Y Jesús se levantó, y seguía a su madre. Y María conservaba en su corazón todos los milagros que había hecho entre el pueblo, curando a muchos que habían enfermado.

11. Y Jesús crecía en talla y en sapiencia, y todos los que lo veían, glorificaban a Dios, el Padre Todopoderoso, que bendito sea por los siglos de los siglos. Amén.

Protoevangelio de Santiago

I. Dolor de Joaquín

1. Consta en las historias de las doce tribus de Israel que había un hombre llamado Joaquín, rico en extremo, el cual aportaba ofrendas dobles, diciendo: El excedente de mi ofrenda será para todo el pueblo, y lo que ofrezca en expiación de mis faltas será para el Señor, a fin de que se me muestre propicio.

2. Y, habiendo llegado el gran día del Señor, los hijos de Israel aportaban sus ofrendas. Y Rubén se puso ante Joaquín, y le dijo: No te es lícito aportar tus ofrendas el primero, porque no has engendrado, en Israel, vástago de posteridad.

3. Y Joaquín se contristó en gran medida, y se dirigió a los archivos de las doce tribus de Israel, diciéndose: Veré en los archivos de las doce tribus si soy el único que no ha engendrado vástago en Israel. E hizo perquisiciones, y halló que todos los justos habían procreado descendencia en Israel. Mas se acordó del patriarca Abraham, y de que Dios, en sus días postrimeros, le había dado por hijo a Isaac.

4. Y Joaquín quedó muy afligido, y no se presentó a su mujer, sino que se retiró al desierto. Y allí plantó su tienda, y ayunó cuarenta días y cuarenta noches, diciendo entre sí: No comeré, ni beberé, hasta que el Señor, mi Dios, me visite, y la oración será mi comida y mi bebida.

II. Dolor de Ana

1. Y Ana, mujer de Joaquín, se deshacía en lágrimas, y lamentaba su doble aflicción, diciendo: Lloraré mi viudez, y lloraré también mi esterilidad.

2. Y, habiendo llegado el gran día del Señor, Judith, su sierva, le dijo: ¿Hasta cuándo este abatimiento de tu corazón? He aquí llegado el gran día del Señor, en que no te es lícito llorar. Mas toma este velo, que me ha dado el ama del servicio, y que yo no puedo ceñirme, porque soy una sierva, y él tiene el signo real.

3. Y Ana dijo: Apártate de mi lado, que no me pondré eso, porque el Señor me ha humillado en gran manera. Acaso algún perverso te ha dado ese velo, y tú vienes a hacerme cómplice de tu falta. Y Judith respondió: ¿Qué mal podría

desearte, puesto que el Señor te ha herido de esterilidad, para que no des fruto en Israel?

4. Y Ana, sumamente afligida, se despojó de sus vestidos de duelo, y se lavó la cabeza, y se puso su traje nupcial, y, hacia la hora de nona, bajó al jardín, para pasearse. Y vio un laurel, y se colocó bajo su sombra, y rogó al Señor, diciendo: Dios de mis padres, bendíceme, y acoge mi plegaria, como bendijiste las entrañas de Sara, y le diste a su hijo Isaac.

III. Trenos de Ana

1. Y, levantando los ojos al cielo, vio un nido de gorriones, y lanzó un gemido, diciéndose: ¡Desventurada de mí! ¿Quién me ha engendrado, y qué vientre me ha dado a luz? Porque me he convertido en objeto de maldición para los hijos de Israel, que me han ultrajado y expulsado con irrisión del templo del Señor.

2. ¡Desventurada de mí! ¿A quién soy semejante? No a los pájaros del cielo, porque aun los pájaros del cielo son fecundos ante ti, Señor.

3. ¡Desventurada de mí! ¿A quién soy semejante? No a las bestias de la tierra, porque aun las bestias de la tierra son fecundas ante ti, Señor.

4. ¡Desventurada de mí! ¿A quién soy semejante? No a estas aguas, porque aun estas aguas son fecundas ante ti, Señor.

5. ¡Desventurada de mí! ¿A quién soy semejante? No a esta tierra, porque aun esta tierra produce fruto a su tiempo, y te bendice, Señor.

IV. La promesa divina

1. Y he aquí que un ángel del Señor apareció, y le dijo: Ana, Ana, el Señor ha escuchado y atendido tu súplica. Concebirás, y parirás, y se hablará de tu progenitura en toda la tierra. Y Ana dijo: Tan cierto como el Señor, mi Dios, vive, si yo doy a luz un hijo, sea varón, sea hembra, lo llevaré como ofrenda al Señor, mi Dios, y permanecerá a su servicio todos los días de su vida.

2. Y he aquí que dos mensajeros llegaron a ella, diciéndole: Joaquín tu marido viene a ti con sus rebaños. Porque un ángel del Señor ha descendido hasta él, diciéndole: Joaquín, Joaquín, el Señor ha oído y aceptado tu ruego. Sal de aquí, porque tu mujer Ana concebirá en su seno.

3. Y Joaquín salió, y llamó a sus pastores, diciendo: Traedme diez corderos sin mácula, y serán para el Señor mi Dios; y doce terneros, y serán para los

sacerdotes y para el Consejo de los Ancianos; y cien cabritos, y serán para los pobres del pueblo.

4. Y he aquí que Joaquín llegó con sus rebaños, y Ana, que lo esperaba en la puerta de su casa, lo vio venir, y, corriendo hacia él, le echó los brazos al cuello, diciendo: Ahora conozco que el Señor, mi Dios, me ha colmado de bendiciones; porque era viuda, y ya no lo soy; estaba sin hijo, y voy a concebir uno en mis entrañas. Y Joaquín guardó reposo en su hogar aquel primer día.

V. Concepción de María

1. Y, al día siguiente, presentó sus ofrendas, diciendo entre sí de esta manera: Si el Señor Dios me es propicio, me concederá ver el disco de oro del Gran Sacerdote. Y, una vez hubo presentado sus ofrendas, fijó su mirada en el disco del Gran Sacerdote, cuando éste subía al altar, y no notó mancha alguna en sí mismo. Y Joaquín dijo: Ahora sé que el Señor me es propicio, y que me ha perdonado todos mis pecados. Y salió justificado del templo del Señor, y volvió a su casa.

2. Y los meses de Ana se cumplieron, y, al noveno, dio a luz. Y preguntó a la partera: ¿Qué he parido? La partera contestó: Una niña. Y Ana repuso: Mi alma se ha glorificado en este día. Y acostó a la niña en su cama. Y, transcurridos los días legales, Ana se lavó, dio el pecho a la niña, y la llamó María.

VI. Fiesta del primer año

1. Y la niña se fortificaba de día en día. Y, cuando tuvo seis meses, su madre la puso en el suelo, para ver si se mantenía en pie. Y la niña dio siete pasos, y luego avanzó hacia el regazo de su madre, que la levantó, diciendo: Por la vida del Señor, que no marcharás sobre el suelo hasta el día que te lleve al templo del Altísimo. Y estableció un santuario en su dormitorio, y no le dejaba tocar nada que estuviese manchado, o que fuese impuro. Y llamó a las hijas de los hebreos que se conservaban sin mancilla, y que entretenían a la niña con sus juegos.

2. Y, cuando la niña llegó a la edad de un año, Joaquín celebró un gran banquete, e invitó a él a los sacerdotes y a los escribas y al Consejo de los Ancianos y a todo el pueblo israelita. Y presentó la niña a los sacerdotes, y ellos la bendijeron, diciendo: Dios de nuestros padres, bendice a esta niña,

y dale un nombre que se repita siglos y siglos, a través de las generaciones. Y el pueblo dijo: Así sea, así sea. Y Joaquín la presentó a los príncipes de los sacerdotes, y ellos la bendijeron, diciendo: Dios de las alturas, dirige tu mirada a esta niña, y dale una bendición suprema.

3. Y su madre la llevó al santuario de su dormitorio, y le dio el pecho. Y Ana entonó un cántico al Señor Dios, diciendo: Elevará un himno al Señor mi Dios, porque me ha visitado, y ha alejado de mí los ultrajes de mis enemigos, y me ha dado un fruto de su justicia a la vez uno y múltiple ante Él. ¿Quién anunciará a los hijos de Rubén que Ana amamanta a un hijo? Sabed, sabed, vosotras las doce tribus de Israel, que Ana amamanta a un hijo. Y dejó reposando a la niña en el santuario del dormitorio, y salió, y sirvió a los invitados. Y, terminado el convite, todos salieron llenos de júbilo, y glorificando al Dios de Israel.

VII. Consagración de María en el templo

1. Y los meses se sucedían para la niña. Y, cuando llegó a la edad de dos años, Joaquín dijo: Llevémosla al templo del Señor, para cumplir la promesa que le hemos hecho, no sea que nos la reclame, y rechace nuestra ofrenda. Y Ana respondió: Esperemos al tercer año, a fin de que la niña no nos eche de menos. Y Joaquín repuso: Esperemos.

2. Y, cuando la niña llegó a la edad de tres años, Joaquín dijo: Llamad a las hijas de los hebreos que estén sin mancilla, y que tome cada cual una lámpara, y que estas lámparas se enciendan, para que la niña no vuelva atrás, y para que su corazón no se fije en nada que esté fuera del templo del Señor. Y ellas hicieron lo que se les mandaba, hasta el momento en que subieron al templo del Señor. Y el Gran Sacerdote recibió a la niña, y, abrazándola, la bendijo, y exclamó: El Señor ha glorificado tu nombre en todas las generaciones. Y en ti, hasta el último día, el Señor hará ver la redención por Él concedida a los hijos de Israel.

3. E hizo sentarse a la niña en la tercera grada del altar, y el Señor envió su gracia sobre ella, y ella danzó sobre sus pies y toda la casa de Israel la amó.

VIII. Pubertad de María

1. Y sus padres salieron del templo llenos de admiración, y glorificando al Omnipotente, porque la niña no se había vuelto atrás. Y María permaneció en

el templo del Señor, nutriéndose como una paloma, y recibía su alimento de manos de un ángel.

2. Y, cuando llegó a la edad de doce años, los sacerdotes se congregaron, y dijeron: He aquí que María ha llegado a la edad de doce años en el templo del Señor. ¿Qué medida tomaremos con ella, para que no mancille el santuario? Y dijeron al Gran Sacerdote: Tú, que estás encargado del altar, entra y ruega por María, y hagamos lo que te revele el Señor.

3. Y el Gran Sacerdote, poniéndose su traje de doce campanillas, entró en el Santo de los Santos, y rogó por María. Y he aquí que un ángel del Señor se le apareció, diciéndole: Zacarías, Zacarías, sal y reúne a todos los viudos del pueblo, y que éstos vengan cada cual con una vara, y aquel a quien el Señor envíe un prodigio, de aquel será María la esposa. Y los heraldos salieron, y recorrieron todo el país de Judea, y la trompeta del Señor resonó, y todos los viudos acudieron a su llamada.

IX. José, guardián de María

1. Y José, abandonando sus herramientas, salió para juntarse a los demás viudos, y, todos congregados, fueron a encontrar al Gran Sacerdote. Este tomó las varas de cada cual, penetró en el templo, y oró. Y, cuando hubo terminado su plegaria, volvió a tomar las varas, salió, se las devolvió a sus dueños respectivos, y no notó en ellas prodigio alguno. Y José tomó la última, y he aquí que una paloma salió de ella, y voló sobre la cabeza del viudo. Y el Gran Sacerdote dijo a José: Tú eres el designado por la suerte, para tomar bajo tu guarda a la Virgen del Señor.

2. Mas José se negaba a ello, diciendo: Soy viejo, y tengo hijos, al paso que ella es una niña. No quisiera servir de irrisión a los hijos de Israel. Y el Gran Sacerdote respondió a José: Teme al Señor tu Dios, y recuerda lo que hizo con Dathan, Abiron y Coré, y cómo, entreabierta la tierra, los sumió en sus entrañas, a causa de su desobediencia. Teme, José, que no ocurra lo mismo en tu casa.

3. Y José, lleno de temor, recibió a María bajo su guarda, diciéndole: He aquí que te he recibido del templo del Señor, y que te dejo en mi hogar. Ahora voy a trabajar en mis construcciones, y después volveré cerca de ti. Entretanto, el Señor te protegerá.

X. El velo del templo

1. Y he aquí que los sacerdotes se reunieron en consejo, y dijeron: Hagamos un velo para el templo del Señor. Y el Gran Sacerdote dijo: Traedme jóvenes sin mancilla de la casa de David. Y los servidores fueron a buscarlas, y encontraron siete jóvenes. Y el Gran Sacerdote se acordó de María, y de que era de la tribu de David, y de que permanecía sin mancilla ante Dios. Y los servidores partieron, y la trajeron.

2. E introdujeron a las jóvenes en el templo del Señor, y el Gran Sacerdote dijo: Echad a suertes sobre cuál hilará el oro, el jacinto, el amianto, la seda, el lino fino, la verdadera escarlata y la verdadera púrpura. Y la verdadera escarlata y la verdadera púrpura tocaron a María, que, habiéndolas recibido, volvió a su casa. Y, en este momento, Zacarías quedó mudo, y Samuel lo reemplazó en sus funciones, hasta que recobró la palabra. Y María tomó la escarlata, y empezó a hilarla.

XI. La anunciación

1. Y María tomó su cántaro, y salió para llenarlo de agua. Y he aquí que se oyó una voz, que decía: Salve, María, llena eres de gracia. El Señor es contigo, y bendita eres entre todas las mujeres. Y ella miró en torno suyo, a derecha e izquierda, para ver de dónde venía la voz. Y, toda temblorosa, regresó a su casa, dejó el cántaro, y, tomando la púrpura, se sentó, y se puso a hilar.

2. Y he aquí que un ángel del Señor se le apareció, diciéndole: No temas, María, porque has encontrado gracia ante el Dueño de todas las cosas, y concebirás su Verbo. Y María, vacilante, respondió: Si debo concebir al Dios vivo, ¿daré a luz como toda mujer da?

3. Y el ángel del Señor dijo: No será así, María, porque la virtud del Señor te cubrirá con su sombra, y el ser santo que de ti nacerá se llamará Hijo del Altísimo. Y le darás el nombre de Jesús, porque librará a su pueblo de sus pecados. Y María dijo: He aquí la esclava del Señor. Hágase en mí según tu palabra.

XII. La visitación

1. Y siguió trabajando en la púrpura y en la escarlata, y, concluida su labor, la llevó al Gran Sacerdote. Y éste la bendijo, y exclamó: María, el Señor Dios ha glorificado tu nombre, y serás bendita en todas las generaciones de la tierra.

2. Y María, muy gozosa, fue a visitar a Isabel, su prima. Y llamó a la puerta. E Isabel, habiéndola oído, dejó su escarlata, corrió a la puerta, y abrió. Y, al ver a María, la bendijo, y exclamó: ¿De dónde que la madre de mi Señor venga a mí? Porque el fruto de mi vientre ha saltado dentro de mí, y te ha bendecido. Pero María había olvidado los misterios que el arcángel Gabriel le revelara, y, alzando los ojos al cielo, dijo: ¿Quién soy, Señor, que todas las generaciones de la tierra me bendicen?

3. Y pasó tres meses con Isabel. Y, de día en día, su embarazo avanzaba, y, poseída de temor, volvió a su casa, y se ocultó a los hijos de Israel. Y tenía dieciséis años cuando estos misterios se cumplieron.

XIII. Vuelta de José

1. Y llegó el sexto mes de embarazo, y he aquí que José volvió de sus trabajos de construcción, y, entrando en su morada, la encontró encinta. Y se golpeó el rostro, y se echó a tierra sobre un saco, y lloró amargamente, diciendo: ¿En qué forma volveré mis ojos hacia el Señor mi Dios? ¿Qué plegaria le dirigiré con relación a esta jovencita? Porque la recibí pura de los sacerdotes del templo, y no he sabido guardarla. ¿Quién ha cometido tan mala acción, y ha mancillado a esta virgen? ¿Es que se repite en mí la historia de Adán? Bien como, en la hora misma en que éste glorificaba a Dios, llegó la serpiente y, encontrando a Eva sola, la engañó, así me ha ocurrido a mí.

2. Y José se levantó del saco, y llamó a María, y le dijo: ¿Qué has hecho, tú, que eres predilecta de Dios? ¿Has olvidado a tu Señor? ¿Cómo te has atrevido a envilecer tu alma, después de haber sido educada en el Santo de los Santos, y de haber recibido de manos de un ángel tu alimento?

3. Pero ella lloró amargamente, diciendo: Estoy pura y no he conocido varón. Y José le dijo: ¿De dónde viene entonces lo que llevas en tus entrañas? Y María repuso: Por la vida del Señor mi Dios, que no sé cómo esto ha ocurrido.

XIV. José, confortado por un ángel

1. Y José, lleno de temor, se alejó de María, y se preguntó cómo obraría a su respecto. Y dijo: Si oculto su falta, contravengo la ley del Señor, y, si la denuncio a los hijos de Israel, temo que el niño que está en María no sea de un ángel, y que entregue a la muerte a un ser inocente. ¿Cómo procederé, pues, con María? La repudiaré secretamente. Y la noche lo sorprendió en estos pensamientos amargos.

2. Y he aquí que un ángel del Señor le apareció en sueños, y le dijo: No temas por ese niño, pues el fruto que está en María procede del Espíritu Santo, y dará a luz un niño, y llamarás su nombre Jesús, porque salvará al pueblo de sus pecados. Y José se despertó, y se levantó, y glorificó al Dios de Israel, por haberle concedido aquella gracia, y continuó guardando a María.

XV. José ante el Gran Sacerdote

1. Y el escriba Anás fue a casa de José, y le preguntó: ¿Por qué no has aparecido por nuestra asamblea? Y José repuso: El camino me ha fatigado, y he querido reposar el primer día. Y Anás, habiendo vuelto la cabeza, vio que María estaba embarazada.

2. Y corrió con apresuramiento cerca del Gran Sacerdote, y le dijo: José, en quien has puesto toda tu confianza, ha pecado gravemente contra la ley. Y el Gran Sacerdote lo interrogó: ¿En qué ha pecado? Y el escriba respondió: Ha mancillado y consumado a hurtadillas matrimonio con la virgen que recibió del templo del Señor, sin hacerlo conocer a los hijos de Israel. Y el Gran Sacerdote exclamó: ¿José ha hecho eso? Y el escriba Anás dijo: Envía servidores, y comprobarás que la joven se halla encinta. Y los servidores partieron, y encontraron a la doncella como había dicho el escriba, y condujeron a María y a José para ser juzgados.

3. Y el Gran Sacerdote prorrumpió, lamentándose: ¿Por qué has hecho esto, María? ¿Por qué has envilecido tu alma, y te has olvidado del Señor tu Dios? Tú, que has sido educada en el Santo de los Santos, que has recibido tu alimento de manos de un ángel, que has oído los himnos sagrados, y que has danzado delante del Señor, ¿por qué has hecho esto? Pero ella lloró amargamente, y dijo: Por la vida del Señor mi Dios, estoy pura, y no conozco varón.

4. Y el Gran Sacerdote dijo a José: ¿Por qué has hecho esto? Y José dijo: Por la vida del Señor mi Dios, me hallo libre de todo comercio con ella. Y el Gran Sacerdote insistió: ¡No rindas falso testimonio, confiesa la verdad! Tú has consumado a hurtadillas el matrimonio con ella, sin revelarlo a los hijos de Israel, y no has inclinado tu frente bajo la mano del Todopoderoso, a fin de que tu raza sea bendita. Y José se calló.

XVI. La prueba del agua

1. Y el Gran Sacerdote dijo: Devuelve a esta virgen que has recibido del templo del Señor. Y José lloraba abundantemente. Y el Gran Sacerdote dijo: Os haré beber el agua de prueba del Señor, y Él hará aparecer vuestro pecado a vuestros ojos.

2. Y, habiendo tomado el agua del Señor, el Gran Sacerdote dio a beber a José, y lo envió a la montaña, y éste volvió sano. Y dio asimismo de beber a María, y volvió también de ésta indemne. Y todo el pueblo quedó admirado de que pecado alguno se hubiera revelado en ellos.

3. Y el Gran Sacerdote dijo: Puesto que el Señor Dios no ha hecho aparecer la falta de que se os acusa, yo tampoco quiero condenaros. Y los dejó marchar absueltos. Y José acompañó a María, y volvió con ella a su casa, lleno de júbilo y glorificando al Dios de Israel.

XVII. Visión de los dos pueblos

1. Y llegó un edicto del emperador Augusto, que ordenaba se empadronasen todos los habitantes de Bethlehem de Judea. Y José dijo: Voy a inscribir a mis hijos. Pero ¿qué haré con esta muchacha? ¿Cómo la inscribiré? ¿Como mi esposa? Me avergonzaría de ello. ¿Como mi hija? Pero todos los hijos de Israel saben que no lo es. El día del Señor será como quiera el Señor.

2. Y ensilló su burra, y puso sobre ella a María, y su hijo llevaba la bestia por el ronzal, y él los seguía. Y, habiendo caminado tres millas, José se volvió hacia María, y la vio triste, y dijo entre sí de esta manera: Sin duda el fruto que lleva en su vientre la hace sufrir. Y por segunda vez se volvió hacia la joven, y vio que reía, y le preguntó: ¿Qué tienes, María, que encuentro tu rostro tan pronto entristecido como sonriente? Y ella contestó: Es que mis ojos contemplan dos

pueblos, uno que llora y se aflige estrepitosamente, y otro que se regocija y salta de júbilo.

3. Y, llegados a mitad de camino, María dijo a José: Bájame de la burra, porque lo que llevo dentro me abruma, al avanzar. Y él la bajó de la burra, y le dijo: ¿Dónde podría llevarte, y resguardar tu pudor? Porque este lugar está desierto.

XVIII. Pausa en la naturaleza

1. Y encontró allí mismo una gruta, e hizo entrar en ella a María. Y, dejando a sus hijos cerca de ésta, fue en busca de una partera al país de Bethlehem.

2. Y yo, José, avanzaba, y he aquí que dejaba de avanzar. Y lanzaba mis miradas al aire, y veía el aire lleno de terror. Y las elevaba hacia el cielo, y lo veía inmóvil, y los pájaros detenidos. Y las bajé hacia la tierra, y vi una artesa, y obreros con las manos en ella, y los que estaban amasando no amasaban. Y los que llevaban la masa a su boca no la llevaban, sino que tenían los ojos puestos en la altura. Y unos carneros conducidos a pastar no marchaban, sino que permanecían quietos, y el pastor levantaba la mano para pegarles con su vara, y la mano quedaba suspensa en el vacío. Y contemplaba la corriente del río, y las bocas de los cabritos se mantenían a ras de agua y sin beber. Y, en un instante, todo volvió a su anterior movimiento y a su ordinario curso.

XIX. El hijo de María, en la gruta

1. Y he aquí que una mujer descendió de la montaña, y me preguntó: ¿Dónde vas? Y yo repuse: En busca de una partera judía. Y ella me interrogó: ¿Eres de la raza de Israel? Y yo le contesté: Sí. Y ella replicó: ¿Quién es la mujer que pare en la gruta? Y yo le dije: Es mi desposada. Y ella me dijo: ¿No es tu esposa? Y yo le dije: Es María, educada en el templo del Señor, y que se me dio por mujer, pero sin serlo, pues ha concebido del Espíritu Santo. Y la partera le dijo: ¿Es verdad lo que me cuentas? Y José le dijo: Ven a verlo. Y la partera siguió.

2. Y llegaron al lugar en que estaba la gruta, y he aquí que una nube luminosa la cubría. Y la partera exclamó: Mi alma ha sido exaltada en este día, porque mis ojos han visto prodigios anunciadores de que un Salvador le ha nacido a Israel. Y la nube se retiró enseguida de la gruta, y apareció en ella una luz tan grande, que nuestros ojos no podían soportarla. Y esta luz disminuyó poco a

poco, hasta que el niño apareció, y tomó el pecho de su madre María. Y la partera exclamó: Gran día es hoy para mí, porque he visto un espectáculo nuevo.

3. Y la partera salió de la gruta, y encontró a Salomé, y le dijo: Salomé, Salomé, voy a contarte la maravilla extraordinaria, presenciada por mí, de una virgen que ha parido de un modo contrario a la naturaleza. Y Salomé repuso: Por la vida del Señor mi Dios, que, si no pongo mi dedo en su vientre, y lo escruto, no creeré que una virgen haya parido.

XX. Imprudencia de Salomé

1. Y la comadrona entró, y dijo a María: Disponte a dejar que ésta haga algo contigo, porque no es un debate insignificante el que ambas hemos entablado a cuenta tuya. Y Salomé, firme en verificar su comprobación, puso su dedo en el vientre de María, después de lo cual lanzó un alarido, exclamando: Castigada es mi incredulidad impía, porque he tentado al Dios viviente, y he aquí que mi mano es consumida por el fuego, y de mí se separa.

2. Y se arrodilló ante el Señor, diciendo: ¡Oh Dios de mis padres, acuérdate de que pertenezco a la raza de Abraham, de Isaac y de Jacob! No me des en espectáculo a los hijos de Israel, y devuélveme a mis pobres, porque bien sabes, Señor, que en tu nombre les prestaba mis cuidados, y que mi salario lo recibía de ti.

3. Y he aquí que un ángel del Señor se le apareció, diciendo: Salomé, Salomé, el Señor ha atendido tu súplica. Aproxímate al niño, tómalo en tus brazos, y él será para ti salud y alegría.

4. Y Salomé se acercó al recién nacido, y lo incorporó, diciendo: Quiero prosternarme ante él, porque un gran rey ha nacido para Israel. E inmediatamente fue curada, y salió justificada de la gruta. Y se dejó oír una voz, que decía: Salomé, Salomé, no publiques los prodigios que has visto, antes de que el niño haya entrado en Jerusalén.

XXI. Visita de los magos

1. Y he aquí que José se dispuso a ir a Judea. Y se produjo un gran tumulto en Bethlehem, por haber llegado allí unos magos, diciendo: ¿Dónde está el rey de los judíos, que ha nacido? Porque su estrella hemos visto en el Oriente, y venimos a adorarlo.

2. Y Herodes, sabedor de esto, quedó turbado, y envió mensajeros cerca de los magos, y convocó a los príncipes de los sacerdotes, y los interrogó, diciendo: ¿Qué está escrito del Cristo? ¿Dónde debe nacer? Y ellos contestaron: En Bethlehem de Judea, porque así está escrito. Y él los despidió. E interrogó a los magos, diciendo: ¿Qué signo habéis visto con relación al rey recién nacido? Y los magos respondieron: Hemos visto que su estrella, extremadamente grande, brillaba con gran fulgor entre las demás estrellas, y que las eclipsaba hasta el punto de hacerlas invisibles con su luz. Y hemos reconocido por tal señal que un rey había nacido para Israel, y hemos venido a adorarlo. Y Herodes dijo: Id a buscarlo, y, si lo encontráis, dadme aviso de ello, a fin de que vaya yo también, y lo adore.

3. Y los magos salieron. Y he aquí que la estrella que habían visto en Oriente los precedió hasta que llegaron a la gruta, y se detuvo por encima de la entrada de ésta. Y los magos vieron al niño con su madre María, y sacaron de sus bagajes presentes de oro, de incienso y de mirra.

4. Y, advertidos por el ángel de que no volviesen a Judea, regresaron a su país por otra ruta.

XXII. Furor de Herodes

1. Al darse cuenta de que los magos lo habían engañado, Herodes montó en cólera, y despachó sicarios, a quienes dijo: Matad a todos los niños de dos años para abajo.

2. Y María, al enterarse de que había comenzado el degüello de los niños, se espantó, tomó al suyo, lo envolvió en pañales, y lo depositó en un pesebre de bueyes.

3. Isabel, noticiosa de que se buscaba a Juan, lo agarró, ganó la montaña, miró en torno suyo, para ver dónde podría ocultarlo, y no encontró lugar de refugio. Y, gimiendo, clamó a gran voz: Montaña de Dios, recibe a una madre con su hijo. Porque le era imposible subir a ella. Pero la montaña se abrió, y la recibió. Y había allí una gran luz, que los esclarecía, y un ángel del Señor estaba con ellos, y los guardaba.

XXIII. Muerte de Zacarías

1. Y Herodes buscaba a Juan, y envió sus servidores a Zacarías, diciendo: ¿Dónde has escondido a tu hijo? Y él repuso: Soy servidor de Dios, permanezco constantemente en el templo del Señor, e ignoro dónde mi hijo está.

2. Y los servidores se marcharon del templo, y anunciaron todo esto a Herodes. Y Herodes, irritado, dijo: Su hijo debe un día reinar sobre Israel. Y los envió de nuevo a Zacarías, ordenando: Di la verdad. ¿Dónde se halla tu hijo? Porque bien sabes que tu sangre se encuentra bajo mi mano. Y los servidores partieron, y refirieron todo esto a Zacarías.

3. Y éste exclamó: Mártir seré de Dios, si viertes mi sangre. Y el Omnipotente recibirá mi espíritu, porque sangre inocente es la que quieres derramar en el vestíbulo del templo del Señor. Y, a punto de amanecer, Zacarías fue muerto, y los hijos de Israel ignoraban que lo hubiese sido.

XXIV. Nombramiento de nuevo Gran Sacerdote

1. Pero los sacerdotes fueron al templo, a la hora de la salutación, y Zacarías no fue en su busca, para bendecirlos, según costumbre. Y se detuvieron, esperando a Zacarías, para saludarlo, y para celebrar al Altísimo.

2. Y, como tardaba, se sintieron poseídos de temor. Y uno de ellos, más audaz, penetró en el templo, y vio cerca del altar sangre coagulada, y oyó una voz que decía: Zacarías ha sido asesinado, y su sangre no desaparecerá de aquí hasta que llegue su vengador. Y, al escuchar estas palabras, quedó espantado, y salió, y llevó la nueva a los sacerdotes.

3. Y éstos, atreviéndose, al fin, a entrar, vieron lo que había sucedido, y los artesonados del templo gimieron, y ellos mismos rasgaron sus vestiduras de alto abajo. Y no encontraron el cuerpo de Zacarías, sino solo su sangre, maciza como una piedra. Y salieron llenos de pánico, y anunciaron a todo el pueblo que se había dado muerte a Zacarías. Y todas las tribus del pueblo lo supieron, y lo lloraron, y se lamentaron durante tres días y tres noches.

4. Y, después de estos tres días, los sacerdotes deliberaron para saber a quién pondrían en lugar de Zacarías, y la suerte recayó sobre Simeón, el mismo que había sido advertido por el Espíritu Santo de que no moriría sin haber visto al Cristo encarnado.

XXV. Conclusión

1. Y yo, Jacobo, que he escrito esta historia, me retiré al desierto, cuando sobrevinieron en Jerusalén disturbios con motivo de la muerte de Herodes.

2. Y, hasta que se apaciguó la agitación en Jerusalén, en el desierto permanecí, glorificando al Dios Omnipotente, que me ha concedido favor e inteligencia suficientes para escribir esta historia.

3. Sea la gracia con los que temen a Nuestro Señor Jesucristo, a quien corresponde la gloria por los siglos de los siglos. Amén.

Evangelio del pseudo-Mateo

Prólogo A

A su muy querido hermano el sacerdote Jerónimo, los obispos Cromacio y Heliodoro, salud en el Señor

Habiendo encontrado, en libros apócrifos, relatos del nacimiento y de la infancia de la Virgen María y de Nuestro Señor Jesucristo, y, considerando que dichos escritos contienen muchas cosas contrarias a nuestra fe, juzgamos prudente rechazarlos de plano, a fin de que, con ocasión del Cristo, no diésemos motivo de júbilo al Anticristo. Y, mientras nos entregábamos a estas reflexiones, sobrevinieron dos santos personajes, Parmenio y Virino, y nos informaron de que tu santidad había descubierto un volumen hebreo, redactado por el bienaventurado evangelista Mateo, y en el que se referían el nacimiento de la Virgen Madre y la niñez del Salvador. He aquí por qué, en nombre de Nuestro Señor Jesucristo, suplicamos de tu benevolencia seas servido de traducir aquel volumen de la lengua hebrea a la latina, no tanto para hacer valer los títulos del Cristo, cuanto para desvirtuar la astucia de los herejes. Porque éstos, con objeto de acreditar sus malvadas doctrinas, han mezclado sus mentiras funestas con la verdadera y pura historia de la natividad y de la infancia de Jesús, esperando ocultar la amargura de su muerte, al mostrar la dulzura de su vida. Harás, pues, una buena obra, acogiendo nuestro ruego, o enviando a tus obispos, en razón de este deber de caridad que tienes hacia ellos, la respuesta que juzgues más conveniente a la presente carta. Salud en el Señor, y ora por nosotros.

B

A los santos y bienaventurados obispos Cromacio y Heliodoro, Jerónimo, humilde servidor del Cristo, salud en el Señor

El que cava el suelo en un lugar en que presume hay oro, no se lanza inmediatamente sobre todo lo que la parte de tierra abierta echa a la superficie, sino que, antes de levantar en su azada el brillante metal, mueve y remueve los terrones, acuciado por una esperanza que ningún provecho anima aún. En tal concepto, ardua labor es la que me habéis encomendado, venerables obispos, al pedirme dé curso a relatos que el mismo santo apóstol y evangelista Mateo no quiso publicar. Porque, si no hubiese en esos relatos cosas secretas, a buen seguro que las hubiese unido al mismo Evangelio que lleva su nombre. Pero, cuando escribió este opúsculo, lo ocultó bajo el velo de su idioma natal, y no deseó su divulgación, aunque hoy día su obra, escrita de su puño y letra en caracteres hebreos, se encuentra en manos de hombres muy religiosos, que, a través de los tiempos, la han recibido de sus predecesores. Usando de su derecho de depositarios, no han autorizado nunca a nadie para traducirlo, y se han limitado a explicar su contenido de diversas maneras. Pero ocurrió que un maniqueo llamado Leucio, que ha redactado igualmente falsas historias de los apóstoles, lo sacó a luz, proporcionando así materia, no de edificación, sino de perdición, y el libro fue aprobado, bajo esta forma, por un sínodo, a cuya voz ha hecho bien la Iglesia en no prestar oídos. Cesen, por ende, los ultrajes de los que ladran contra nosotros. No pretendemos añadir a los escritos canónicos éste de un apóstol y de un evangelista, y lo traducimos tan solo para desenmascarar a los herejes. Y aportamos a esta empresa igual cuidado en cumplir las órdenes de piadosos obispos que en oponernos a la herética impiedad. Por amor al Cristo, pues, satisfacemos, llenos de confianza, los deseos y los ruegos de aquellos que, por nuestra obediencia, podrán familiarizarse con la santa niñez de nuestro Salvador.

C

Otra epístola que se lee al frente de ciertas ediciones

Me pedís mi opinión sobre cierto librito referente a la natividad de Santa María, que algunos fieles poseen, y quiero que sepáis que en él se encuentran no pocas falsedades. La causa de ello es haberlo compuesto un tal Seleuco, autor de varias gestas sobre predicaciones y martirio de apóstoles. El cual dice verdad en todo lo concerniente a los milagros y a los prodigios por éstos realizados, pero enseña mentira en lo que a su doctrina toca, y, además, ha inventado por su cuenta y riesgo muchas cosas que no han sucedido. Me esforzaré, pues, en traducir el escrito, palabra por palabra, del hebreo, dado que resulta haber sido el santo evangelista Mateo quien lo redactó, y quien lo puso al frente de su Evangelio, bien que ocultándolo bajo el velo de aquel idioma. Para la exactitud de este detalle, me remito al autor del prefacio y a la buena fe del escritor. Porque, aun admitiendo que el opúsculo sugiera dudas, no afirmaría de un modo absoluto que encierre falsedades. Pero puedo decir libremente (y ningún fiel, a lo que pienso, me contradecirá) que, sean verídicos o completamente imaginarios los relatos que en él se contienen, no deja de ser cierto que la muy santa natividad de María ha sido precedida de grandes milagros, y seguida de otros no menores. Sentado lo cual con toda buena fe, estimo que el libro puede ser leído y creído, sin peligro para las almas de los que saben que en la omnipotencia de Dios está hacer esas cosas. Finalmente, en cuanto mis recuerdos me lo han permitido, induciéndome a seguir el sentido más que las palabras, he procurado ora avanzar por la misma ruta del escritor, sin por ello poner mis pies en la huella de sus pasos, ora volver a la misma ruta por caminos de travesía. Así he intentado redactar esta historia, y no diré otra cosa que lo que en ella está escrito, o lo que hubiera podido lógicamente escribirse.

D
Otro prólogo
Yo, Jacobo, hijo de José, que vivo en el temor de Dios, he escrito todo lo que, ante mis ojos, he visto realizarse en las épocas de la natividad de la Santa Virgen María por haberme concedido la sabiduría necesaria para escribir los relatos de su advenimiento, manifestando a las doce tribus de Israel el cumplimiento de los tiempos mesiánicos.

I. Vida piadosa de Joaquín

1. En aquellos días, había en Jerusalén un varón llamado Joaquín, de la tribu de Judá. Y era pastor de sus propias ovejas, y temía al Altísimo en la sencillez y en la bondad de su corazón. Y no tenía otro cuidado que el de sus rebaños, que empleaba en alimentar a todos los que, como él, temían al Altísimo. Y ofrecía presentes dobles a los que trabajaban en la sabiduría y en el temor de Dios, y presentes simples a los que a éstos servían. Así, de las ovejas, de los corderos, de la lana y de todo lo que poseía hacía tres partes. La primera la distribuía entre las viudas, los huérfanos, los peregrinos y los pobres. La segunda la daba a los que se consagraban al servicio de Dios y celebraban su culto. Cuanto a la tercera, la reservaba para sí y para toda su casa.

2. Y, porque obraba de este modo, Dios multiplicaba sus rebaños, y no había, en todo el pueblo israelita, nadie que lo igualase en abundancia de reses. Y todo eso comenzó a hacerlo desde el año quinceno de su edad. Y, cuando llegó a los veinte años, tomó por esposa a Ana, hija de Isachar y de su propia tribu, es decir, de la raza de David. Y, a pesar de haber transcurrido otros veinte años, a partir de su casamiento, no había tenido hijos, ni hijas.

II. Dolor de Joaquín y de Ana

1. Y sucedió que, un día de fiesta, Joaquín se encontraba entre los que tributaban incienso y otras ofrendas al Señor, y él preparaba las suyas. Y, acercándose un escriba del templo llamado Rubén, le dijo: No puedes continuar entre los que hacen sacrificios a Dios, porque éste no te ha bendecido, al no otorgarte una posteridad en Israel. Y, habiendo sufrido esta afrenta en presencia del pueblo, Joaquín abandonó, llorando, el templo del Señor, y no volvió a su casa, sino que marchó adonde estaban sus rebaños, y llevó consigo a sus pastores a las montañas de una comarca lejana, y, durante cinco meses, su esposa Ana no tuvo ninguna noticia suya.

2. Y la triste lloraba, diciendo: Señor, Dios muy fuerte y muy poderoso de Israel, después de haberme negado hijos, ¿por qué me arrebatas también a mi esposo? He aquí que han pasado cinco meses, y no lo veo. Y no sé si está muerto, para siquiera darle sepultura. Y, mientras lloraba abundantemente en el jardín de su casa, y levantaba en su plegaria los ojos al Señor, vio un nido de gorriones en un laurel, y, entreverando sus palabras de gemidos, se dirigió a Dios, y le dijo: Señor, Dios omnipotente, que has concedido posteridad a todas las criaturas, a los animales salvajes, a las bestias de carga, a las serpientes, a los peces, a los pájaros, y que has hecho que todos se regocijen de su progenitura, ¿por qué has excluido a mí sola de los favores de tu bondad? Bien sabes, Señor, que, desde el comienzo de mi matrimonio, hice voto de que, si me dabas un hijo o una hija, te lo ofrecería en tu santo templo.

3. Y, a punto de terminar su clamor dolorido, he aquí que de súbito apareció ante ella un ángel del Señor, diciéndole: No temas, Ana, porque en el designio de Dios está que salga de ti un vástago, el cual será objeto de la admiración de todos los siglos hasta el fin del mundo. Y, no bien pronunció estas palabras, desapareció de delante de sus ojos. Y ella, temblorosa y llena de pavor, por

haber tenido semejante visión, y por haber oído semejante lenguaje, se echó en el lecho como muerta, y todo el día y toda la noche permaneció en oración continua y en terror extremo.

4. Al fin, llamó a su sierva, y le dijo: ¿Cómo, viéndome desolada por mi viudez y abatida por la angustia, no has venido a asistirme? Y la sierva le respondió, murmurando: Si Dios ha cerrado tu matriz, y te ha alejado de tu marido, ¿qué puedo hacer por ti yo? Y, al oír esto, Ana lloraba más aún.

III. El ángel guardián de Joaquín

El encuentro en la Puerta Dorada

1. En aquel mismo tiempo, un joven apareció en las montañas en que Joaquín apacentaba sus rebaños, y le dijo: ¿Por qué no vuelves al lado de tu esposa? Y Joaquín repuso: Durante veinte años la he tenido por compañera. Pero ahora, por no haber querido Dios que ella me diese hijos, he sido expulsado ignominiosamente del templo del Señor. ¿Cómo volvería al lado suyo, después de haber sido envilecido y despreciado? Continuaré, pues, aquí con mis ovejas, mientras Dios conceda a mis ojos luz. Sin embargo, por intermedio de mis servidores, seguiré repartiendo de buen grado su parte a los pobres, a las viudas, a los huérfanos y a los ministros del Altísimo.

2. Y, no bien hubo en tal guisa hablado, el joven le respondió: Soy un ángel de Dios, que ha aparecido hoy a tu mujer, la cual oraba y lloraba. Yo la consolé, y ella sabe por mí que ha concebido de ti una hija. Ésta vivirá en el templo del Señor, y el Espíritu Santo reposará en ella, y su beatitud será mayor que la de todas las mujeres, aun de las más santas, de suerte que nadie podrá decir que hubo, ni que habrá, mujer semejante a ella en este mundo. Baja, pues, de las montañas, y vuelve al lado de tu esposa, a quien encontrarás encinta, porque Dios ha suscitado progenitura en ella, y su posteridad será bendita, y Ana misma será bendita y establecida madre con una eterna bendición.

3. Y Joaquín, adorándolo, dijo: Si he encontrado gracia ante ti, reposa un instante en mi tienda, y bendíceme, puesto que soy tu servidor. Y el ángel le contestó: No te llames servidor mío, pues ambos somos los servidores de un mismo dueño. Mi comida es invisible, y mi bebida lo es también, para los mortales. Así, no debes invitarme a entrar en tu tienda, y lo que habrías de darme,

ofrécelo en holocausto a Dios. Entonces Joaquín tomó un cordero sin mancilla, y dijo al ángel: No me hubiera atrevido a ofrecer un holocausto a Dios, si tu orden no me hubiese dado el poder sacerdotal de sacrificarlo. Y el ángel le dijo: Tampoco yo te hubiera invitado a ofrecerlo, si no hubiese conocido la voluntad de Dios. Y ocurrió que, en el momento en que Joaquín ofrecía su sacrificio a Dios, al mismo tiempo que el olor del sacrificio, y en cierto modo con su mismo humo, el ángel se elevó hacia el cielo.

4. Y Joaquín inclinó su faz contra la tierra, y permaneció así prosternado desde la hora sexta del día hasta la tarde. Y sus mercenarios y jornaleros llegaron, e, ignorando la causa de su actitud, se llenaron de temor, y pensaron que quería matarse. Y se acercaron a él, y no sin esfuerzo lo levantaron. Y, cuando les cantó su visión, estremecidos de estupor y de sorpresa, lo exhortaron a cumplir sin demora el mandato del ángel, y a volver prontamente al lado de su esposa. Y, como Joaquín discutiese todavía en su interior si debía o no debía volver, lo invadió el sueño, y he aquí que el ángel que le había aparecido estando despierto, le apareció otra vez mientras dormía, diciéndole: Yo soy el ángel que Dios te ha dado por guardián. Baja con seguridad, y retorna cerca de Ana, porque las obras de caridad que tú y tu mujer habéis hecho han sido proclamadas en presencia del Altísimo, el cual os ha legado una posteridad tal como ni los profetas ni los santos han tenido, ni tendrán, desde el comienzo del mundo. Y, cuando Joaquín hubo despertado, llamó a sus pastores, y les dio a conocer su sueño. Y ellos adoraron al Señor, y dijeron a Joaquín: Guárdate de resistir más al ángel del Señor. Levántate, partamos, y avancemos lentamente, haciendo pastar a los rebaños.

5. Y, después de caminar treinta días, cuando se aproximaban ya a la ciudad, un ángel del Señor apareció a Ana en oración, diciéndole: Ve a la llamada Puerta Dorada, al encuentro de tu esposo, que hoy llega. Y ella se apresuró a ir allí con sus siervas, y en pie se puso a orar delante de la puerta misma. Y aguardó largo tiempo. Y se cansaba y se desanimaba ya de tan dilatada espera, cuando, levantando los ojos, vio a Joaquín, que llegaba con sus rebaños. Y corrió a echarle los brazos al cuello, y dio gracias a Dios, exclamando: Era viuda, y he aquí que no lo soy. Era estéril, y he aquí que he concebido. Y hubo gran júbilo entre sus vecinos y conocidos, y toda la tierra de Israel la felicitó por aquella gloria.

IV. María consagrada al templo

1. Y nueve meses después, Ana dio a luz una niña, y llamó su nombre María. Y, destetada que fue al tercer año, Joaquín y su esposa Ana se encaminaron juntos al templo, y ofrecieron víctimas al Señor, y confiaron a la pequeña a la congregación de vírgenes, que pasaban el día y la noche glorificando a Dios.

2. Y, cuando hubo sido depositada delante del templo del Señor, subió corriendo las quince gradas, sin mirar atrás, y sin reclamar la ayuda de sus padres, como hacen de ordinario los niños. Y este hecho llenó a todo el mundo de sorpresa, hasta el punto de que los mismos sacerdotes del templo no pudieron contener su admiración.

V. Gratitud de Ana al Señor

1. Entonces Ana, llena del Espíritu Santo, exclamó en presencia de todos:

2. El Señor, Dios de los ejércitos, ha recordado su palabra, y ha recompensado a su pueblo con su bendita visita, para humillar a las naciones que se levantaban contra nosotros, y para que su corazón se vuelva hacia Él. Ha abierto sus oídos a nuestras plegarias, y ha hecho cesar los insultos de nuestros enemigos. La que era estéril, es ahora madre, y ha engendrado la exaltación y el júbilo en Israel. He aquí que yo podré ofrecer dones al Señor, y que mis enemigos no podrán ya impedírmelo nunca más. Vuelva el Señor sus corazones hacia mí, y procúreme una alegría eterna.

VI. Ocupación de María en el templo

Origen del saludo «Deo gracias»

1. Y María causaba admiración a todo el mundo. A la edad de tres años, marchaba con paso tan seguro, hablaba tan perfectamente, ponía tanto ardor en sus alabanzas a Dios, que se la habría tomado no por una niña pequeña, sino por una persona mayor, pues recitaba sus plegarias como si treinta años hubiera tenido. Y su semblante resplandecía como la nieve, hasta el extremo de que apenas podía mirársela. Y se aplicaba a trabajar en la lana, y lo que las mujeres adultas no sabían hacer, ella, en edad tan tierna, lo hacía a perfección.

2. Y se había impuesto la regla siguiente. Desde el amanecer hasta la hora de tercia, permanecía en oración. Desde la hora de tercia hasta la de nona, se ocupaba en tejer. A la de nona, volvía a orar, y no dejaba de hacerlo hasta el momento en que el ángel del Señor le aparecía, y recibía el alimento de sus manos. En fin, con las jóvenes de más edad, se instruía tanto, haciendo día por día progresos, en la práctica de alabar al Señor, que ninguna la precedía en las vísperas, ni era más sabia que ella en la ley de Dios, ni más humilde, ni más hábil en entonar los cánticos de David, ni más graciosa en su caridad, ni más pura en su castidad, ni más perfecta en toda virtud, ni más constante, ni más inquebrantable, ni más perseverante, ni más adelantada en la realización del bien.

3. Nunca se la vio encolerizada, ni se la oyó murmurar de nadie. Toda su conversación estaba tan llena de dulzura, que se reconocía la presencia de Dios en sus labios. Continuamente se ocupaba en orar y en meditar la ley, y, llena de solicitud por sus compañeras, se preocupaba de que ninguna pecase ni siquiera en una sola palabra, de que ninguna alzase demasiado la voz al reír, de que ninguna injuriase o menospreciase a otra. Bendecía al Señor sin cesar, y, para no distraerse de loarlo, cuando alguien la saludaba, por respuesta decía: Gracias sean dadas a Dios. De ahí vino a los hombres la costumbre de contestar: Gracias sean dadas a Dios, cuando se saludan. A diario comía el alimento que recibía de manos del ángel, y, cuanto al que le proporcionaban los sacerdotes, lo distribuía entre los necesitados. A menudo se veía a los ángeles conversar con ella, y obedecerla con el afecto de verdaderos amigos. Y, si algún enfermo la tocaba, inmediatamente volvía curado a su casa.

VII. Mérito de la castidad

1. Entonces el sacerdote Abiathar ofreció presentes considerables a los pontífices, para obtener de ellos que María se casase con un hijo suyo. Pero María los rechazó, diciendo: Es imposible que yo conozca varón, ni que un varón me conozca. Los pontífices y todos sus parientes trataron de disuadirla de su resolución, insinuándole que se honra a Dios por los hijos, y se le adora con la creación de progenitura, y que así había sido siempre en Israel. Pero María les respondió: Se honra a Dios por la castidad, ante todo, como es muy fácil probar.

2. Porque, antes de Abel, no hubo ningún justo entre los hombres, y aquél fue agradable a Dios por su ofrenda, y muerto por el que había desagradado al Altísimo. Y recibió dos coronas, la de su ofrenda y la de su virginidad, puesto que había evitado continuamente toda mancilla en su carne. De igual modo, Elías fue transportado al cielo en su cuerpo mortal, por haber conservado intacta su pureza. Cuanto a mí, he aprendido en el templo, desde mi infancia, que una virgen puede ser grata a Dios. He aquí por qué he resuelto en mi corazón no pertenecer jamás a hombre alguno.

VIII. La guarda de María

1. Y María llegó a los catorce años, y ello dio ocasión a los fariseos para recordar que, conforme a la tradición, no podía una mujer continuar viviendo en el templo de Dios. Entonces se resolvió enviar un heraldo a todas las tribus de Israel, a fin de que, en el término de tres días, se reuniesen todos en el templo. Y, cuando todos se congregaron, Abiathar, el Gran Sacerdote, se levantó, y subió a lo alto de las gradas, a fin de que pudiese verlo y oírlo todo el pueblo. Y, habiéndose hecho un gran silencio, dijo: Escuchadme, hijos de Israel, y atended a mis palabras. Desde que el templo fue construido por Salomón, moran en él vírgenes, hijas de reyes, de profetas, de sacerdotes, de pontífices, y estas vírgenes han sido grandes y admirables. Sin embargo, no bien llegaban a la edad núbil, seguían la costumbre de nuestros antepasados, y tomaban esposo, agradando así a Dios. Únicamente María ha encontrado un nuevo modo de agradarle, prometiéndole que se conservaría siempre virgen. Me parece, pues, que, interrogando a Dios, y pidiéndole su respuesta, podemos saber a quién habremos de darla en guarda.

2. Toda la asamblea aprobó este discurso. Y los sacerdotes echaron suertes entre las doce tribus, y la suerte recayó sobre la tribu de Judá. Y el Gran Sacerdote dijo: Mañana, venga todo el que esté viudo en esa tribu, y traiga una vara en la mano. Y José hubo de ir con los jóvenes, llevando también su vara. Y, cuando todos hubieron entregado sus varas al Gran Sacerdote, éste ofreció un sacrificio a Dios, y lo interrogó sobre el caso. Y el Señor le dijo: Coloca las varas en el Santo de los Santos, y que permanezcan allí. Y ordena a esos hombres que vuelvan mañana aquí, y que recuperen sus varas. Y de la extremidad de una de ellas saldrá una paloma, que volará hacia el cielo, y

aquel en cuya vara se cumpla este prodigio será el designado para guardar a María.

3. Y, al día siguiente, todos de nuevo se congregaron, y, después de haber ofrecido incienso, el Pontífice entró en el Santo de los Santos, y presentó las varas. Y, una vez estuvieron todas distribuidas, se vio que no salía la paloma de ninguna de ellas. Y Abiathar se revistió con el traje de las doce campanillas y con los hábitos sacerdotales, y, entrando en el Santo de los Santos, encendió el fuego del sacrificio. Y, mientras oraba, un ángel le apareció, diciéndole: Hay aquí una vara muy pequeña, con la que no has contado, a pesar de haberla depositado con las otras. Cuando la hayas devuelto a su dueño, verás presentarse en ella la señal que se te indicó. Y la vara era la de José, quien, considerándose descartado, por ser viejo, y temiendo verse obligado a recibir a la joven, no había querido reclamar su vara. Y, como se mantuviese humildemente en último término, Abiathar le gritó a gran voz: Ven y toma tu vara, que es a ti a quien se espera. Y José avanzó temblando, por el fuerte acento con que lo llamara el Gran Sacerdote. Y, apenas hubo tendido la mano, para tomar su vara, de la extremidad de ésta surgió de pronto una paloma más blanca que la nieve y extremadamente bella, la cual, después de haber volado algún tiempo en lo alto del templo, se perdió en el espacio.

4. Entonces todo el pueblo felicitó al anciano, diciéndole: Feliz eres en tu vejez, pues Dios te ha designado como digno de recibir a María. Y los sacerdotes le dijeron: Tómala, puesto que has sido elegido por el Señor en toda la tribu de Judá. Pero José empezó a prosternarse, suplicante, y les dijo con timidez: Soy viejo, y tengo hijos. ¿Por qué me confiáis a esta joven? Y el Gran Sacerdote le dijo: Recuerda, José, cómo perecieron Dathan, Abirón y Coré, por haber despreciado la voluntad del Altísimo, y teme no te suceda igual, si no acatas su orden. Y José le dijo: En verdad, no menosprecio la voluntad del Altísimo, y seré el guardián de la muchacha hasta el día en que el mismo Dios me haga saber cuál de mis hijos ha de tomarla por esposa. Entretanto, dénsele algunas vírgenes de entre sus companeras, con las cuales more. Y Abiathar repuso: Se le darán vírgenes, para su consuelo, hasta que llegue el día fijado para que tú la recibas, porque no podrá casarse con ningún otro que contigo.

5. Y José tomó a María con otras cinco doncellas, que habían de habitar con ella en su casa. Y las doncellas eran Rebeca, Sefora, Susana, Abigea y

Zahel, a las cuales los sacerdotes dieron seda, lino, jacinto, violeta, escarlata y púrpura. Y echaron suertes entre ellas, para saber lo en que cada una trabajaría, y a María le tocó la púrpura destinada al velo del templo del Señor. Y, al tomarla, las otras le dijeron: Eres la más joven de todas, y, sin embargo, has merecido obtener la púrpura. Y, después de decir esto, empezaron a llamarla, por burla, la reina de las vírgenes. Pero, apenas acabaron de hablar así, un ángel del Señor apareció en medio de ellas, y exclamó: Vuestro apodo no será un apodo sarcástico, sino una profecía muy verdadera. Y las jóvenes quedaron mudas de terror, ante la presencia del ángel y sus palabras, y suplicaron a María que las perdonase, y que rogase por ellas.

IX. La anunciación

1. Al día siguiente, mientras María se encontraba en la fuente, llenando su cántaro, un ángel del Señor le apareció, y le dijo: Bienaventurada eres, María, porque has preparado en tu seno un santuario para el Señor. Y he aquí que vendrá una luz del cielo a habitar en ti, y, por ti, irradiará sobre el mundo entero.

2. Y, al tercer día, mientras tejía la púrpura con sus manos, se le presentó un joven de inenarrable belleza. Al verlo, María quedó sobrecogida de temor, y se puso a temblar. Pero el visitante le dijo: No temas, ni tiembles, María, porque has encontrado gracia a los ojos de Dios, y de Él concebirás un rey, que dominará no solo en la tierra, sino que también en los cielos, y que prevalecerá por los siglos de los siglos.

X. Vuelta de José

1. Y, en tanto que ocurría todo esto, José, que era carpintero, estaba en Capernaum, al borde del mar, ocupado en sus trabajos. Y permaneció allí nueve meses. Y, vuelto a su casa, encontró a María encinta. Y todos sus miembros se estremecieron, y, en su desesperación, exclamó: Señor Dios, recibe mi alma, porque más vale morir que vivir. Y las jóvenes que con María estaban le arguyeron: ¿Qué dices, José? Nosotras sabemos que ningún hombre la ha tocado, y que su virginidad continúa íntegra, intacta e inmaculada. Porque ha tenido por guardián a Dios, y ha permanecido siempre orando con nosotras. A diario un ángel conversa con ella, y a diario recibe su alimento de manos de

ese ángel. ¿Cómo podría existir un solo pecado en ella? Y, si quieres que te declaremos nuestras sospechas, nadie la ha puesto encinta, si no es el ángel de Dios.

2. Pero José dijo: ¿Por qué queréis embrollarme, haciéndome creer que quien se ha unido a ella es un ángel de Dios? ¿No parece más seguro que un hombre haya fingido ser un ángel de Dios, y la haya engañado? Y, al decir esto, lloraba y exclamaba: ¿Con qué cara me presentaré en el templo del Señor? ¿Cómo osaré mirar a los sacerdotes? ¿Qué haré? Y, mientras hablaba así, pensaba en esconderse, y en abandonarla.

XI. José confortado por un ángel

1. Y ya había decidido levantarse en la noche, y huir, para habitar en un lugar oculto, cuando, aquella misma noche, le apareció en sueños un ángel del Señor, que le dijo: José, hijo de David, no temas recibir a María tu mujer, porque lo que en ella es engendrado, del Espíritu Santo es. Y parirá un hijo, que será llamado Jesús, porque salvará al pueblo de sus pecados.

2. Y, desvanecido el sueño, José se levantó, dando gracias a su Dios, y habló a María y a las vírgenes que estaban con ella, y les contó su visión. Y, consolado con respecto a María, dijo: He pecado, por haber abrigado sospecha contra ti.

XII. La prueba del agua

1. Tras esto, se extendió la nueva de que María estaba encinta. Y José fue conducido ante el Gran Sacerdote por los servidores del templo, y aquél, con los demás sacerdotes, lo colmó de reproches, diciéndole: ¿Por qué has seducido a una doncella de tanto mérito, que los ángeles de Dios han nutrido en el templo como una paloma, que no quiso nunca ni aun ver a un hombre, y que estaba tan instruida en la ley de Dios? Si tú no la hubieses violentado, ella permanecería virgen hasta ahora. Pero José juraba que nunca la había tocado. Entonces el Gran Sacerdote Abiathar le dijo: Por vida de Dios, yo te haré beber el agua de la bebida del Señor, y en el acto tu pecado será demostrado.

2. Entonces todo Israel se reunió en una muchedumbre innumerable, y también María fue conducida al templo del Señor. Y los sacerdotes y los parientes de María le decían, llorando: Confiesa tu pecado a los sacerdotes, tú que

eras como una paloma en el templo de Dios, y que recibías tu alimento de la mano de un ángel. José fue llevado al altar. Y se le dio el agua de la bebida del Señor. Si un hombre, después de haber mentido, la probaba, y daba siete veces la vuelta al altar, Dios ponía alguna señal sobre su rostro. Y, cuando hubo bebido reposadamente, y dado siete vueltas al altar, ningún signo de pecado apareció en su cara. Entonces, todos los sacerdotes y los servidores del templo y la multitud proclamaron su virtud, diciendo: Feliz eres, porque en ti no se ha hallado falta.

3. Y, llamando a María, le dijeron: Pero tú, ¿qué disculpa podrías dar? ¿Y qué mayor signo podría mostrarse en ti que ese embarazo que te traiciona? Solo te pedimos que digas quién te ha seducido, ya que José está puro de toda relación contigo. Más te valdrá confesar tu pecado que dejar que la cólera de Dios te marque con su signo ante todo el pueblo. Empero María les dijo con firmeza y sin temblar: Si hay alguna mancha o pecado o concupiscencia impura en mí, que Dios me designe a la faz de todos los pueblos, para que yo sirva a todos de ejemplo saludable. Y se aproximó confiadamente al altar del Señor, y bebió el agua de la bebida del Señor, y dio las siete vueltas al altar, y no se vio en ella ninguna marca.

4. Y, como todo el pueblo estaba lleno de estupor y de duda, viendo el embarazo de María, sin que signo de impureza apareciese en su rostro, se elevó entre la muchedumbre un gran vocerío de palabras contradictorias. Unos loaban su santidad, al paso que otros la acusaban. Entonces María, advirtiendo que el pueblo no estimaba su justificación completa, dijo con clara voz, para ser entendida de todos: Por la vida del Señor, Dios de los Ejércitos, en cuya presencia me hallo, que yo no he conocido ningún hombre, y más que no lo debo conocer, porque desde mi infancia he tomado esa resolución. Y desde mi infancia he hecho a Dios el voto de permanecer pura para que me ha creado, y así quiero vivir para Él solo, y para Él solo permanecer sin mácula mientras exista.

5. Entonces todos la abrazaron, pidiéndole que perdonase sus maliciosas sospechas. Y todo el pueblo y los sacerdotes y todas las vírgenes la llevaron a su casa, regocijados, gritando y diciendo: Bendito sea el nombre del Señor, porque ha manifestado tu santidad a todo el pueblo de Israel.

XIII. Visión de los dos pueblos

Nacimiento de Jesús en la gruta

Testimonio de los pastores

1. Y ocurrió, algún tiempo más tarde, que un edicto de César Augusto obligó a cada uno a empadronarse en su patria. Y este primer censo fue hecho por Cirino, gobernador de Siria. José, pues, se vio obligado a partir con María para Bethlehem, porque él era de ese país, y María era de la tribu de Judá, de la casa y patria de David. Y, según José y María iban por el camino que conduce a Bethlehem, dijo María a José: Veo ante mí dos pueblos, uno que llora, y otro que se regocija. Mas José le respondió: Estáte sentada y sosténte sobre tu montura, y no digas palabras inútiles. Entonces un hermoso niño, vestido con un traje magnífico, apareció ante ellos, y dijo a José: ¿Por qué has llamado inútiles las palabras que María ha dicho de esos dos pueblos? Ella ha visto al pueblo judío llorar, por haberse alejado de su Dios, y al pueblo de los gentiles alegrarse, por haberse aproximado al Señor, según la promesa hecha a nuestros padres, puesto que ha llegado el tiempo en que todas las naciones deben ser benditas en la posteridad de Abraham.

2. Dichas estas palabras, el ángel hizo parar la bestia, por cuanto se acercaba el instante del alumbramiento, y dijo a María que se apease, y que entrase en una gruta subterránea en la que no había luz alguna, porque la claridad del día no penetraba nunca allí. Pero, al entrar María, toda la gruta se iluminó y resplandeció, como si el Sol la hubiera invadido, y fuese la hora sexta del día, y, mientras María estuvo en la caverna, ésta permaneció iluminada, día y noche, por aquel resplandor divino. Y ella trajo al mundo un hijo que los ángeles rodearon desde que nació, diciendo: Gloria a Dios en las alturas y paz en la tierra a los hombres de buena voluntad.

3. Y José había ido a buscar comadronas. Mas, cuando estuvo de vuelta en la gruta, María había ya parido a su hijo. Y José le dijo: Te he traído dos comadronas, Zelomi y Salomé, mas no osan entrar en la gruta a causa de esta luz demasiado viva. Y María, oyéndola, sonrió. Pero José le dijo: No sonrías, antes sé prudente, por si tienes necesidad de algún remedio. Entonces hizo

entrar a una de ellas. Y Zelomi, habiendo entrado, dijo a María: Permíteme que te toque. Y, habiéndolo permitido María la comadrona dio un gran grito y dijo: Señor, Señor, ten piedad de mí. He aquí lo que yo nunca he oído, ni supuesto, pues sus pechos están llenos de leche, y ha parido un niño, y continúa virgen. El nacimiento no ha sido maculado por ninguna efusión de sangre, y el parto se ha producido sin dolor. Virgen ha concebido, virgen ha parido, y virgen permanece.

4. Oyendo estas palabras, la otra comadrona, llamada Salomé, dijo: Yo no puedo creer eso que oigo, a no asegurarme por mí misma. Y Salomé, entrando, dijo a María: Permíteme tocarte, y asegurarme de que lo que ha dicho Zelomi es verdad. Y, como María le diese permiso, Salomé adelantó la mano. Y al tocarla, súbitamente su mano se secó, y de dolor se puso a llorar amargamente, y a desesperarse, y a gritar: Señor, tú sabes que siempre te he temido, que he atendido a los pobres sin pedir nada a cambio, que nada he admitido de la viuda o del huérfano, y que nunca he despachado a un menesteroso con las manos vacías. Y he aquí que hoy me veo desgraciada por mi incredulidad, y por dudar de vuestra virgen.

5. Y, hablando ella así, un joven de gran belleza apareció a su lado, y le dijo: Aproxímate al niño, adóralo, tócalo con tu mano, y él te curará, porque es el Salvador del mundo y de cuantos esperan en él. Y tan pronto como ella se acercó al niño, y lo adoró, y tocó los lienzos en que estaba envuelto, su mano fue curada. Y, saliendo fuera, se puso a proclamar a grandes voces los prodigios que había visto y experimentado, y cómo había sido curada, y muchos creyeron en sus palabras.

6. Porque unos pastores afirmaban a su vez que habían visto a medianoche ángeles cantando un himno, loando y bendiciendo al Dios del cielo, y diciendo que el Salvador de todos, el Cristo, había nacido, y que en él debía Israel encontrar su salvación.

7. Y una gran estrella brillaba encima de la gruta, de la tarde a la mañana, y nunca, desde el principio del mundo, se había visto una tan grande. Y los profetas que estaban en Jerusalén decían que esa estrella indicaba el nacimiento del Cristo, el cual debía cumplir las promesas hechas, no solo a Israel, sino a todas las naciones.

XIV. El buey y el asno del pesebre

1. El tercer día después del nacimiento del Señor, María salió de la gruta, y entró en un establo, y depositó al niño en el pesebre, y el buey y el asno lo adoraron. Entonces se cumplió lo que había anunciado el profeta Isaías: El buey ha conocido a su dueño y el asno el pesebre de su señor.

2. Y estos mismos animales, que tenían al niño entre ellos, lo adoraban sin cesar. Entonces se cumplió lo que se dijo por boca del profeta Habacuc: Te manifestarás entre dos animales. Y José y María permanecieron en este sitio con el niño durante tres días.

XV. La circuncisión

1. El sexto día entraron en Bethlehem, donde pasaron el séptimo día. El octavo, circuncidaron al niño, y lo llamaron Jesús, como lo había denominado el ángel antes de su concepción. Cuando se cumplieron, según la ley de Moisés, los días de la purificación de María, José condujo al niño al templo del Señor. Y, como el niño había sido circunciso, ofrecieron por él dos tórtolas y dos pichones.

2. Y había en el templo un hombre de Dios, perfecto y justo, llamado Simeón, y de edad de ciento doce años. Y el Señor le había hecho saber que no moriría sin haber visto al Cristo, hijo de Dios encarnado. Cuando hubo visto al niño, gritó en alta voz: Dios ha visitado a su pueblo y el Señor ha cumplido su promesa. Y adoró al niño. Luego, tomándolo en su manto, lo adoró otra vez, y le besó los pies, diciendo: Ahora, Señor, deja partir a tu servidor en paz, según tu promesa, puesto que mis ojos han visto tu salvación, que has preparado a la faz de todos los pueblos: luz que debe disipar las tinieblas de las naciones, e ilustrar a Israel, tu pueblo.

3. Había también en el templo del Señor una profetisa llamada Ana, hija de Fanuel, de la tribu de Aser, que había vivido con su marido siete años después de su virginidad, y que era viuda hacía ochenta y cuatro años. Nunca se había alejado del templo del Señor, entregándose siempre a la oración y al ayuno. Y, acercándose, adoró al niño, y proclamó que era la redención del siglo.

XVI. Visita de los magos

1. Y, transcurridos dos años, vinieron de Oriente a Jerusalén unos magos, que traían consigo grandes ofrendas, y que interrogaron a los judíos, diciéndoles: ¿Dónde está el rey que os ha nacido? Porque hemos visto su estrella en Oriente, y venimos a adorarlo. Y la nueva llegó al rey Herodes, y lo asustó tanto, que consultó a los escribas, a los fariseos y a los doctores del pueblo para saber por ellos dónde habían anunciado los profetas que debía nacer el Cristo. Y ellos respondieron: En Bethlehem de Judea. Porque está escrito: Y tú, Bethlehem, tierra de Judá, no eres la menor entre las ciudades de Judá, porque de ti debe salir el jefe que regirá a Israel, mi pueblo. Entonces el rey Herodes llamó a los magos, e inquirió de ellos el tiempo en que la estrella había aparecido. Y los envió a Bethlehem, diciéndoles: Id, e informaos exactamente del niño, y, cuando lo hayáis encontrado, anunciádmelo, a fin de que yo también lo adore.

2. Y, al dirigirse los magos a Bethlehem, la estrella les apareció en el camino, como para servirles de guía, hasta que llegaron adonde estaba el niño. Y los magos, al divisar la estrella, se llenaron de alegría, y, entrando en su casa, vieron al niño Jesús, que reposaba en el seno de su madre. Entonces descubrieron sus tesoros, e hicieron a María y a José muy ricos presentes. Al niño mismo cada uno le ofreció una pieza de oro. Después, uno ofreció oro, otro incienso y otro mirra. Y, como quisieran volver a Herodes, un ángel les advirtió en sueños que no hiciesen tal. Adoraron, pues, al niño con alegría extrema, y volvieron a su país por otro camino.

XVII. Degollación de los inocentes

1. Viendo el rey Herodes que había sido burlado por los magos, ardió en cólera, y envió gentes para que los capturaran y los mataran. Y, no habiéndolos apresado, ordenó degollar en Bethlehem a todos los niños de dos años para abajo, según el tiempo que había inquirido de los magos.

2. Pero la víspera del día en que esto tuvo lugar, José fue advertido en sueños por un ángel del Señor, que le dijo: Toma a María y al niño, y dirígete a Egipto por el camino del desierto. Y José partió, siguiendo las palabras del ángel.

XVIII. Jesús y los dragones

1. Habiendo llegado a una gruta, y queriendo reposar allí, María descendió de su montura, y se sentó, teniendo a Jesús en sus rodillas. Tres muchachos hacían ruta con José, y una joven con María. Y he aquí que de pronto salió de la gruta una multitud de dragones, y, a su vista, los niños lanzaron gritos de espanto. Entonces Jesús, descendiendo de las rodillas de su madre, se puso en pie delante de los dragones, y éstos lo adoraron, y se fueron. Y así se cumplió la profecía de David: Alabad al Señor sobre la tierra, vosotros, los dragones y todos los abismos.

2. Y el niño Jesús, andando delante de ellos, les ordenó no hacer mal a los hombres. Pero José y María temían que el niño fuese herido por los dragones. Y Jesús les dijo: No temáis, y no me miréis como un niño, porque yo he sido siempre un hombre hecho, y es preciso que todas las bestias de los bosques se amansen ante mí.

XIX. Los leones guían la caravana

1. Igualmente los leones y los leopardos lo adoraban, y los acompañaban en el desierto. Por doquiera que iban José y María, ellos los precedían, señalaban la ruta, e, inclinando sus cabezas, reverenciaban a Jesús. El primer día que María vio venir leones y toda clase de fieras hacia ella, tuvo gran temor. Pero el niño Jesús, mirándola alegremente, le dijo: No temas nada, madre mía, que no es por hacerte mal, sino para obedecerte, por lo que vienen a tu alrededor. Y, con estas palabras, disipó todo temor del corazón de María.

2. Los leones hacían camino con ellos y con los bueyes y los asnos y las bestias de carga que llevaban los equipajes, y no les causaban ningún mal, sino que marchaban con toda dulzura entre los corderos y las ovejas que José y María habían llevado de Judea, y que conservaban con ellos. Y andaban también por entre los lobos, y nadie sufría ningún mal. Entonces se cumplió lo que había dicho el profeta: Los lobos pacerán con los corderos, y el león y el buey comerán la misma paja. Porque había dos bueyes y una carreta en la que iban los objetos necesarios, y los leones los dirigían en su marcha.

XX. Milagro de la palmera

1. Y ocurrió que, al tercer día de su viaje, María estaba fatigada en el desierto por el ardor del Sol, y, viendo una palmera, dijo a José: Voy a descansar un poco a su sombra. Y José la condujo hasta la palmera, y la hizo apearse de su montura. Cuando María estuvo sentada, levantó los ojos a la palmera, y, viendo que estaba cargada de frutos, dijo a José: Yo quisiera, si fuese posible, probar los frutos de esta palmera. Y José le dijo: Me sorprende que hables así, viendo la altura de ese árbol, y que pienses en comer sus frutos. Lo que a mí me preocupa es la falta de agua, pues ya no queda en nuestros odres, y no tenemos para nosotros, ni para nuestros animales.

2. Entonces el niño Jesús, que descansaba, con la figura serena y puesto sobre las rodillas de su madre, dijo a la palmera: Arbol, inclínate, y alimenta a mi madre con tus frutos. Y a estas palabras la palmera inclinó su copa hasta los pies de María, y arrancaron frutos con que hicieron todos refacción. Y, no bien hubieron comido, el árbol siguió inclinado, esperando para erguirse la orden del que lo había hecho inclinarse. Entonces le dijo Jesús: Yérguete, palmera, recobra tu fuerza, y sé la compañera de los árboles que hay en el paraíso de mi Padre. Descubre con tus raíces el manantial que corre bajo tierra, y haz que brote agua bastante para apagar nuestra sed. Y enseguida el árbol se enderezó, y de entre sus raíces brotaron hilos de un agua muy clara, muy fresca y de una extremada dulzura. Y, viendo aquel agua, todos se regocijaron, y bebieron, ellos y todas las bestias de carga, y dieron gracias a Dios.

XXI. La palma de la victoria

1. A la mañana siguiente, partieron, y, en el momento en que se ponían en camino, Jesús se volvió hacia la palmera y dijo: Yo te concedo, palmera, el privilegio de que una de tus ramas sea llevada por mis ángeles y plantada en el paraíso de mi Padre. Te quiero conferir este favor, para que se diga a aquellos que hayan vencido en cualquier lucha: Has obtenido la palma de la victoria. Y, mientras decía esto, he aquí que un ángel del Señor apareció sobre la palmera, y, tomando una de sus ramas, voló hacia el cielo con ella en la mano.

2. Y, viendo tal, todos cayeron de hinojos, y quedaron como muertos. Mas Jesús les dijo: ¿Por qué ha invadido el temor vuestros corazones? ¿Ignoráis

que esa palmera que he hecho transportar al paraíso será dispuesta para todos los santos en un lugar de delicias, como ha sido preparada para vosotros en este desierto? Y todos se levantaron llenos de alegría.

XXII. Los ídolos de Sotina

1. Y, según caminaban, José dijo a Jesús: Señor, el calor nos abruma. Tomemos, si quieres, el camino cercano al mar, para poder reposar en las ciudades de la costa. Jesús le respondió: No temas nada, José, que yo abreviaré nuestra ruta, de suerte que la distancia que habíamos de recorrer en treinta días la franqueemos en esta sola jornada. Y, mientras hablaban así, he aquí que, mirando ante ellos, divisaron las montañas y las ciudades de Egipto.

2. Alegremente entraron en el territorio de Hermópolis y llegaron a una ciudad denominada Sotina, y, como no conocían a nadie que hubiese podido darles hospitalidad, penetraron en un templo que se llamaba el capitolio de Egipto. Y en este templo había trescientos sesenta y cinco ídolos, a quienes se rendían a diario honores divinos con ceremonias sacrílegas.

XXIII. Cumplimiento de una profecía de Isaías

1. Pero ocurrió que, cuando la bienaventurada María, con el niño, entró en el templo, todos los ídolos cayeron por tierra, cara al suelo y hechos pedazos, y así revelaron que no eran nada.

2. Entonces se cumplió lo que había dicho el profeta Isaías: He aquí que el Señor vendrá sobre una nube ligera, y entrará en Egipto, y todas las obras de la mano de los egipcios temblarán ante su faz.

XXIV. Afrodisio adora a Jesús

1. Y, anunciada la nueva a Afrodisio, gobernador de la ciudad, éste vino al templo con todas sus tropas. Y, al verlo acudir, los pontífices del templo esperaban que castigase a los que habían causado la caída de los dioses.

2. Pero, entrando en el templo, cuando vio a todos los ídolos caídos de cara al suelo, se acercó a María, y adoró al niño, que ella llevaba sobre su seno, y, cuando lo hubo adorado, se dirigió a su ejército y a sus amigos, diciendo: Si éste no fuera el Dios de nuestros dioses, éstos no se prosternarían ante él, por lo que atestiguan tácitamente que es su Señor. Conque, si nosotros no

hacemos prudentemente lo que vemos hacer a nuestros dioses, correremos el riesgo de atraer su indignación y de perecer, como ocurrió al Faraón de Egipto, que, por no rendirse a grandes prodigios, fue ahogado en el mar con todo su ejército. Entonces, por Jesucristo, todo el pueblo de aquella ciudad creyó en el Señor Dios.

XXV. Regreso de Egipto a Judea

1. Poco tiempo más tarde, el ángel dijo a José:.

2. Vuelve al país de Judá, pues muertos son los que querían la vida del niño.

XXVI. Juegos del niño Jesús

1. Después de su vuelta de Egipto, y estando en Galilea, Jesús, que entraba ya en el cuarto año de su edad, jugaba un día de sábado con los niños a la orilla del Jordán. Estando sentado, Jesús hizo con la azada siete pequeñas lagunas, a las que dirigió varios pequeños surcos, por los que el agua del río iba y venía. Entonces uno de los niños, hijo del diablo, obstruyó por envidia las salidas del agua, y destruyó lo que Jesús había hecho. Y Jesús le dijo: ¡Sea la desgracia sobre ti, hijo de la muerte, hijo de Satán! ¿Cómo te atreves a destruir las obras que yo hago? Y el que aquello había hecho murió.

2. Y los padres del difunto alzaron tumultuosamente la voz contra José y María, diciendo: Vuestro hijo ha maldecido al nuestro, y éste ha muerto. Y, cuando José y María los oyeron, fueron enseguida cerca de Jesús, a causa de las quejas de los padres, y de que se reunían los judíos. Pero José dijo en secreto a María: Yo no me atrevo a hablarle, pero tú adviértelo y dile: ¿Por qué has provocado contra nosotros el odio del pueblo y nos has abrumado con la cólera de los hombres? Y su madre fue a él, y le rogó, diciendo: Señor, ¿qué ha hecho ese niño para morir? Pero él respondió: Merecía la muerte, porque había destruido las obras que yo hice.

3. Y su madre le insistía, diciendo: No permitas, Señor, que todos se levanten contra nosotros. Y él, no queriendo afligir a su madre, tocó con el pie derecho la pierna del muerto, y le dijo: Levántate, hijo de la iniquidad, que no eres digno de entrar en el reposo de mi Padre, porque has destruido las obras que yo he hecho. Entonces, el que estaba muerto, se levantó, y se fue. Y Jesús, por su potencia, condujo el agua por unos surcos a las pequeñas lagunas.

XXVII. Los gorriones de Jesús

1. Después de esto, Jesús tomó el barro de los hoyos que había hecho y, a la vista de todos, fabricó doce pajarillos. Era el día del sábado, y había muchos niños con él. Y, como uno de los judíos hubiese visto lo que hacía, dijo a José: ¿No estás viendo al niño Jesús trabajar el sábado, lo que no está permitido? Ha hecho doce pajarillos con su herramienta. José reprendió a Jesús, diciéndole: ¿Por qué haces en sábado lo que no nos está permitido hacer? Pero Jesús, oyendo a José, batió sus manos y dijo a los pájaros: Volad. Y a esta orden volaron, y, mientras todos oían y miraban, él dijo a las aves: Id y volad por el mundo y por todo el universo, y vivid.

2. Y los asistentes, viendo tales prodigios, quedaron llenos de gran asombro. Unos lo admiraban y lo alababan, mas otros lo criticaban. Y algunos fueron a buscar a los príncipes de los sacerdotes y a los jefes de los fariseos, y les contaron que Jesús, hijo de José, en presencia de todo el pueblo de Israel, había hecho grandes prodigios, y revelado un gran poder. Y esto se relató en las doce tribus de Israel.

XXVIII. Muerte del hijo de Anás

1. Y otra vez un hijo de Anás, sacerdote del templo, que había venido con José, y que llevaba en la mano una vara, destruyó con ella, lleno de cólera y en presencia de todos, los pequeños estanques que Jesús había hecho, y esparció el agua que Jesús había conducido, y destruyó los surcos por donde venía.

2. Y Jesús, viendo esto, dijo a aquel muchacho que había destruido su obra: Grano execrable de iniquidad, hijo de la muerte, oficina de Satán, a buen seguro que el fruto de tu semilla quedará sin fuerza, tus raíces sin humedad, tus ramas áridas y sin sazonar. Y enseguida, en presencia de todos, el niño se desecó, y murió.

XXIX. Castigo de los hijos de Satán

1. Entonces José se espantó, y llevó a Jesús y a su madre a casa.

2. Y he aquí que un niño, también agente de iniquidad, corriendo a su encuentro, se arrojó sobre un hombro de Jesús, por burlarse de él, o por hacerle daño, si podía. Pero Jesús le dijo: No volverás sano y salvo del camino

que haces. Y enseguida el niño feneció. Y los padres del muerto, que habían visto lo que pasara, dieron gritos, diciendo: ¿Dónde ha nacido ese niño? Manifiesta que toda palabra que dice es verdadera, y aun a menudo se cumple antes de que la pronuncie. Y se acercaron a José, y le dijeron: Conduce a Jesús fuera de aquí, porque no puede habitar con nosotros en esta población. O, a lo menos, enséñale a bendecir, y no a maldecir. Y José fue a Jesús y le dijo: ¿Por qué obras así? Muchos tienen ya quejas de ti, y nos odian por tu causa, y por ti sufrimos vejaciones de las gentes. Mas Jesús, respondiendo a José, dijo: No hay más hijo prudente que aquel a quien su padre ha instruido siguiendo la ciencia de este tiempo, y la maldición de su padre no daña a nadie, sino a los que hacen el mal.

3. Entonces las gentes se amotinaron contra Jesús, y lo acusaron ante su padre. Y, cuando José vio aquello, se asustó mucho, temiendo un acceso de violencia y una sedición en el pueblo de Israel. En aquel momento, Jesús tomó por la oreja al niño que había muerto, y lo alzó de tierra en presencia de todos. Y se vio entonces a Jesús conversar con él, como un padre con su hijo. Y el espíritu del niño volvió en sí, y se reanimó, y todos quedaron llenos de sorpresa.

XXX. Zaquías

1. Un maestro judío, llamado Zaquías, habiendo oído asegurar de Jesús que poseía una sabiduría más que eminente, concibió propósitos intemperantes e inconsiderados contra José, a quien dijo: ¿No quieres confiarme a tu hijo, para que lo instruya en la ciencia humana y en la religión? Pero bien veo que tú y María preferís vuestro hijo a las tradiciones de los ancianos del pueblo. Deberíais respetar más a los sacerdotes de la Sinagoga de Israel, y cuidar de que vuestro hijo compartiese con los otros niños una afección mutua, y de que se instruyese, al lado de ellos, en la doctrina judaica.

2. José respondió diciendo: ¿Y quién es el que podrá guardar e instruir a ese niño? Mas, si tú quieres hacerlo, nosotros no nos oponemos en modo alguno a que lo ilustres en todo aquello que los hombres enseñan. Habiendo oído Jesús las palabras de Zaquías, le respondió, y le dijo: Maestro de la ley, a un hombre como tú, le conviene parar en todo lo que acabas de decir y de nombrar. Yo soy extraño a vuestras instituciones, y estoy exento de vuestros

tribunales, y no tengo padre según la carne. Cuanto a vosotros que leéis la Ley, y que os instruís en ella, debéis permanecer en ella. Aunque presumas de no tener igual en materia de ciencia, aprenderás de mí que ningún otro que yo puede enseñar las cosas de que has hablado. Y, cuando haya salido de la tierra, abolirá toda mención de la genealogía de tu raza. Tú, en efecto, ignoras de quién he nacido, y de dónde vengo. Pero yo os conozco a todos exactamente, y sé cuándo habéis nacido, y qué edad tenéis, y cuánto tiempo permaneceréis en este mundo.

3. Entonces cuantos habían oído estas palabras quedaron asombrados, y exclamaron: He aquí un verdaderamente grande y admirable misterio. Nunca hemos oído nada semejante. Nada de este género ha sido dicho por otro, ni por los profetas, ni por los fariseos, ni nunca tal se ha oído. Nosotros sabemos dónde él ha nacido, y que tiene cinco años apenas. ¿De dónde viene que pronuncie esas palabras? Los fariseos respondieron: Jamás oímos a un niño tan pequeño pronunciar tales palabras.

4. Y Jesús, contestándoles, dijo: ¿Os sorprende oír a un niño pronunciar tales palabras? ¿Por qué, pues, no dais fe a lo que os he dicho? Y puesto que, cuando yo os he dicho que sé cuándo habéis nacido, os habéis asombrado, os diré más, para que os asombréis más aún. Yo he tratado a Abraham, a quien vosotros llamáis vuestro padre, y le he hablado, y él me ha visto. Oyendo estas palabras, todos callaban, y nadie osaba hablar. Y Jesús les dijo: He estado entre vosotros con los niños, y no me habéis conocido. Os he hablado como a sabios, y no me habéis comprendido, porque, en realidad, sois más jóvenes que yo, y además, no tenéis fe.

XXXI. Sabiduría de Jesús. Confusión de Leví

1. Otra vez el maestro Zaquías, doctor de la Ley, dijo a José y María: Dadme al niño, y lo confiará al maestro Leví, que le enseñará las letras, y lo instruirá. Entonces José y María, acariciando a Jesús, lo condujeron a la escuela, para que fuese instruido por el viejo Leví. Jesús, luego que entró, guardaba silencio. Y el maestro Leví, nombrando una letra a Jesús, y comenzando por la primera, Aleph, le dijo: Responde. Pero Jesús calló, y no respondió nada. Entonces el maestro, irritado, cogió una vara, y le pegó en la cabeza.

2. Pero Jesús dijo al profesor: Sabe, en verdad, que el que es golpeado instruye al que le pega, en vez de ser instruido por él. Pero todos los que estudian y que escuchan son como un bronce sonoro o como un címbalo resonante, y les falta el sentido y la inteligencia de las cosas significadas por su sonido. Y, continuando Jesús, dijo a Zaquías: Toda letra, desde la Aleph a la Thau, se distingue por su disposición. Dime, pues, primero lo que es Thau, y te diré lo que es Aleph. Y aún dijo Jesús: Hipócritas, ¿cómo los que no conocen lo que es Aleph podrán decir Thau? Di primero lo que es Aleph, y te creeré cuando digas Beth. Y Jesús se puso a preguntar el nombre de cada letra, y dijo: Diga el maestro de la Ley lo que es la primera letra, o por qué tiene numerosos triángulos, graduados, agudos, etc. Cuando Leví lo oyó hablar así del orden y disposición de las letras, quedó estupefacto.

3. Entonces comenzó a gritar ante todos, y a decir: ¿Es que este niño debe vivir sobre la tierra? Merece, por el contrario, ser elevado en una gran cruz. Porque puede apagar el fuego, y burlarse de otros tormentos. Pienso que existía antes del cataclismo, y que ha nacido antes del diluvio. ¿Qué entrañas lo han llevado? ¿Qué madre lo ha puesto en el mundo? ¿Qué seno lo ha amamantado? Me arredro ante él, por no poder sostener la palabra que sale de su boca. Mi corazón se asombra de oír tales palabras, y pienso que a ningún hombre es dable comprenderlas, a menos que Dios no esté con él. Y ahora, desgraciado de mí, he quedado entregado a sus burlas. Ahora que creía tener un discípulo, he encontrado un maestro, sin saberlo. ¿Qué diré? No puedo sostener las palabras de este niño, y huirá de esta ciudad, porque no puedo comprenderlo. Viejo soy, y he sido vencido por un niño. No puedo encontrar ni el principio ni el fin de lo que afirma. Os digo, en verdad, y no miento, que, a mis ojos, este niño, juzgando por sus primeras palabras y por el fin de su intención, no parece tener nada de común con los hombres. No sé si es un hechicero o un dios, o si un ángel de Dios había en él. Lo que es, de dónde viene, lo que llegará a ser, lo ignoro.

4. Entonces Jesús, con aire satisfecho, le sonrió, y dijo en tono imperioso a los hijos de Israel, que estaban presentes, y que lo escuchaban: Los estériles sean fecundos, los ciegos vean, los cojos anden derechos, los pobres tengan bienes, y los muertos resuciten, para que cada uno vuelva a su estado primero, y viva en aquel que es la raíz de la vida y de la dulzura perpetua. Y,

cuando el niño Jesús hubo dicho esto, todos los que estaban aquejados de enfermedades fueron curados. Y nadie osaba ya decirle nada, ni oír nada de él.

XXXII. Jesús resucita a un niño muerto

1. Después de esto, José y María fueron con Jesús a la ciudad de Nazareth, y él estaba allí con sus padres. Un día de sábado, en que Jesús jugaba en la terraza de una casa con otros niños, uno de ellos hizo caer de la terraza al suelo a otro, que murió. Y como los padres del niño no habían visto esto, lanzaron gritos contra José y María, diciendo: Vuestro hijo ha hecho caer al nuestro, y lo ha matado.

2. Pero Jesús callaba, y no respondía palabra. José y María fueron cerca de Jesús, y su madre lo interrogó, diciendo: Mi Señor, dime si tú lo has tirado. Entonces Jesús descendió de la terraza, y llamó al muerto por su nombre de Zenón. Y éste respondió: Señor. Y Jesús le preguntó: ¿Te he tirado yo de la terraza al suelo? El niño contestó: No, Señor.

3. Y los padres del niño que había muerto se maravillaron, y honraron a Jesús por el milagro que había hecho. Y de allí José y María partieron con Jesús para Jericó.

XXXIII. Jesús en la fuente

1. Jesús tenía seis años, y su madre lo envió a buscar agua a la fuente con los niños. Y sucedió que, cuando había llenado su vasija de agua, uno de los niños lo empujó y le destrozó la vasija.

2. Pero Jesús extendió el manto que llevaba, y recogió en él tanta agua como había en el cántaro, y la llevó a su madre. La cual, viendo todo esto, se sorprendía, meditaba dentro de sí misma, y lo guardaba todo en su corazón.

XXXIV. Milagro del grano de trigo

1. Otro día Jesús fue al campo, y, tomando un grano de trigo del granero de su madre, lo sembró él mismo.

2. Y el grano germinó, y se multiplicó extremadamente. Lo recolectó él mismo, y recogió tres medidas de trigo, que dio a sus numerosos parientes.

XXXV. Jesús en medio de los leones

1. Hay un camino que sale de Jericó, y que va hacia el Jordán, en el lugar por donde pasaron los hijos de Israel, y donde se dice que se detuvo el arca de la alianza. Y Jesús, siendo de edad de ocho años, salió de Jericó, y fue hacia el Jordán.

2. Y había, al lado del camino, cerca de la orilla del Jordán, una caverna en que una leona nutría sus cachorros, y nadie podía seguir con seguridad aquel camino. Jesús, viniendo de Jericó, y oyendo que una leona tenía su guarida en aquella caverna, entró en ella a la vista de todos. Mas, cuando los leones divisaron a Jesús, corrieron a su encuentro, y lo adoraron. Y Jesús estaba sentado en la caverna, y los leoncillos corrían aquí y allá, alrededor de sus pies, acariciándolo y jugando con él. Los leones viejos se mantenían a lo lejos, con la cabeza baja, lo adoraban, y movían dulcemente su cola ante él. Entonces el pueblo, que permanecía a distancia, no viendo a Jesús, dijo: Si no hubiesen él o sus parientes cometido grandes pecados, no se habría ofrecido él mismo a los leones. Y, mientras el pueblo se entregaba a estos pensamientos, y estaba abrumado de tristeza, he aquí que de súbito, en presencia de todos, Jesús salió de la caverna, y los leones viejos lo precedían, y los leoncillos jugaban a sus pies.

3. Los parientes de Jesús se mantenían a distancia, con la cabeza baja, y miraban. El pueblo permanecía también alejado, a causa de los leones, y no osaba unirse a ellos. Entonces Jesús dijo al pueblo: ¡Cuánto más valen las bestias feroces, que reconocen a su Maestro, y que lo glorifican, que vosotros, hombres, que habéis sido creados a imagen y semejanza de Dios, y que lo ignoráis! Las bestias me reconocen, y se amansan. Los hombres me ven, y no me conocen.

XXXVI. Jesús despide en paz a los leones y les ordena que no hagan daño a nadie

1. Luego Jesús atravesó el Jordán con los leones, a la vista de todos, y el agua del Jordán se separó a derecha e izquierda. Entonces dijo a los leones, de forma que todos lo oyeran: Id en paz, y no hagáis daño a nadie, pero que nadie os enoje hasta que volváis al lugar de que habéis salido.

2. Y las fieras, saludándolo, no con la voz, pero sí con la actitud del cuerpo, volvieron a la caverna. Y Jesús regresó cerca de su madre.

XXXVII. Milagro del trozo de madera

1. Como José era carpintero, y no fabricaba más que yugos para los bueyes, arados, carros, instrumentos de labranza y camas de madera, ocurrió que un hombre joven le encargó hacerle un lecho de seis codos. José mandó a su aprendiz cortar la madera mediante una sierra de hierro, según la medida que había sido dada. Pero el aprendiz no guardó la medida prescrita, e hizo una pieza de madera más corta que la otra. Y José empezó a preocuparse y a pensar en lo que convenía hacer al respecto.

2. Y, cuando Jesús lo vio preocupado con que no había arreglo posible, le habló para consolarlo, diciéndole: Ven, tomemos las extremidades de las dos piezas de madera, coloquémoslas una junto a otra, y tiremos de ellas hacia nosotros, para que podamos hacerlas iguales. José obedeció, porque sabía que podía hacer cuanto quisiera. Y tomó los extremos de los trozos de madera, y los apoyó contra un muro, cerca de él, y Jesús tomó los otros extremos, tiró del trozo más corto, y lo hizo igual al más largo. Y dijo a José: Ve a trabajar, y haz lo que has prometido. Y José hizo lo que había prometido.

XXXVIII. Explicación del alfabeto

1. Por segunda vez pidió el pueblo a José y María que enviasen a Jesús a aprender las letras a la escuela. No se negaron a hacerlo, y, siguiendo el orden de los ancianos, lo llevaron a un maestro para que lo instruyese en la ciencia humana. Y el maestro comenzó a instruirlo con un tono imperioso, ordenándole: Di Alpha. Pero Jesús le contestó: Dime primero qué es Beth, y te diré qué es Alpha. Y el maestro, irritado, pegó a Jesús, y, apenas lo hubo tocado, cuando murió.

2. Y Jesús volvió a casa de su madre. José, aterrado, llamó a María y le dijo: Mi alma está triste hasta la muerte por causa de este niño. Porque puede ocurrir que cualquier día alguien lo hiera a traición, y muera. Pero María, respondiéndole, dijo: Hombre de Dios, no creo que eso pueda pasar, antes creo con certeza que aquel que lo ha enviado para nacer entre los hombres lo protegerá contra toda malignidad, y lo conservará en su nombre al abrigo del mal.

XXXIX. El niño Jesús explica la Ley

1. Por tercera vez rogaron los judíos a María y a José que condujeran con dulzura al niño a otro maestro, para ser instruido. Y José y María, temiendo al pueblo, a la insolencia de los príncipes y a las amenazas de los sacerdotes, lo llevaron de nuevo a la escuela, aun sabiendo que nada podía aprender de un hombre el que tenía de Dios una ciencia perfecta.

2. Cuando Jesús hubo entrado en la escuela, guiado por el Espíritu Santo, tomó el libro de manos del maestro que enseñaba la Ley, y en presencia de todo el pueblo, que lo veía y oía, se puso a leer no lo que estaba escrito en el libro, sino que hablaba en él el espíritu de Dios vivo, como si un torrente de agua brotase de una fuente viva, y como si esa fuente estuviese siempre colmada. Y enseñó al pueblo con tanta energía la grandeza de Dios, que el mismo maestro cayó a tierra, y lo adoró. Pero el corazón de los que allí estaban, y lo habían oído hablar, fue presa del estupor. Y cuando José lo hubo oído, fue corriendo hacia Jesús, temeroso de que el maestro muriese. Y, viéndolo, el maestro dijo: No me has dado un discípulo, sino un maestro. ¿Quién sostendrá la fuerza de sus palabras? Entonces se cumplió lo que fue dicho por el salmista: El río de Dios está lleno de agua. Tú has preparado su nutrición, porque así es como se prepara.

XL. Jesús resucita a un muerto a ruegos de José

1. Y José partió de allí con María y Jesús, para ir a Capernaum, a orillas del mar, a causa de la maldad de sus enemigos. Y, cuando Jesús moraba en Capernaum, había en la ciudad un hombre llamado José e inmensamente rico. Pero había sucumbido a la enfermedad, y estaba extendido muerto sobre su lecho.

2. Y, cuando Jesús hubo oído a los que gemían y se lamentaban sobre el muerto, dijo a José: ¿Por qué no prestas el socorro de tu bondad a ese hombre que lleva el mismo nombre que tú? Y José le respondió: ¿Qué poder o qué medio tengo yo de prestarle socorro? Y le dijo Jesús: Toma el pañuelo que llevas en la cabeza, ponlo sobre el rostro del muerto, y dile: El Cristo te salve. Y enseguida el muerto quedará curado, y se levantará de su lecho. Después de haberlo oído, José fue corriendo a cumplir la orden de Jesús, entró en la

casa del muerto, y colocó sobre su rostro el pañuelo que él llevaba sobre su cabeza, diciéndole: Jesús te salve. Y al instante el muerto se levantó de su lecho, preguntando quién era Jesús.

XLI. Curación de Jacobo

1. Y fueron a la ciudad que se llama Bethlehem, y José estaba en su casa con María, y Jesús con ellos. Y un día José llamó a Jacobo, su primogénito, y lo envió a la huerta a recoger legumbres para hacer un potaje. Jesús siguió a su hermano a la huerta, y José y María no lo sabían. Y he aquí que, mientras Jacobo recogía las legumbres, una víbora salió de un agujero, y mordió la mano del muchacho, que se puso a gritar, por el mucho dolor. Y, ya desfalleciente, clamaba con voz llena de amargura: ¡Ah, una malvada víbora me ha herido la mano!

2. Pero Jesús, que estaba al otro lado, corrió hacia Jacobo, al oír su grito de dolor, y le tomó la mano, sin hacerle otra cosa que soplarla encima, y refrescarla. Y enseguida Jacobo fue curado, y la serpiente murió. Y José y María no sabían lo que pasaba. Pero a los gritos de Jacobo, y al mandárselo Jesús, corrieron a la huerta, y vieron a la serpiente ya muerta y a Jacobo perfectamente curado.

XLII. Jesús y su familia

1. Cuando José iba a un banquete con sus hijos, Jacobo, José, Judá y Simeón, y con sus dos hijas, y con Jesús y María, su madre, iba también la hermana de ésta, María, hija de Cleofás, que el Señor Dios había dado a su padre Cleofás y a su madre Ana, porque habían ofrecido al Señor a María, la madre de Jesús. Y esta María había sido llamada con el mismo nombre de María para consolar a sus padres.

2. Siempre que estaban reunidos, Jesús los santificaba, y los bendecía, y comenzaba el primero a comer y a beber. Porque ninguno osaba comer, ni beber, ni sentarse a la mesa, ni partir el pan, hasta que Jesús, habiéndolos bendecido, hubiere hecho el primero estas cosas. Si por casualidad no estaba allí, esperaban que lo hiciese. Y, cada vez que él quería aproximarse para la comida, se aproximaban también José y María y sus hermanos, los hijos de José. Y estos hermanos, teniéndolo ante sus ojos como una luminaria, lo

observaban y lo temían. Y, mientras Jesús dormía, fuese de día o de noche, la luz de Dios brillaba sobre él. Alabado y glorificado sea por los siglos de los siglos. Amén.

Evangelio de la natividad de María

Prefacio

El suave requerimiento que me dirigís reclama de mí un trabajo relativamente fácil, pero penoso en grado sumo, por las cuidadosas precauciones que hay que tomar contra el error. Me pedís, en efecto, que ponga por escrito lo que haya encontrado en diversas fuentes sobre la vida y la natividad de la bienaventurada Virgen María hasta su incomparable parto y hasta los primeros momentos del Cristo, empresa poco difícil de ejecutar, pero singularmente presuntuosa, como os digo, por los peligros a que expone a la verdad. Porque lo que de mí exigís, hoy que las canas blanquean mi cabeza, lo he leído, sabedlo, cuando era joven, en un librito que cayó en mis manos. Ciertamente, después de ese lapso, colmado por otras preocupaciones nada triviales, ha podido muy bien suceder que varios rasgos se hayan escapado de mi memoria. Por ende, si accedo a vuestra súplica, habría injusticia en acusarme de haber querido suprimir, añadir o cambiar un ápice de la historia. Si esto ocurriese, y no lo niego, sería, a lo menos, cosa independiente de mi voluntad. En estas condiciones, y en éstas solamente, satisfago vuestros deseos y la curiosidad de los lectores, previniéndoos, empero, tanto a vosotros como a ellos, que el susodicho opúsculo, si no me es infiel la memoria, comenzaba por el siguiente prefacio, que recuerdo, a lo menos en su sentido.

I. María y sus padres

1. Sabemos que la bienaventurada y gloriosa María siempre virgen, salida del tronco real de la familia de David, nació en la ciudad de Nazareth, y fue educada en Jerusalén, en el templo del Señor. Su padre se llamaba Joaquín, y su madre Ana. Su familia paterna era de Galilea, de la ciudad de Nazareth, y su familia materna era de Bethlehem.

2. Y la vida de ambos esposos era sencilla y santa ante Dios, y piadosa e irreprensible ante los hombres. Todos sus bienes, en efecto, los habían dividido en tres partes, consagrando la primera al templo y a sus servidores, distribuyendo la segunda entre los pobres y los peregrinos, y reservándose la tercera para sí mismo y para los menesteres de su hogar.

3. Y de esta manera, amados por Dios y buenos para los hombres, habían vivido durante cerca de veinte años en un casto connubio, sin tener descendencia. No obstante, habían hecho voto, si por acaso Dios les daba un hijo, de consagrarlo al servicio del Señor. Y, así, cada año, acostumbraban, en los días festivos, a ir, piadosos, al templo.

II. Maldición de Joaquín por Isachar

1. Y, como se aproximase la fiesta de la Dedicación, Joaquín, con algunos de sus compatriotas, subió a Jerusalén. Y, en aquella época, Isachar era Gran Sacerdote. Y, habiendo visto a Joaquín con su ofrenda, en medio de sus conciudadanos, lo miró con desprecio, y desdeñó sus presentes, preguntándole por qué él, que no tenía hijos, se atrevía a estar entre los que eran fecundos. Y le advirtió que, habiéndolo Dios juzgado indigno de posteridad, no podían serle aceptos sus presentes, por cuanto la Escritura dice: Maldito sea quien no engendre hijos en Israel. Y lo conminó para que se librase de esta maldición, creando una progenitura, porque solo entonces le sería lícito acercarse, con sus ofrendas, a la presencia del Señor.

2. Y este reproche que se le lanzaba cubrió de extremo oprobio a Joaquín, el cual se retiró al sitio en que estaban sus pastores con sus rebaños. Y no quiso volver a su casa, temiendo sufrir los mismos reproches de sus comarcanos, que habían asistido a la escena, y que habían oído al Gran Sacerdote.

III. Aparición de un ángel a Joaquín

1. Y permanecía allí desde hacía algún tiempo, cuando, cierto día que estaba solo, le apareció un ángel del Señor, rodeado de una gran luz. Y, a su vista, Joaquín quedó turbado. Pero el ángel apaciguó su turbación, diciéndole: No temas, Joaquín, ni te turbe mi vista, porque soy un ángel del Señor, enviado por Él a ti, para anunciarte que tus súplicas han sido escuchadas, y que tus limosnas han subido a su presencia. Ha visto tu oprobio, y ha considerado el reproche de esterilidad que sin razón se te ha dirigido. Porque Dios es vengador del pecado, mas no de la naturaleza. Y, cuando cierra una matriz, lo hace para abrirla después de una manera más admirable, y para que se sepa que lo que nace así no es fruto de la pasión, sino presente de la Providencia.

2. La primera madre de vuestra nación, Sara, permaneció estéril hasta los ochenta años, a pesar de lo cual, en los últimos días de su vejez, dio a luz a Isaac, en quien le había sido prometido que serían benditas todas las naciones. Asimismo Raquel, tan agradable a Dios y tan amada por Jacob, permaneció estéril durante mucho tiempo, y, no obstante, parió a José, que fue no solamente el dueño de Egipto, sino el salvador de numerosos pueblos que iban a morir de hambre. ¿Quién, entre los jueces, más fuerte que Sansón y más santo que Samuel? Y, sin embargo, ambos a dos tuvieron por madres a mujeres por mucho tiempo estériles. Si, pues, la razón no te persuade por mi boca, cree a lo menos que las concepciones dilatadamente diferidas y los partos tardíos son de ordinario los más portentosos.

3. Así, tu esposa Ana te parirá una niña, y la llamarás María. Y, conforme a vuestro voto, se consagrará al Señor desde su niñez, y estará llena del Espíritu Santo desde el vientre de su madre. Y no comerá ni beberá nada impuro, ni vivirá en medio de las agitaciones populares del exterior, sino en el templo, a fin de que no pueda enterarse, ni aun por sospecha, de nada de lo que existe de vergonzoso en el mundo. Y, con el curso de la edad, bien como ella nació milagrosamente de una mujer estéril, de igual modo, por un prodigio incomparable y permaneciendo virgen, traerá al mundo al hijo del Altísimo, que será llamado Jesús o salvador de todas las naciones, conforme a la etimología de su nombre.

4. Y he aquí el signo de la verdad de las cosas que te anuncio. Cuando llegues a la Puerta Dorada de Jerusalén, encontrarás a Ana tu esposa, la cual, inquieta hasta hoy por tu retardo, se regocijará sobremanera, al volver a verte. Y, dicho esto, el ángel se separó de Joaquín.

IV. Aparición de un ángel a Ana

1. Y después apareció a Ana su esposa, diciéndole: No temas, Ana, ni imagines que es un fantasma lo que ves. Yo soy el ángel que ha llevado vuestras oraciones y vuestras limosnas a la presencia de Dios, y que ahora he sido enviado a vosotros para anunciaros el nacimiento de una hija, que se llamará María, y que será bendita entre todas las mujeres. Llena de la gracia del Señor desde el instante de su nacimiento, permanecerá en la casa paterna durante los tres años de su lactancia. Después, consagrada al servicio del Altísimo,

no se apartará del templo hasta la edad de la discreción. Y allí, sirviendo a Dios día y noche con ayunos y con plegarias, se abstendrá de todo lo que es impuro, y no conocerá varón jamás, manteniéndose sin tacha, sin corrupción, sin unión con hombre alguno. Empero, virgen, parirá un hijo, y, sierva, parirá a su Señor, el que será por gracia, por título, por acción, el salvador del mundo.

2. Así, pues, levántate, sube a Jerusalén, y, cuando llegues a la llamada Puerta Dorada, allí, a manera de signo, encontrarás a tu esposo, sobre cuyo paradero anda inquieta tu alma. Y, cuando hayan sucedido estas cosas, lo que yo te anuncio se cumplirá al pie de la letra.

V. Nacimiento de María

1. Y, obedeciendo al mandato del ángel, ambos esposos, abandonando uno y otro los parajes respectivos en que estaban, subieron a Jerusalén. Y, al llegar al lugar designado por el oráculo del ángel, se encontraron mutuamente. Entonces, gozosos de volver a encontrarse, y poseídos de confianza en la verdad de la promesa de que tendrían descendencia, rindieron acción de gracias bien debidas al Señor, que exalta a los humildes.

2. Y, habiendo adorado al Altísimo, regresaron a su casa, y, llenos de júbilo, esperaron la realización de la divina promesa. Y Ana concibió y parió una hija, y, conforme a la orden del ángel, sus padres le pusieron por nombre María.

VI. Presentación de María en el templo

1. Transcurridos tres años y terminado el tiempo de la lactancia, llevaron a la Virgen con ofrendas al templo del Señor. Y había alrededor del templo, según el número de los salmos graduales, quince gradas que subir. Porque, estando el templo situado sobre una altura, solo por gradas era accesible el altar de los holocaustos, que estaba situado en el exterior.

2. Y sobre la primera de aquellas gradas colocaron los padres a la bienaventurada María, todavía muy pequeña. Y, en tanto que ellos se quitaban los vestidos de viaje, para ponerse, siguiendo la costumbre, trajes más bellos y más propios de la ceremonia, la Virgen del Señor subió todas las gradas, sin mano alguna que la condujese, de tal suerte que todos pensaron que no le faltaba nada, a lo menos en aquella circunstancia, de la perfección de la edad.

Es que el Señor, en la infancia misma de la Virgen, operaba ya grandes cosas, y mostraba por aquel milagro lo que sería un día.

3. Y, después de haber celebrado un sacrificio conforme al uso de la ley, dejaron allí a la Virgen, para ser educada en el recinto del templo, con las demás vírgenes. Y ellos regresaron a su casa.

VII. Negativa de la virgen a contraer matrimonio ordinario

1. Y la Virgen del Señor, a la vez que en edad, crecía igualmente en virtud, y, según la palabra del salmista, su padre y su madre la habían abandonado, pero Dios la había recogido. A diario, en efecto, era visitada por los ángeles, y a diario gozaba de la visión divina, que la libraba de todo mal, y que la hacía abundar en toda especie de bienes. Así llegó a los catorce años, y, no solamente los malos no podían encontrar en ella nada reprensible, sino que todos los buenos que la conocían juzgaban su vida y su conducta dignas de admiración.

2. Entonces el Gran Sacerdote anunció en público que todas las vírgenes que habían sido educadas en el templo, y que tenían catorce años, debían volver a sus hogares, y casarse, conforme a la costumbre de su nación y a la madurez de su edad. Todas las vírgenes obedecieron con premura esta orden. Solo María, la Virgen del Señor, declaró que no podía hacerlo. Como sus padres la habían consagrado primero a Dios, y ella después había ofrendado su virginidad al Señor, no quería violar este voto, para unirse a un hombre, fuese el que fuese. El Gran Sacerdote quedó sumido en la mayor perplejidad. Él sabía que no era lícito violar un voto contra el mandato de la Escritura, que dice: Haced votos, y cumplidlos. Mas, por otra parte, no le placía introducir un uso extraño a la nación. Ordenó, pues, que, en la fiesta próxima, se reuniesen los notables de Jerusalén y de los lugares vecinos, por cuyo consejo podría saber cómo le convendría obrar en una causa tan incierta.

3. Y así se hizo, y fue común parecer que había que consultar sobre ese punto a Dios. Y, mientras todos se entregaban a la oración, el Gran Sacerdote avanzó para consultar al Señor, según la costumbre. Y, a poco, una voz, que todos oyeron, salió del oráculo y del lugar del propiciatorio. Y esa voz afirmaba que, de acuerdo con la profecía de Isaías, debía buscarse a quien debía desposar y guardar aquella virgen. Porque es bien sabido que Isaías vaticinó: Y saldrá una vara del tronco de Isaí, y un vástago retoñará de sus raíces. Y

reposará sobre él el espíritu del Señor, espíritu de inteligencia y de sabiduría, espíritu de fortaleza y de consejo, espíritu de conocimiento y de temor del Altísimo.

4. Y, conforme a esta profecía, el Gran Sacerdote ordenó que todos los hombres de la casa y de la familia de David, aptos para el matrimonio y no casados, llevasen cada uno su vara al altar, y que debía ser confiada y casada la virgen con aquel cuya vara produjera flores, y en la extremidad de cuya vara reposase el espíritu del Señor en forma de paloma.

VIII. Recae en José la elección de esposo para la Virgen

1. Y había, entre otros, un hombre de la casa y de la familia de David, llamado José y ya avanzado en edad. Y, al paso que todos fueron ordenadamente a llevar sus varas, él omitió llevar la suya. Y, como nada apareció que correspondiese al oráculo divino, el Gran Sacerdote pensó que había que consultar de nuevo al Señor. El cual respondió que, de todos los que habían sido designados, solo el que no había llevado su vara, era aquel con quien debía casarse la Virgen. José fue así descubierto. Y, cuando hubo llevado su vara, y en su extremidad reposó una paloma venida del cielo, todos convinieron en que a él le pertenecía el derecho de desposar con María.

2. Y, una vez celebrados los desposorios, se retiró a Bethlehem, su patria, para disponer su casa, y preparar todo lo necesario para las nupcias. Cuanto a María, la Virgen del Señor, volvió a Galilea, a casa de sus padres, con otras siete vírgenes de su edad y educadas con ella, que le había dado el Gran Sacerdote.

IX. Revelación hecha por un ángel a la Virgen

1. Y, en aquellos días, es decir, desde los primeros tiempos de su llegada a Galilea, el ángel Gabriel fue enviado a ella por Dios, para anunciarle que concebiría al Señor, y para exponerle la manera y el orden según el cual las cosas pasarían. Y, entrando en su casa, inundando con gran luz la habitación en que se encontraba, y saludándola muy graciosamente, le dijo: Salve María, virgen muy agradable a Dios, virgen llena de gracia, el Señor es contigo, bendita eres entre todas las mujeres, bendita eres por encima de todos los hombres que hasta el presente han nacido.

2. Y María, que conocía ya bien las fisonomías angélicas, y que estaba habituada a recibir la luz celeste, no se amedrentó ante la visión del enviado divino, ni quedó estupefacta ante aquella luz. Únicamente la palabra del ángel la turbó en extremo. Y se puso a reflexionar sobre lo que podía significar una salutación tan insólita, sobre lo que presagiaba, sobre el fin que tenía. Y el ángel divinamente inspirado previno estas dudas, diciéndole: No temas, María, que mi salutación oculte algo contrario a tu castidad. Has encontrado gracia ante el Señor, por haber escogido el camino de la pureza, y, permaneciendo virgen, concebirás sin pecado, y parirás un hijo.

3. Y él será grande, porque dominará de un mar a otro, y hasta las extremidades de la tierra. Y será llamado hijo del Altísimo, porque, naciendo en la humildad, reinará en las alturas de los cielos. Y el Señor Dios le dará el trono de David su padre, y prevalecerá eternamente en la casa de Jacob, y su poder no tendrá fin. Es, en efecto, rey de reyes y señor de los señores, y su trono durará por los siglos de los siglos.

4. Y, a estas palabras del ángel, la Virgen, no por incredulidad, sino por no saber la manera como el misterio se cumpliría, repuso: ¿Cómo eso ha de ocurrir? Puesto que, según mi voto, no conozco varón, ¿cómo podré dar a luz, a pesar de ello? Y el ángel le dijo: No pienses, María, que concebirás al modo humano. Sin unión con hombre alguno, virgen concebirás, virgen parirás, virgen amamantarás. Porque el Espíritu Santo descenderá sobre ti, y la virtud del Altísimo te cubrirá con su sombra contra todos los ardores de la pasión. El que de ti saldrá, por cuanto ha de nacer sin pecado, será el único santo y el único merecedor del nombre de hijo de Dios. Entonces, María, con las manos extendidas y los ojos elevados al cielo, dijo: He aquí la esclava del Señor. Hágase en mí según tu palabra.

5. Sería quizá demasiado largo, y para muchos enojoso, insertar en este opúsculo todos los sucesos que, conforme a nuestros textos, precedieron y siguieron a la natividad de Nuestro Señor. Omitiendo, pues, lo que está suficientemente referido en el Evangelio, pasemos a la narración de lo que allí aparece menos detallado.

X. Revelación hecha por un ángel a José

1. Habiendo ido José de Judea a Galilea, tenía la intención de tomar por esposa a la virgen que le había sido confiada. Porque, desde el día de los desposorios, habían transcurrido ya tres meses, y había comenzado el cuarto. Y, en el intervalo, el vientre de la Virgen se había hinchado, hasta el punto de manifestar su embarazo, cosa que no pudo escapar a José, quien, según la costumbre de los desposados, entraba más libremente a ver a María, y conversaba más familiarmente con ella, por lo que descubrió su estado. Y comenzó a agitarse y a turbarse, ignorando lo que le sería preferible hacer. Como hombre justo, no quería entregarla, y, como hombre piadoso, no quería infamarla, haciendo recaer sobre ella sospecha de fornicación. Pensó, pues, en disolver secretamente su matrimonio, y en devolverla secretamente.

2. Y, estando en estas cavilaciones, he aquí que un ángel del Señor le apareció en sueños, y le dijo: José, hijo de David, no temas, ni imagines que hay en la virgen nada de vergonzoso, porque lo que ha nacido en ella, y que hoy angustia tu corazón, no es obra de un hombre, sino del Espíritu Santo. Entre todas las mujeres, solo ella, permaneciendo virgen, traerá el hijo de Dios al mundo, Y darás a este hijo el nombre de Jesús, es decir, Salvador, porque salvará a su pueblo de sus pecados.

3. Y José, conforme a la orden del ángel, tomó a María por esposa. Mas no la conoció, sino que la guardó en castidad. Y, llegado el final del noveno mes del embarazo, José, tomando consigo a la Virgen y a las demás cosas que le eran necesarias, partió para la ciudad de Bethlehem, de donde era oriundo. Y sucedió que, durante su estancia en aquel lugar, sobrevino el tiempo del parto de María, la cual trajo al mundo, como los evangelistas nos han enseñado, a su hijo primogénito, Nuestro Señor Jesucristo, que vive y reina, con el Padre y con el Espíritu Santo, por todos los siglos de los siglos

Historia copta de José el carpintero

Introito

He aquí el relato del fallecimiento de nuestro santo padre José, padre del Cristo según la carne, y que vivió ciento once años. En el monte de los Olivos nuestro Salvador refirió a los apóstoles su vida por entero. Y los mismos apóstoles escribieron sus palabras, y las depositaron en la Biblioteca de Jerusalén. Y el día en que el santo anciano abandonó su cuerpo, en la paz de Dios, fue el 26 del mes de epifi.

I. Discurso de Jesús a los apóstoles

Y llegó un día en que, hallándose nuestro buen Señor sentado en el monte de los Olivos y sus discípulos reunidos en torno suyo, les habló en estos términos: Queridos hermanos, hijos de mi buen Padre, vosotros, a quienes Él ha elegido para heraldos suyos entre el mundo entero, sabéis bien cuán a menudo os he predicho que seré crucificado; que gustará la muerte por todos; que resucitará de entre los muertos; que os daré el encargo de predicar el Evangelio, a fin de que lo anunciéis en el mundo entero; que os investiré de una fuerza venida de lo alto, y que os llenará del Espíritu Santo, para que prediquéis a todas las naciones, diciéndoles: Haced penitencia, porque más vale al hombre hallar un vaso de agua en la vida venidera que gozar en ésta de todos los bienes del mundo y, además, el lugar que ocupa la planta de un pie en el reino de mi Padre vale más que todas las riquezas de este mundo y, a más, una hora de los justos que se regocijan vale más que cien años de los pecadores que lloran y se lamentan. Así, pues, ¡oh mis miembros gloriosos!, cuando vayáis entre los pueblos, dirigidles esta enseñanza: Con balanza justa y justo peso mi Padre pesará vuestra conducta. Una sola palabra que hayáis dicho os será examinada. Así como no hay medio de escapar a la muerte, tampoco lo hay de escapar a nuestros actos buenos o malos. Mas cuanto yo os he dicho termina en esto: el fuerte no se puede salvar por su fuerza, ni el hombre por la multitud de sus riquezas. Y escuchad ahora, que os contaré la historia de mi padre José, el viejo carpintero, bendito de Dios.

II. Viudedad de José

Había un hombre llamado José, natural de la villa de Bethlehem, la de los judíos, que es la villa del rey David. Era muy instruido en la sabiduría y en el arte de la construcción. Este hombre llamado José desposó a una mujer en la unión de un santo matrimonio, y le dio hijos e hijas: cuatro varones y dos hembras. He aquí sus nombres: Judá, Josetos, Jacobo y Simeón. Los nombre da las muchachas eran Lisia y Lidia. Y la mujer de José murió, según ley de todo nacido, dejando a su hijo Jacobo de corta edad. Y José, varón justo, glorificaba a Dios en todas sus obras. E iba fuera de su villa natal a ejercer el oficio de carpintero, con dos de sus hijos, porque vivían del trabajo de sus manos, según la ley de Moisés. Y este hombre justo de que hablo es mi padre carnal, a quien mi madre María fue unida como esposa.

III. María es presentada en el templo

Mientras mi padre José vivía en viudedad, María, mi madre, buena y bendita en todo modo, estaba en el templo, consagrada a su servicio en la santidad. Tenía entonces la edad de doce años y había pasado tres en la casa de sus padres y nueve en el templo del Señor. Viendo los sacerdotes que la Virgen practicaba el ascetismo, y que permanecía en el temor del Señor, deliberaron entre sí y se dijeron: Busquemos un hombre de bien para desposarla, no sea que el caso ordinario de las mujeres le ocurra en el templo y seamos culpables de un gran pecado.

IV. Elección de José para esposo tutelar de María

Por entonces convocaron a la tribu de Judá, que habían elegido entre las doce, echando a suertes. Y la suerte correspondió al buen viejo José, mi padre carnal. Y los sacerdotes dijeron a mi madre, la Virgen bendita: Vete con José y obedécele, hasta que llegue el tiempo en que efectúes el casamiento. Mi padre José acogió a María en su casa, y ella, encontrando al pequeño Jacobo con la tristeza del huérfano, se encargó de educarlo, y por esto se llamó a María madre de Jacobo. Luego que José la hubo recibido, se puso en viaje hacia el lugar en que ejercía su oficio de carpintero. Y, en su casa, María, mi madre, pasó dos años hasta que llegó el buen momento.

V. Concepción pura de María

Dudas y zozobras de José
En el catorceno año de su edad, vine al mundo de mi propia voluntad, y entré en ella, yo, Jesús, vuestra vida. Cuando llevaba tres meses encinta, el cándido José volvió de su viaje. Y, encontrando a la Virgen embarazada, se turbó, tuvo miedo y pensó despedirla en secreto. Y, a causa del disgusto, no comió ni bebió en todo aquel día.

VI. Un ángel revela a José el misterio del embarazo de María
Mas, mediada la noche, he aquí que Gabriel, el arcángel de la alegría, vino a él en una visión, por mandato de mi Padre, y le dijo: José, hijo de David, no temas admitir a María, tu esposa, porque aquel que ella parirá ha salido del Espíritu Santo. Y se le llamará Jesús, y él es quien apacentará y guiará a todos los pueblos con un cetro de hierro. Y el ángel se alejó de él, y José se levantó, hizo como el ángel le había ordenado y recibió a María junto a sí.

VII. Empadronamiento ordenado por Augusto y viaje de la Sagrada Familia a Bethlehem
Vino enseguida una orden del rey Augusto para hacer el censo de toda la población de la tierra, cada uno en su respectiva ciudad. El viejo condujo a la Virgen María, mi madre, a su villa natal de Bethlehem. Y, como ella estaba a punto de parir, él inscribió su nombre ante el escriba así: José, hijo de David, con María, su esposa, y Jesús, su hijo, de la tribu de Judá. Y mi madre María me puso en el mundo en el camino de regreso a Bethtehem, en la tumba de Raquel, mujer de Jacobo el patriarca, que fue la madre de José y de Benjamín.

VIII. Satánica decisión de Herodes y huida a Egipto
Satán dio un consejo a Herodes el Grande, padre de Arquelao, el que hizo decapitar a Juan, mi amigo y mi deudo. Y así él me buscó para matarme, imaginando que mi reino era de este mundo. José fue advertido por una visión. Se levantó, me tomó con María, mi madre, en cuyos brazos yo iba recostado, mientras que Salomé nos seguía. Partimos para Egipto. Y allí permanecimos

un año, hasta que el cuerpo de Herodes fue presa de los gusanos, que lo hicieron morir en castigo de la sangre de los inocentes niños que había vertido en abundancia.

IX. Regreso de Egipto a Galilea

Y, cuando aquel pérfido e impío Herodes hubo muerto, volvimos a un pueblo de Galilea que se llama Nazareth. Mi padre José, el viejo bendito, practicaba el oficio de carpintero, y vivíamos del trabajo de sus manos. Fiel observador de la ley de Moisés, nunca comió su pan gratuitamente.

X. Vejez robusta y juiciosa de José

Y, pasado tan largo lapso, su cuerpo no estaba debilitado. Sus ojos no habían perdido la luz y ni un solo diente había perdido su boca. En ningún momento le faltó prudencia y buen juicio, antes permanecía vigoroso como un joven, cuando ya su edad había alcanzado el año ciento once.

XI. Sumisión de Jesús a sus padres

Entonces, sus hijos más jóvenes, Josetos y Simeón, tomaron mujer y se establecieron en sus casas. Sus dos hijas también se casaron, según es lícito a todo ser humano. José permaneció con Jacobo, su hijo más joven. Y, desde que la Virgen me pariera, yo había permanecido con ella en la completa sumisión que conviene a la calidad de hijo. Porque, en verdad, yo he ejecutado y hecho todas las obras humanas, fuera del pecado. Y llamaba a María «madre» y a José «padre». Y obedecía en cuanto me iban a decir. Y no les replicaba una sola palabra, sino que los amaba mucho.

XII. Aproxímase la muerte de José

Y ocurrió que la muerte de mi padre se acercó, según es ley del hombre. Cuando su cuerpo sintió la enfermedad, su ángel le advirtió: En este año morirás. Y su alma se turbó y fue a Jerusalén, al templo del Señor, y se prosternó ante el altar, diciendo:

XIII. Plegaria dirigida por José a Dios

¡Oh, Dios, padre de toda misericordia y de toda carne, Dios de mi alma, de mi cuerpo y de mi espíritu, pues que los días de mi vida en este mundo se han cumplido, he aquí que yo te ruego, Señor Dios, envíes a mí al arcángel San Miguel, para que esté junto a mí hasta que mi pobre alma salga de mi cuerpo, sin dolor y sin turbación! Porque para todo hombre hay un gran temor que es la muerte: para el hombre y para todo animal doméstico, o para la bestia salvaje, o para el reptil, o para el pájaro, en una palabra, para toda criatura bajo el cielo, que posee un alma viviente, es un dolor y una aflicción esperar que su alma se separe de su cuerpo. Así, pues, mi Señor, que esté tu arcángel junto a mí hasta que mi alma se separe sin dolor de mi cuerpo. No permitas que el ángel que me fue dado vuelva hacia mí su rostro lleno de cólera, cuando yo esté en tu camino, y que me deje solo. No dejes que aquellos cuya faz cambia me atormenten en el camino que yo recorra hacia ti. No dejes detener mi alma por quienes guardan tu puerta, y no me confundas ante tu tribunal formidable. No desencadenes contra mí las olas del río de fuego en que todas las almas se purifican antes de ver la gloria de tu divinidad, ¡oh Dios, que juzgas a todos en verdad y en justicia! Ahora, mi Señor, reconfórteme tu misericordia, porque tú eres la fuente de todo bien. A ti sea dada gloria por la eternidad de las eternidades. Amén.

XIV. Enfermedad de José

Y se dirigió enseguida a Nazareth, la villa en que habitaba. Y sufrió la enfermedad de que debía morir, según el destino de todo hombre. Y su enfermedad era más grave que ninguna de las que había sufrido desde el día en que fue puesto en el mundo. He aquí los estados de vida de mi querido padre José. Alcanzó la edad de cuarenta años. Tomó mujer. Vivió cuarenta y nueve años con su mujer, y, cuando ésta murió, pasó un año solo. Mi madre pasó luego dos años en su casa, luego que los sacerdotes se la hubieran confiado, dándole esta instrucción: Vela por ella hasta el momento de cumplir vuestro matrimonio. Al comenzar el tercer año de vivir ella con él, y en el quinceno año de la vida de ella, me puso en el mundo por un misterio que únicamente comprendemos yo, mi Padre y el Espíritu Santo, que solo somos uno.

XV. Trastornos físicos y mentales de José

Y el total de los días de la vida de mi padre, el bendito viejo José, fue de ciento once años, conforme a la orden que había dado mi buen Padre. El día en que dejó su cuerpo fue el 26 del mes de epifi. Entonces, el oro fino que era la carne de mi padre José comenzó a transmutarse, y la plata que eran su razón y su juicio se alteró. Olvidó el comer y el beber y se equivocaba en su oficio. Ocurrió, pues, que ese día, 26 de epifi, cuando la luz comenzaba a extenderse, mi padre José se agitó mucho sobre su lecho. Sintió un vivo temor, lanzó un profundo gemido y se puso a gritar con gran turbación, expresándose de este modo:

XVI. Trenos de José

¡Malhaya yo en este día! ¡Malhaya el día en que mi madre me parió! ¡Malhaya el seno en que recibí el germen de vida! ¡Malhayan los pechos cuya leche mamé! ¡Malhayan las rodillas en que me he sentado! ¡Malhayan las manos que me sostenían hasta que fui mayor, para entrar en el pecado! ¡Malhayan mi lengua y mis labios, que se han empleado en la injuria, la calumnia, la detracción y el engaño! ¡Malhayan mis ojos, que han visto el escándalo! ¡Malhayan mis oídos, que han gustado de escuchar frívolos discursos! ¡Malhayan mis manos, que han tomado lo que no les pertenecía! ¡Malhayan mi estómago y mi vientre, que han tomado alimentos que no les correspondían y que, si hallaban alguna cosa de comer, la devoraban más que una llama pudiera hacerlo! ¡Malhayan mis pies, que tan mal han servido a mi cuerpo, llevándolo por otras vías que las buenas! ¡Malhaya mi cuerpo, que ha tornado mi alma desierta y extraña al Dios que la creó! ¿Qué haré yo ahora? Estoy cercado por todas partes. En verdad, malhaya todo hombre que corneta pecado. En verdad que la misma turbación que yo he visto en mi padre Jacobo cuando dejó su cuerpo cae hoy sobre mí, desgraciado que soy. Pero es Jesús, mi Dios, el árbitro de mi suerte, quien cumple su voluntad en mí.

XVII. Jesús consuela a su padre

Viendo que mi padre José hablaba de tal forma, me levanté y fui hacia él, que estaba acostado, y lo hallé turbado de alma y de espíritu. Y le dije: Salud, mi querido padre José, cuya vejez es a la vez buena y bendita. Él, con gran temor de la muerte, me contestó: ¡Salud infinitas veces, mi hijo querido! He aquí que mi alma se apacigua después de escuchar tu voz. ¡Jesús, mi Señor! ¡Jesús, mi verdadero rey! ¡Jesús, mi bueno y misericordioso salvador! ¡Jesús, el liberador! ¡Jesús, el guía! ¡Jesús, el defensor! ¡Jesús, todo bondad! ¡Jesús, cuyo nombre es dulce y muy untuoso a todas las bocas! ¡Jesús, ojo escrutador! ¡Jesús, oído atento! Escúchame hoy a mí, tu servidor, que te implora, y que solloza en tu presencia. Tú eres Dios, en verdad. Tú eres, en verdad, el Señor, según el ángel me ha dicho muchas veces, sobre todo el día que mi corazón tuvo sospechas, por un pensamiento humano, cuando la Virgen bendita estaba encinta y yo me propuse despedirla en secreto. Cuando tales eran mis reflexiones, el ángel se me mostró en una visión, y me habló en estos términos: José, hijo de David, no temas recibir a María, tu esposa, porque aquel que ha de parir es salido del Espíritu Santo. No albergues ninguna duda respecto a su embarazo, porque ella parirá un niño, que llamarás Jesús. Tú eres Jesús, el Cristo, el salvador de mi alma, de mi cuerpo y de mi espíritu. No me condenes a mí, tu esclavo y obra de tus manos. Yo no sé nada, Señor, y no comprendo el misterio de tu concepción desconcertante. Nunca he oído que una mujer haya concebido sin un hombre, ni que una mujer haya parido conservando el sello de su virginidad. Yo recuerdo el día que la serpiente mordió al niño que murió. Su familia te buscó para entregarte a Herodes, y tu misericordia lo salvó. Resucitaste a aquel cuya muerte te habían achacado por calumnia, diciendo: Tú eres quien lo ha matado. Hubo una gran alegría en la casa del muerto. Yo te tomé la oreja, y te dije: Sé prudente, hijo. Y tú me reprochaste, diciendo: Si no fueses mi padre según la carne, no haría falta que te enseñase lo que acabas de hacer. Ahora, pues, ¡oh mi Señor y mi Dios!, si es para pedirme cuenta de aquel día para lo que me has enviado estos signos terroríficos, yo pido a tu bondad que no entres conmigo en disputa. Yo soy tu esclavo y el hijo de tu sierva. Si rompes mis lazos, yo te ofreceré un sacrificio de alabanza, es decir, la confesión de la gloria de tu divinidad. Porque tú eres Jesucristo, el hijo del Dios verdadero y el hijo del hombre al tiempo mismo.

XVIII. Jesús consuela a su madre

Al acabar de hablar así mi padre José, no pude contener las lágrimas, y lloraba viendo que la muerte lo dominaba y oyendo las palabras que salían de su boca. Enseguida, ¡oh hermanos míos!, pensé en mi muerte en la cruz para salvar al mundo entero. Y aquella cuyo nombre es suave a la boca de quienes me aman, María, mi madre, se levantó. Y me dijo con una gran tristeza: ¡Malhaya yo, querido hijo! ¿Va, pues, a morir aquel cuya vejez es buena y bendita, José, tu padre según la carne? Yo dije: ¡Oh mi madre querida! ¿Quién de entre todos los hombres no pasará por la muerte? Porque la muerte es la soberana de la humanidad, ¡oh mi bendita madre! Tú misma morirás como todo nacido. Pero así para José, mi padre, como para ti, la muerte no será una muerte, sino una vida eterna y sin fin. Porque también yo debo necesariamente morir, a causa de la forma carnal que he revestido. Ahora, pues, ¡oh mi madre querida!, levántate para ir hacia José, el viejo bendito, a fin de que sepas el destino que le vendrá de lo alto.

XIX. Dolores y gemidos de José

Y ella se levantó. Y, dirigiéndose al lugar en que José estaba acostado, lo encontró cuando los signos de la muerte acababan de manifestarse en él. Yo, ¡oh mis amigos!, me senté a su cabecera, y María, mi madre, a sus pies. Él levantó los ojos hacia mi rostro. Y no pudo hablar, porque el momento de la muerte lo dominaba. Entonces alzó otra vez la vista, y lanzó un gran gemido. Yo sostuve sus manos y sus pies un largo trecho, mientras él me miraba y me imploraba, diciendo: No dejéis que me lleven. Yo coloqué mi mano en su corazón, y conocí que su alma había subido ya a su garganta, para ser arrancada de su cuerpo. No había llegado aún el instante postrero, en que la muerte debía venir, porque, si no, ya no hubiera aguardado más. Pero habían llegado ya la turbación y las lágrimas que la preceden.

XX. Empieza la agonía del patriarca

Cuando mi querida madre me vio palpar su cuerpo, ella le palpó los pies, y encontró que el calor y la respiración lo habían abandonado. Y me dijo ingenuamente: ¡Gracias, hijo mío! Desde que has posado tu mano sobre su cuerpo, el calor lo ha dejado. He aquí sus pies y sus piernas, que están frías como el hielo. Yo fui hacia sus hijos, y les dije: Venid para hablar a vuestro padre, que ahora es el momento, antes que la boca deje de hablar, y la pobre carne se vuelva fría. Entonces los hijos e hijas de José fueron a él. Y él estaba en peligro a causa de los dolores de la muerte y presto a salir de este mundo. Lisia, la hija de José, dijo a sus hermanos: Malhaya a mí, mis hermanos queridos, si éste no es el mal de nuestra madre, que no habíamos vuelto a ver hasta ahora. Igual será nuestro padre José, que no veremos nunca más. Entonces los hijos de José alzaron la voz, llorando. Yo también, y María, la Virgen, mi madre, lloramos con ellos, porque el momento de la muerte había sobrevenido.

XXI. Jesús divisa a la muerte que se acerca

Entonces miré en dirección al mediodía y divisé a la muerte. Entró en la mansión, seguida de Amenti, que es su instrumento, con el diablo seguido de sus ayudantes, vestidos de fuego, innumerables y echando por la boca humo y azufre. Mi padre José miró y vio que lo buscaban, llenos contra él de la cólera con que acostumbran a encender sus rostros contra toda alma que deja un cuerpo, especialmente contra los pecadores en quienes advierten el más mínimo signo de posesión. Cuando el buen viejo los divisó, sus ojos vertieron lágrimas. En este momento, el alma de mi buen padre José se separó, lanzando un suspiro, a la vez que buscaba medio de ocultarse, para salvarse. Cuando yo vi, por el gemido de mi padre José, que había distinguido a las potencias que nunca hasta entonces había visto, me levanté enseguida, y amenacé al diablo y a los que iban con él. Y todos se fueron en vergüenza y con gran desorden. Y, de cuantos estaban sentados en torno a mi padre José, nadie, ni aun mi madre María, conoció nada de los ejércitos terribles que persiguen a las almas de los hombres. Cuanto a la muerte, cuando vio que yo había amenazado a las potencias de las tinieblas, y las había echado fuera, tomó miedo. Y me levanté al instante, y elevé una plegaria a mi Padre Misericordioso, diciéndole:

XXII. Oración de Jesús a su Padre

¡Oh Padre mío, raíz de toda misericordia y de toda verdad! ¡Ojo que ves! ¡Oído que oyes! Escúchame a mí, que soy tu hijo querido, y que te imploro por mi padre José, rogando que le envíes un cortejo numeroso de ángeles, con

Miguel, el dispensador de la verdad, y con Gabriel, el mensajero de la luz. Acompañen ellos el alma de mi padre José, hasta que haya pasado los siete círculos de las tinieblas. No atraviese mi padre las vías angostas por las que es terrible andar, donde se tiene el gran espanto de ver las potencias que las ocupan, donde el río de fuego que corre en el abismo mueve sus ondas como las olas del mar. Y sé misericordioso para el alma de mi buen padre José, que va a tus manos santas, porque éste es el momento en que necesita tu misericordia. Yo os lo digo, ¡oh mis venerables hermanos, y mis apóstoles benditos!: todo hombre nacido en este mundo y que conoce el bien y el mal, después que ha pasado todo su tiempo en la concupiscencia de sus ojos, necesita la piedad de mi buen Padre cuando llega el momento de morir, de franquear el pasaje, de comparecer ante el Tribunal Terrible y de hacer su defensa. Pero vuelvo al relato de la salida del cuerpo de mi buen padre José.

XXIII. José expira

Y, cuando la agonía llegaba a su término último y mi padre iba a rendir el alma, lo abracé. Y apenas dije el amén, que mi querida madre repitió en la lengua de los habitantes del cielo, se presentaron Miguel y Gabriel, con el coro de los ángeles, y se colocaron cerca del cuerpo de mi padre José. En este momento la rigidez y la opresión lo abrumaban en extremo, y comprendí que el instante próximo y su premio habían llegado, porque el cuerpo era presa de dolores parecidos a los que preceden al parto. La agonía lo acosaba, tal que una violenta tempestad o un enorme fuego que devora gran cantidad de materias inflamables. Cuanto a la muerte misma, el miedo no le permitía entrar en el cuerpo de mi querido padre José, para separarlo de su alma, porque, al mirar el interior de la habitación, me encontró sentado cerca de su cabeza y con mi mano en sus sienes. Y, cuando advertí que la intrusa vacilaba en entrar por mi causa, me levanté, me puse detrás del umbral y encontré a la muerte, que esperaba sola y poseída de un gran temor. Y le dije: ¡Oh tú, que has llegado de la región del mediodía, entra pronto a cumplir lo que mi Padre te ha ordenado! Pero vela por José como por la luz de tus ojos, porque es mi padre según la carne y ha sufrido por mí mucho, desde los días de mi niñez, huyendo de un sitio a otro, a causa del perverso propósito de Herodes. Y he recibido sus lecciones, como todos los hijos cuyos padres acostumbran a instruirlos para su bien. Y entonces Abbatón entró y tomó el alma de mi padre José, y la separó de su cuerpo, en el punto y hora en que el Sol iba a despuntar en su órbita, el 12 del mes de epifi. Y el total de los días de la vida de mi querido padre José fue de ciento once años. Y Miguel tomó los dos extremos de una mortaja de seda preciosa, y Gabriel tomó los otros dos. Y tomaron el alma de mi querido padre José, y la depositaron en la mortaja. Y ninguno de los que se hallaban cerca del cuerpo de mi padre conoció que había muerto, y mi madre María, tampoco. Y mandé a Miguel y a Gabriel que velasen el cuerpo de José, a causa de los raptores que pululaban por los caminos, y que los ángeles incorporales, cuando salieran de la casa con el cadáver, continuasen cantando en su ruta, hasta conducir el alma a los cielos, cerca de mi buen Padre.

XXIV. Jesús consuela a los hijos de José

Y volví cerca del cuerpo de mi padre José, que yacía como un cesto. Le bajé los ojos y se los cerré, así como la boca, y quedé contemplándolo. Y dije a la Virgen: Oh María, ¿qué se hicieron los trabajos del oficio que José realizó desde su infancia hasta ahora? Todos han pasado en un solo momento. Es como si no hubiese venido nunca al mundo. Cuando sus hijos e hijas me oyeron decir esto a María, mi madre, me dijeron con profusión de lágrimas: Malhaya nosotros, ¡oh nuestro Señor! Nuestro padre ha muerto, ¡y nosotros no lo sabíamos! Yo les dije: En verdad, ha muerto. Mas la muerte de José, mi padre, no es una muerte, sino una vida para la eternidad. Grandes son los bienes que va a recibir mi muy amado José. Porque desde que su alma ha dejado su cuerpo, todo dolor ha cesado para él. Está en el reino de los cielos por toda la eternidad. Ha dejado tras sí este mundo de penosos deberes y de vanos cuidados. Ha ido a la morada de reposo de mi Padre, que está en los cielos, y que nunca será destruida. Cuando yo hube dicho a mis hermanos: Ha muerto vuestro padre José, el viejo bendito, se levantaron, desgarraron sus vestiduras, y lloraron mucho rato.

XXV. Duelo en la ciudad de Nazareth

Entonces, todos los de la ciudad de Nazareth y de toda la Galilea, al oír el duelo, se reunieron en el lugar en que estábamos, según costumbre de los judíos. Y pasaron todo el día llorando, hasta la hora novena. A la hora novena, hice salir a todos. Vertí agua sobre el cuerpo de mi amado padre José, lo ungí en aceite perfumado, y rogué a mi Padre, que está en los cielos, con las plegarias celestes que escribí con mis propios dedos cuando aún no había encarnado en la Virgen María. Y, al decir yo amén, muchos ángeles llegaron. Di orden a dos de ellos de extender una vestidura, e hice levantar el cuerpo bendito de mi buen padre José para amortajarlo con ella.

XXVI. Palabras de bendición de Jesús sobre el cadáver de su padre

Y puse mi mano en su corazón, diciendo: Nunca el olor fétido de la muerte se apodere de ti. No oigan tus oídos nada malo. No invada la corrupción tu cuerpo. No se vea atacada tu mortaja por la tierra, ni se separe de tu cuerpo, hasta que lleguen los mil años. No se caigan los cabellos de tu cabeza, esos cabellos que yo he tomado tantas veces con mis manos, ¡oh mi buen padre José! Y la dicha sea contigo. A los que den una ofrenda a tu santuario el día de tu conmemoración, que es el 26 del mes de epifi, yo los bendeciré con un don celestial que se les hará en los cielos. Quien, en tu nombre, ponga un pan en la mano de un pobre no dejaré que carezca de los bienes de este mundo, mientras viva. Quienes lleven una copa de vino a los labios de un extranjero, o de un huérfano, o de una viuda, en el día de tu conmemoración, yo se lo haré presente, para que tú los lleves al banquete de los mil años. Los que escriban el libro de tu tránsito, según lo he contado hoy con mi boca, por mi salud, ¡oh mi padre José!, que los tendré presentes en este mundo, y, cuando dejen su cuerpo, yo romperé la cédula de sus pecados, para que no sufran ningún tormento, salvo la angustia de la muerte y el río de fuego que purifica toda alma ante mi Padre. Y, cuando un hombre pobre, no pudiendo hacer lo que yo he dicho, engendre un hijo y le llame José, para glorificar tu nombre, ni hambre, ni epidemia entrarán en su mansión, porque tu nombre estará allí.

XXVII. Honras fúnebres

Enseguida, los notables de la población fueron al sitio en que estaba depositado el cuerpo de mi padre, acompañados de los acólitos de los funerales, y con objeto de amortajar su cuerpo según los ritos judíos. Y lo encontraron amortajado ya. El lienzo se había unido a su cuerpo como con grapas de hierro. Y, cuando lo movieron, no hallaron la abertura de su mortaja. Entonces, lo llevaron a la tumba. Y, cuando lo hubieron puesto a la entrada de la caverna para abrir la puerta y depositarlo entre sus padres, recordé el día en que partió conmigo para Egipto y las tribulaciones que por mí sufrió, y me extendí sobre su cuerpo, y lloré sobre él, diciendo:

XXVIII. Reflexiones de Jesús sobre la muerte

¡Oh muerte, que causas tantas lágrimas y lamentos! ¡Es, sin embargo, Aquel que domina todas las cosas quien te ha dado ese poder sorprendente! Pero el reproche no alcanza tanto a la muerte como a Adán y a su mujer. La muerte no hace nada sin orden de mi Padre. Ha habido hombres que han vivido novecientos años antes de morir, y muchos otros han vivido más aún, sin que nadie entre ellos haya dicho que ha visto la muerte, ni que ésta viniese por intervalos a atormentar a cualquiera. Es que no atormenta a los hombres más que una vez, y esta vez es mi buen Padre quien la envía al hombre. Cuando viene hacia él, es porque oye la sentencia que parte del cielo. Si la sentencia llega cargada de cólera, también con cólera llega la muerte para llevar el alma a su Señor. La muerte no tiene el poder de llevar el alma al fuego o al reino de los cielos. La muerte cumple la orden de Dios. Adán, al contrario, no cumplió la orden de mi Padre, sino que cometió una transgresión. Y la cometió, hasta irritar a mi Padre contra él, obedeciendo a su mujer y desobedeciendo a Dios, de modo que atrajo la muerte sobre toda alma viviente. Si Adán no hubiese desobedecido a mi buen Padre, no hubiese atraído la muerte sobre él. ¿Qué es, pues, lo que me impide rogar a mi buen Padre para que envíe un carro luminoso, donde yo pondría a mi padre José, sin que gustase la muerte, para hacerlo conducir, con la carne en que fue engendrado, hacia un lugar de reposo, con los ángeles incorpóreos? Mas por la transgresión de Adán, sobre la humanidad entera ha venido la gran angustia de la muerte. Y yo mismo, pues que revisto esta carne, debo gustar la muerte por las criaturas que he creado, para serles misericordioso.

XXIX. Enterramiento de José

Mientras yo hablaba así, y abrazaba a mi padre José, llorando sobre él, ellos abrieron la puerta de la tumba y depositaron su cuerpo junto al de Jacobo, su padre. Su fin ocurrió en su año ciento once. Ni un solo diente se perdió en su boca, ni sus ojos se oscurecieron, sino que su mirada era como la de un niñito. Nunca perdió su vigor, sino que practicó su oficio de carpintero hasta el día en que lo atacó la enfermedad de que debía morir.

XXX. Una objeción hecha a Jesús por sus discípulos

Nosotros, los apóstoles, oyendo estas palabras de la boca de nuestro Salvador, nos regocijamos. Nos levantamos, y adoramos sus manos y sus pies con júbilo, diciendo: Gracias te damos, ¡oh nuestro buen Salvador!, por habernos hecho dignos de oír de tu boca, Señor, palabras de vida. Sin embargo, nos asombras, ¡oh nuestro buen Salvador! Puesto que concediste la inmortalidad a Enoch y a Elías, y puesto que hasta ahora están rodeados de bienes, y conservan la carne en que han nacido, y que no ha conocido corrupción, este viejo bendito José, el carpintero, a quien has hecho tan gran honor, que has llamado tu padre, y a quien obedeciste en todo, aquel a cuyo propósito nos has dado instrucciones diciendo: Cuando yo os invista de poder, cuando envíe hacia vosotros a aquel que es prometido por mi Padre, es decir, el Paráclito, el Espíritu Santo, para enviaros a predicar el Santo Evangelio, predicaréis también a mi padre José; y a más: Decir estas palabras de vida en el testamento de su tránsito; y aun: Leed este testamento los días de fiesta y sagrados; y en fin: Aquel que corte o añada palabras de este testamento, de modo que me ponga por embustero, sufrirá mi santa venganza: después de todo esto, nos sorprende que lo hayas llamado tu padre carnal y que, no obstante, no le hayas prometido la inmortalidad, para hacerlo vivir eternamente.

XXXI. Respuesta de Jesús

Nuestro Salvador contestó, y nos dijo: La sentencia que mi Padre dictó contra Adán no será nunca baldía, por cuanto desobedeció sus mandatos. Cuando mi Padre ordena que un hombre sea justo, éste se convierte en su elegido. Cuando el hombre ama las obras del diablo, por su voluntad de hacer el mal, si Dios lo deja vivir largo tiempo, ¿no sabe que caerá en las manos de Dios, si no hace penitencia? Pero, cuando alguien llega a una edad avanzada entre buenas acciones, son sus obras las que hacen de él un anciano. Cada vez que Dios ve que un hombre corrompe su carne en su camino sobre la tierra, acorta su existencia, como hizo con Ezequías. Toda profecía dictada por mi

Padre debe cumplirse por entero. Me habéis hablado de Enoch y Elías, diciendo: Viven en la carne en que han nacido, y respecto a José mi padre según la carne, diciendo: ¿Por qué no lo has dejado en su carne hasta ahora? Pero, aunque hubiese vivido diez mil años, habría debido morir. Yo os lo digo, ¡oh mis miembros santos!, que cada vez que Enoch o Elías piensan en la muerte hubieran querido morir, para librarse de la gran angustia en que se encuentran. Porque deben morir en un día de terror, de clamor, de aflicción y de amenaza. En efecto: el Anticristo matará a estos dos hombres, vertiendo su sangre sobre la tierra como un vaso de agua, a causa de las afrentas que le hicieron sufrir rechazándolo.

XXXII. Gozoso aquietamiento de los apóstoles

Nosotros respondimos diciéndole: Oh nuestro Señor y nuestro Dios, ¿qué hombres son ésos que habéis dicho que el hijo de la perdición matará por un vaso de agua? Jesús, nuestro Salvador y nuestra vida, nos dijo: Son Enoch y Elías. Y, mientras nuestro Salvador nos decía estas cosas, fuimos presa de gran gozo. Y le rendimos gracias y alabanzas a él, nuestro Señor y nuestro Dios, nuestro Salvador Jesucristo, aquel por quien toda loanza conviene al Padre, a él mismo y al Espíritu vivificador, ahora y en todos los tiempos y hasta la eternidad de todas las eternidades. Amén.

Historia árabe de José el carpintero

Preliminar

En nombre de Dios, uno en esencia y trino en personas, paso a referir la historia de la muerte de nuestro padre, el santo anciano José el Carpintero. Protéjannos a todos, hermanos míos, su bendición y sus plegarias. Amén.

El total de los días de su existencia fue de ciento once años, y su salida del mundo tuvo lugar el 26 del mes de *abib*, que corresponde al mes de *ab*. Su plegaria nos guarde. Amén.

Nuestro Señor Jesucristo contó esto a sus virtuosos discípulos, en el monte de los Olivos, y también les contó toda la carrera de José en el mundo, y la manera cómo terminó sus días. Los apóstoles conservaron tan santos discursos, los escribieron y los depositaron en la Biblioteca de Jerusalén. Su plegaria nos guarde. Amén.

I. Jesús habla a sus discípulos

Un día, Jesucristo, nuestro Dios, nuestro Señor y nuestro Salvador, se sentó entre sus discípulos, que se habían congregado cerca de él, en el monte de los Olivos. Y les dijo: Hermanos y amigos míos, hijos del Padre que os ha elegido entre todo el mundo, vosotros sabéis que muchas veces os he anunciado que debo ser crucificado y morir por la salvación de Adán y de su posteridad, y resucitar de entre los muertos. Yo os confiaré la predicación del Santo Evangelio que sostiene la buena nueva, para que la anunciéis al mundo. Y os investirá de la fuerza de lo alto, y os llenará del Espíritu Santo. Anunciaréis a todos los pueblos la penitencia y la remisión de los pecados. Porque un solo vaso de agua que el hombre halle en el otro mundo valdrá más que todos los tesoros del mundo presente. Y el espacio de un pie en el reino de mi Padre vale más que todas las riquezas de la tierra. Y una sola hora de alegría de los justos es mejor que mil años de los pecadores, porque los lloros y las lágrimas de éstos no cesarán nunca, ni nunca se detendrán. Y jamás hallarán reposo, ni consuelo. Y ahora ¡oh mis nobles miembros!, cuando os pongáis en camino, predicad a todos los pueblos, dadles la buena nueva, y decidles que el Salvador los pesará en una justa balanza, y con una exacta medida, y que habrán de defenderse y de contestar por sí mismos en el día del juicio, cuando el Salvador les pida cuenta de cada palabra. Y tendrán que darla. Y, así como a nadie olvida la muerte, igualmente el día del juicio manifestará las obras de todos, buenas o malas. Y, según la palabra que os he dicho, no se precie el fuerte de su fuerza, ni de su riqueza el rico, sino que quien quiera glorificarse se glorifique en el Señor.

II. José queda viudo

Había un hombre llamado José, que pertenecía al pueblo de Bethlehem, ciudad de Judá y del rey David. Estaba muy instruido en las ciencias, y fue sacerdote en el templo del Señor. Conocía el oficio de carpintero. Se casó, según ejemplo de todos los hombres, y engendró hijos e hijas, cuatro varones y dos hembras. He aquí sus nombres: Judas, Justo, Jacobo y Simón. Las dos hijas se llamaban Asia y Lidia. Y la esposa de José, el justo, que loaba a Dios en todos sus actos, murió. Y este José, el justo, fue espejo de María, mi madre. Y partió, con sus hijos, para un trabajo de su oficio de carpintero.

III. Presentación de María en el templo

Cuando José el justo quedó viudo, María, mi madre, casta y bendita, acababa de cumplir los doce años. Porque sus padres la presentaron en el templo del Señor, cuando tenía tres años, y permaneció en el templo nueve. Y los sacerdotes, al ver que la virgen santa y temerosa de Dios había crecido, dijeron: Busquemos un hombre justo y temeroso de Dios para confiarle a María hasta el momento del matrimonio, para que no le ocurra en el templo lo que pasa a las mujeres, y Dios no se irrite contra nosotros.

IV. Segundo matrimonio de José

Entonces enviaron mensajeros y convocaron a los doce viejos de la tribu de Judá, que escribieron los nombres de las doce tribus de Israel. Y la suerte tocó al viejo bendito, José el justo. Y los sacerdotes dijeron a mi madre bendita: Vete con José, y vive con él hasta el momento de tu matrimonio. Y José el justo llevó a mi madre a su morada. Y mi madre encontró a Jacobo de corta edad, abandonado y triste como huérfano que era, y ella lo educó, y por eso fue llamada María madre de Jacobo. Y José la dejó en su casa, y partió para el sitio en que desempeñaba su oficio de carpintero.

V. María, encinta. José sospecha de ella

Y, cuando la virgen pura hubo pasado dos años enteros en su casa, desde el momento en que se la había llevado a ella, yo vine al mundo de mi propio grado, y, por la voluntad de mi Padre y designio del Espíritu Santo, encarné en María por un misterio que excede de la comprensión de las criaturas. Y, cuando transcurrieron tres meses de su embarazo, el hombre justo volvió de su trabajo, y encontró encinta a la virgen mi madre. Y tuvo gran turbación, y pensé despedirla secretamente. Y, por efecto de su temor, de su disgusto y de su angustia de corazón, no comió ni bebió aquel día.

VI. Aviso del ángel a José

Y, en medio del día, el santo arcángel Gabriel se le apareció en sueños, por orden de mi Padre, y dijo: José, hijo de David, no temas recibir a María, tu esposa, porque está encinta por obra del Espíritu Santo. Parirá un hijo cuyo nombre será Jesús. Y él llevará a pacer a todos los pueblos con un cetro de hierro. El ángel lo abandonó y José se levantó de su sueño. E hizo como el ángel le había ordenado y María vivió con él.

VII. Natividad de Jesús

Por aquellos días, el emperador Augusto César dictó un decreto, que ordenaba se empadronase la población del mundo entero, y que cada cual lo hiciese en su ciudad natal. José, el viejo justo, tomó a María, y se dirigió a Bethlehem, porque el tiempo del alumbramiento estaba próximo. Inscribió su nombre en el registro así: José, hijo de David, y María, su esposa, que son de la tribu de Judá. Y María, mi madre, me puso en el mundo en Bethlehem, en una gruta cercana a la tumba de Raquel, esposa de Jacobo, el patriarca, y que era madre de José y de Benjamín.

VIII. Huida a Egipto

Y he aquí que Satán corrió a advertir a Herodes el Grande, padre de Arquelao. (Este Herodes es quien hizo decapitar a Juan, mi amigo y mi deudo.) Y Herodes ordenó que me buscasen, pensando que mi reino era de este mundo. José, el buen viejo, fue advertido en sueños. Y se levantó, y tomó a María, mi madre, en cuyos brazos yo iba, y los acompañaba Salomé. Partió para Egipto, donde pasó un año entero, hasta que hubo cesado la cólera de Herodes. El cual murió de la peor muerte, por haber vertido la sangre de los niños inocentes, que tiránicamente mandó degollar, sin que hubiesen cometido falta alguna.

IX. Vuelta a Nazareth

Y cuando aquel pérfido e impío Herodes hubo muerto, volvieron a la tierra de Israel y se establecieron en una ciudad de Galilea que se llama Nazareth. Y José, el viejo bendito, ejercía la profesión de carpintero. Vivía del trabajo de sus manos, como prescribe la ley de Moisés, y nunca comió gratis el pan ganado por otro.

X. Vejez de José

Y el viejo llegó a la extrema ancianidad. Mas su cuerpo no se debilitó, su vista no se alteró, sus dientes no se pudrieron, su razón no se conturbó lo más mínimo. Era como un joven vigoroso, y sus miembros estaban libres de enfermedad. Y el total de su edad fue de ciento once años.

XI. Vida en Nazareth

Justo y Simón, los hijos de José, se casaron, y fueron a habitar sus moradas. Igualmente se casaron las dos hijas y fueron a habitar sus moradas. Quedaron, en la mansión de José, Judas, el pequeño Jacobo, y mi madre María. Yo quedé con ellos, como uno de sus hijos, y cumplí lo que forma la vida, menos el pecado. Llamaba a María «mi madre» y a José «mi padre». Los obedecía sin falta en cuanto me ordenaban, como han hecho todos los nacidos. Nunca los descontenté. Nunca les repliqué, ni los contradije, sino que los amaba como a las niñas de mis ojos.

XII. La muerte ronda de cerca a José

Y se acercó el momento en que el santo viejo debía pasar de este mundo al otro, como todos los nacidos. Su cuerpo se debilitó y un ángel le advirtió que iba a entrar en el reposo eterno. Y sintió gran turbación y miedo en su alma. Y se fue a Jerusalén, y entró en el templo del Señor, y ante el santuario oró en estos términos:

XIII. Oración de José en el templo

¡Oh Dios, padre de todo consuelo, Dios de bondad, dueño de toda carne, Dios de mi alma, de mi espíritu y de mi cuerpo, yo te imploro, oh mi Señor y mi Dios! Si mis días son cumplidos, y si mi salida de este mundo está próxima, envíame al poderoso Miguel, el jefe de tus santos ángeles, para que esté cerca de mí, hasta que mi pobre alma salga de mi cuerpo miserable sin pena, ni dolor, ni conmoción. Porque un lóbrego temor y un violento disgusto se abaten, en el día de la muerte, sobre todos los cuerpos, sobre hombres, mujeres, bestias de carga, bestias salvajes, reptiles o volátiles, sobre toda criatura animada de un soplo de vida que hay bajo el cielo. Y sufren pavor, miedo, angustia y fatiga en el momento en que sus almas abandonan sus cuerpos. Y ahora ¡oh mi Señor y mi Dios! esté tu ángel junto a mi alma y mi cuerpo, hasta que se separen uno de otro. No me vuelva el rostro el ángel que me custodia desde que fui creado, sino vaya conmigo por el camino hasta que yo esté cerca de vos. Séame su rostro afable y alegre, y acompáñeme en paz. No dejes que aquellos cuya faz es multiforme se aproximen a mí en los puntos que yo recorra, hasta que llegue en paz junto a ti. No dejes que quienes guardan tus puertas prohiban la entrada a mi alma. No me confundas ante tu tribunal terrible. No se acerquen a mí las bestias feroces. No se anegue mi alma en las olas del río de fuego que toda alma debe atravesar antes de percibir la divinidad de tu majestad, ¡oh Dios, justo juez, que juzgas a la humanidad con equidad y con rectitud, y que das a cada uno según sus obras! Y ahora, ¡oh mi dueño y mi Dios!, préstame tu gracia, alumbra mi camino hacia ti, fuente abundante de todo bien y de toda grandeza para la eternidad. Amén.

XIV. José cae enfermo

Enseguida volvió a su casa, de la villa de Nazareth. Y cayó enfermo para morir, según es ley impuesta a todo hombre. Y fue tan oprimido por el mal, que nunca, desde que vino al mundo había estado más enfermo. He aquí la cuenta exacta de los estados de vida de José, el justo. Vivió cuarenta años antes de casarse. Su mujer estuvo bajo su protección cuarenta y nueve años, hasta que murió. Un año después de su muerte, le fue confiada mi madre, la casta María, por los sacerdotes, para que la guardase hasta el tiempo de su matrimonio.

Vivió en su casa dos años, y durante el tercero, a los quince de su edad, me puso en el mundo por un misterio que ninguna criatura puede saber, no siendo yo, y mi Padre, y el Espíritu Santo, que existen en mí, en la unidad.

XV. Postración material y moral de José

El total de la vida de mi padre, el buen viejo, fue de ciento once años, según las órdenes de mi Padre. Y el día en que su alma dejó su cuerpo fue el 26 del mes de *abib*. El oro fino comenzó a transmutarse, y a alterarse la plata pura, quiero decir, su razón y su sabiduría. Olvidó el beber y el comer. Y se desvaneció, y le fue indiferente el conocimiento de su arte de carpintero. Cuando acababa de apuntar la aurora del día 26 del mes de *abib*, el alma del justo viejo José se agitó, según estaba él en su lecho. Abrió la boca, gimió, golpeó sus manos y gritó a gran voz:

XVI. Imprecaciones del patriarca

¡Malhaya el día en que vine al mundo! ¡Malhaya el vientre que me llevó! ¡Malhayan las entrañas que me concibieron! ¡Malhayan los pechos que me amamantaron! ¡Malhaya las piernas en que me apoyé! ¡Malhayan las manos que me han conducido hasta que fui mayor, porque he sido concebido en la iniquidad, y mi madre me ha deseado en el pecado! ¡Malhayan mi lengua y mis labios que han proferido la calumnia, la detracción, la mentira, el error, la impostura, el fraude, la hipocresía! ¡Malhayan mis ojos, que han visto el escándalo! ¡Malhayan mis oídos, que han gustado de oír la maledicencia! ¡Malhayan mis manos, que han tomado lo que no era legítimamente suyo! ¡Malhayan mi vientre, que ha comido lo que no era lícito comer! ¡Malhayan mi garganta, que, como el fuego, devora cuanto halla! ¡Malhayan mis pies, que han ido por caminos que no eran los de Dios! ¡Malhayan mi cuerpo y mi triste alma, que se han apartado del Dios que los creó! ¿Y qué haré cuando parta para el lugar en que compareceré ante el juez justo, que me reprochará todas las obras protervas que he acumulado durante mi juventud? ¡Malhaya todo hombre que muere en el pecado! En verdad, esta hora es terrible, la misma que se abatió sobre mi padre Jacobo, cuando su alma se separó de su cuerpo, y he aquí que se abate hoy sobre mí, desgraciado yo. Pero aquel que gobierna mi alma y mi cuerpo es Dios, cuya voluntad se cumple en ellos.

XVII. Plegaria de José a Jesús

Así habló José, el piadoso anciano. Y yo fui a él y hallé su alma muy turbada y puesta en extrema angustia. Y le dije: Salud, ¡oh mi padre José, el hombre justo! ¿Cómo te encuentras? Y dijo él: Salud a ti muchas veces, ¡oh mi querido hijo! He aquí que los dolores de la muerte me han rodeado. Mas mi alma se ha apaciguado, al oír tu voz, ¡oh mi defensor Jesús! ¡Jesús, Salvador mío! ¡Jesús, refugio de mi alma! ¡Jesús, mi protector! ¡Jesús, nombre dulce a mi boca y a la boca de aquellos que lo aman! Ojo que ves y oído que oyes, atiende a tu servidor, que se humilla y llora ante ti! Tú eres mi dueño, como el ángel me ha dicho muchas veces, y sobre todo el día en que mi corazón dudaba, con malos pensamientos, de la pura y bendita virgen María, cuando ella concibió y yo pensé en repudiarla secretamente. Y cuando pensaba así, he aquí que los ángeles del Señor se me aparecieron por un misterio oculto, diciéndome: José, hijo de David, no temas recibir a María tu esposa, no te disgustes, ni pronuncies sobre su embarazo una palabra desentonada, que ella está encinta por obra del Espíritu Santo, y pondrá en el mundo un hijo, cuyo nombre será Jesús. Y salvará a su pueblo de sus pecados. No me tengas rencor por eso, Señor, porque yo no conocía el misterio de tu nacimiento. Yo recuerdo, Señor, el día en que la serpiente mordió a aquel niño, que murió por efecto de ello. Los suyos querían entregarte a Herodes, y decían: Eres tú quien lo has matado. Y tú lo resucitaste de entre los muertos. Y yo fui, y tomé tu mano, y dije: Hijo, ten cuidado. Y tú me respondiste: ¿No eres mi padre según la carne? Ya te enseñará quién soy yo. No te irrites ahora, mi Señor y mi Dios, contra mí a causa de aquel momento. No me juzgues, pues soy tu esclavo y el hijo de tu servidor. Tú eres mi Señor y mi Dios, mi Salvador y el Hijo de Dios verdadero.

XVIII. Congojas de María

Así habló mi padre José, y no tenía fuerza para llorar. Y vi que la muerte se apoderaba de él. Mi madre, la virgen pura, se levantó, se acercó, y me dijo: ¡Hijo querido, va, pues, a morir el piadoso viejo José! Yo le dije: ¡Oh madre querida, todas las criaturas nacidas en este mundo han de morir, porque la muerte está impuesta a todo el género humano! Tú misma, virgen y madre mía, morirás, como todos. Pero tu muerte, como la de este piadoso anciano, no será muerte, sino vida perpetua para la eternidad. Yo también es preciso que muera, en este cuerpo que he tomado de ti. Mas, álzate ioh mi madre purísima!, y vete cerca de José, el viejo bendito, para ver lo que ocurre durante su ascensión.

XIX. Jesús conforta a su madre

María, mi madre purísima, fue adonde estaba José, mientras yo me sentaba a sus pies. Lo miré, y vi que los signos de la muerte habían aparecido sobre su rostro. El anciano bendito alzó la cabeza, y me miró fijamente. No podía hablar, por los dolores de la muerte, que lo rodeaban. Pero gemía mucho. Le tuve las manos durante una hora..., mientras me miraba y me hacía señas de que no lo abandonase. Puse mi mano en su corazón, y encontré que su alma estaba próxima a su palacio, y que se preparaba a abandonar su cuerpo.

XX. Duelo de los hijos de José

Cuando mi madre, la Virgen, me vio tocar su cuerpo, le tocó ella los pies, y los halló ya muertos y sin calor. Y me dijo: iOh hijo querido, he aquí que sus pies están fríos como la nieve! Y llamó a los hijos e hijas de José y les dijo: Venid todos, porque su hora ha llegado. Asia, hija de José, respondió diciendo: ¡Malhaya yo, hermanos míos! Es la enfermedad de mi madre querida. Clamó y lloró, y todos los hijos de José lloraron. Y yo y mi madre María lloramos con ellos.

XXI. Visión de muerte

Y miré hacia el mediodía y vi a la muerte, seguida del infierno, y de las milicias que lo acompañan, y de sus acólitos. Sus vestidos, sus rostros y sus bocas arrojaban llamas. Cuando mi padre José los vio avanzar hacia sí, sus ojos se humedecieron, y en este momento gimió mucho. Y, al oírlo yo suspirar tanto, rechacé a la muerte y a los servidores que la acompañaban, y clamé a mi buen Padre, diciéndole:

XXII. Oración de Jesús

iOh Señor de toda clemencia, ojo que ve y oído que oye, escucha mi clamor y mi demanda por el buen anciano José, y envía a Miguel, jefe de tus ángeles, y a Gabriel, mensajero de la luz, y a todos los ejércitos de tus ángeles y a sus coros, para que acompañen hasta ti el alma de mi padre José. Es la hora en que mi padre necesita misericordia. Y yo os digo, mis discípulos, que todos los santos, y cuantos nacen en este mundo, justos o pecadores, deben por precisión pasar por el trance de la muerte.

XXIII. Llegada de dos ángeles a la habitación mortuoria

Miguel y Gabriel se llegaron al alma de mi padre José. La tomaron y la envolvieron en un hábito luminoso. Y él entregó el alma en manos de mi buen Padre, que le dio la salvación y la paz. Y ninguno de los hijos de José notó que había muerto. Los ángeles guardaron su alma contra los demonios de las tinieblas, que estaban en el camino. Y los ángeles loaron a Dios hasta que hubieron conducido a José a la mansión de los justos.

XXIV. Jesús cierra los ojos al muerto

Y su cuerpo quedó yacente y frío. Posé mi mano en sus ojos, y los cerré. Y cerré su boca, y dije a María, la Virgen: ¡Oh madre mía! ¿Y dónde está la profesión que ejerció tanto tiempo? Ha pasado como si nunca hubiese existido. Y, cuando sus hijos me oyeron hablar así con mi madre, comprendieron que José había muerto, y clamaron y sollozaron. Mas yo les dije: La muerte de nuestro padre no es muerte, sino vida eterna, porque lo ha separado de los trabajos de este mundo, y lo ha llevado al reposo que dura siempre. Y, al oír esto, sus hijos desgarraron sus vestiduras y rompieron a llorar.

XXV. Los habitantes de Galilea lloran al patriarca

Y he aquí que el pueblo de Nazareth y de Galilea oyó los gritos, y acudió, y lloró desde la hora de tercia hasta la de nona. Y a la de nona cada uno se fue a su hogar. Y llevaron el cuerpo, después de embalsamarlo con costosos perfumes. Y yo imploré a mi Padre con la plegaria de los habitantes del cielo, esa plegaria que escribí con mi mano antes de ser concebido en el seno de la Virgen, mi madre. Y, cuando hube acabado, y dicho el amén, vinieron ángeles en gran número. Y dije a dos de ellos que envolvieran en un manto luminoso el cuerpo de José, el anciano bendito.

XXVI. Institución de la festividad de José

Y le dije: La fetidez de la muerte no tendrá poder sobre ti. Ni miasmas ni gusanos saldrán jamás de tu cuerpo. Ni uno solo de tus huesos se quebrantará. Ni un cabello de tu cabeza se alterará. Nada de tu cuerpo perecerá, ¡oh mi padre José!, sino que permanecerá intacto hasta los mil años. A todo hombre que piense hacerte una oferta el día de tu conmemoración lo bendecirá, y lo indemnizaré en la congregación de los primogénitos que están alistados en los cielos: Quien en tu nombre nutra con el trabajo de sus manos a los pobres, y a las viudas, y a los huérfanos, en el día de tu conmemoración, no carecerá de nada en ningún día de su vida. A quien en tu nombre dé a beber un vaso de agua o de vino a una viuda o a un huérfano, yo te lo entregaré, para que tú lo introduzcas en el banquete de los mil años. Todo el que pensara en hacer una ofrenda el día de tu conmemoración, será bendito por mí, y le daré 30, 60 y 100 por uno. El que escriba tu historia, tus trabajos y tu partida de este mundo y el discurso que ha salido de mi boca, yo te lo daré en este mundo. Y, cuando su alma salga de su cuerpo, y deje este mundo, yo quemaré el libro de sus pecados, y no lo pondré en tortura el día del juicio. Y atravesará sin dolor ni fatiga el mar de fuego. Y lo que debe hacer todo hombre pobre que no pueda hacer lo que he indicado es, si le nace un hijo, que lo llame José, y no tendrá nunca en su casa muerte súbita.

XXVII. Funerales de José

Y los jefes de la población vinieron adonde estaba el cuerpo de José, el viejo bendito. Llevaban lienzos, y quisieron amortajarlo, como es costumbre entre los judíos, pero hallaron hecho su amortajamiento, y cuando quisieron desenvolverlo, hallaron que la mortaja le estaba adherida como con hierro, y no encontraron extremos en el lienzo. Luego lo llevaron a una caverna. Y abrieron la puerta, para depositar su cuerpo junto al de sus padres. Y yo recordé el día en que partió conmigo para Egipto, y los muchos trabajos que soportó por mi causa. Y lloré sobre él largo tiempo e, inclinándome sobre su cuerpo, dije:

XXVIII. Misión de la muerte

¡Oh muerte, que aniquilas toda inteligencia, y que siembras tantas lágrimas y tantos lamentos! ¡Es, no obstante, Dios, mi Padre, quien te ha dado ese poder! Por su transgresión, murieron Adán y Eva. Y la muerte no ha sido suprimida o eludida por nadie. Y, sin embargo, no hace nada sin la orden del Padre. Hombres hubo que vivieron novecientos años y murieron. Otros vivieron más, y murieron. Ni uno solo de ellos ha dicho: Yo no he gustado la muerte. Porque el Señor no prepara a cada instante el castigo de cada uno, sino una vez solamente. En esta hora, mi Padre la envía hacia el hombre. Y, cuando se le acerca, considera la orden que le viene del cielo, diciendo: La he acometido con ímpetu, y su alma será pronto arrastrada. Y se apodera de esa alma y hace lo que quiere de ella. Y porque Adán transgredió el mandato de mi Padre, mi Padre se irritó contra él, y lo condenó a muerte, y la muerte entró en el mundo. Si Adán hubiese obedecido a mi Padre, la muerte no hubiera nunca sido su destino. ¿Pensáis que no hubiera yo podido pedir a mi Padre, y que él no me enviaría un carro de fuego que llevase el cuerpo de mi padre José al lugar de reposo, donde habitaría con los seres espirituales? Mas, por la transgresión de Adán, el trabajo y el dolor de la muerte han sido decretados contra todo el género humano. Y por esta razón, preciso es que también yo muera corporalmente, para que esos seres creados por mí alcancen misericordia.

XXIX. Adiós de Jesús a José

Cuando hube dicho esto, abracé el cuerpo de mi padre José, y lloré sobre él. Y abrieron la puerta del sepulcro y depositaron su cuerpo junto al de su padre, Jacobo. Y entró en el reposo cuando acababa de cumplir su año ciento once. Ni un solo diente de su boca había sufrido, su mirada no se alteró, su talle no se encorvó, su fuerza no amenguó, sino que practicó su oficio hasta el día de su muerte, que fue el 26 de *abib*.

XXX. Duda de los apóstoles

Y nosotros, los apóstoles, después de haber oído a nuestro Salvador, nos regocijamos, y lo adoramos, diciendo: ¡Oh Salvador nuestro, concédenos tu gracia! Acabamos de oír la palabra de vida, pero nos sorprende que, habiéndose dado a Enoch y a Elías el don de no morir, y de habitar hasta ahora en la mansión de los justos, sin que sus cuerpos sufran corrupción, al anciano José, el carpintero, tu padre carnal, de quien nos has dicho que refiramos su tránsito al otro mundo, cuando prediquemos el Evangelio a los pueblos; que le dediquemos cada año un día de fiesta santificada; que incurriremos en falta, si ponemos o quitamos la menor tilde a tu narración; y, que, el día de tu nacimiento en Bethlehem, te llamó hijo suyo: nos sorprende, repetimos, que a tan sublime varón no lo hayas hecho inmortal como a aquellos otros dos, afirmando, como afirmas, que era un justo y un elegido, al mismo tenor que ellos.

XXXI. Ley universal de la muerte

Mas nuestro Señor repuso: La profecía de mi Padre se cumplió en Adán por su desobediencia. Y la voluntad de mi Padre se realiza en cuanto le place. Ahora bien: cuando el hombre desatiende el mandato de Dios y sigue las obras de Satanás, cometiendo pecado, si su vida se prolonga, es con la esperanza de que se arrepienta, y aprenda que debe caer en las garras de la muerte. Y, si se prolonga la vida de un hombre bueno, los hechos de su vejez se hacen notorios y los demás hombres buenos los imitan. Si veis un hombre irascible, sabed que sus días serán abreviados. Con relación a aquellos que son llevados en lo mejor de sus días, todas las profecías de mi Padre dominan a los hijos de los hombres hasta que se cumplen puntualmente. Y, en lo que concierne a Enoch y a Elías, como viven hasta ahora en el cuerpo en que nacieron, y como, por otra parte, mi padre José no ha quedado como ellos conservando cuerpo, yo os contesto que el hombre, aunque viva miríadas de años, debe morir. Y yo os digo, hermanos míos, que aquéllos, al fin de los tiempos, al llegar el día de la conmoción, la turbación y la angustia, vendrán al mundo y morirán. Porque el Anticristo matará a los cuatro hombres y verterá su sangre como un vaso de agua, a causa de la vergüenza que le causaron, cubriéndolos públicamente de confusión.

XXXII. Anuncio de los tiempos últimos

Y dijimos: ¡Oh Señor, nuestro Salvador y nuestro Dios! ¿Y quiénes son esos cuatro que habéis dicho que el Anticristo matará por sus reproches? Y dijo el Salvador: Son Enoch, Elías, Sila y Tabitha. Y, cuando hubimos oído este discurso del Salvador, nos regocijamos, nos exaltamos, y dirigimos todas nuestras alabanzas y todas nuestras acciones de gracias a nuestro Señor, a nuestro Dios y a nuestro Salvador Jesucristo, aquel a quien convienen la gloria, el honor, la dominación, la potencia y la alabanza, y con él a su Padre supremamente bueno y al Espíritu Santo vivificador, ahora y en todos los tiempos y por los siglos de los siglos. Amén.

El evangelio árabe de la infancia

I. Palabras pronunciadas por Jesús en la cuna

1. Hemos encontrado estas palabras en el libro de Josefo, el Gran Sacerdote que existía en tiempo del Cristo, y que algunos han dicho que era Caifás.

2. El cual afirma que Jesús habló, estando en la cuna, y que dijo a su madre: Yo soy el Verbo, hijo de Dios, que tú has parido, como te lo había anunciado el ángel Gabriel, y mi Padre me ha enviado para salvar al mundo.

II. Viaje de María y de José a Bethlehem

1. El año 309 de Alejandro, ordenó Augusto que cada individuo fuese empadronado en su país. Y José se aprestó a ello, y, llevando consigo a María, su esposa, partió para Bethlehem, su aldea natal.

2. Y, mientras caminaban, José advirtió que el semblante de su esposa se ensombrecía por momentos, y que por momentos se iluminaba. E, intrigado, tomó la palabra, y preguntó: ¿Qué tienes, María? Y ella respondió: Veo, oh José, alternar dos espectáculos sorprendentes. Veo al pueblo de Israel, que llora y se lamenta, y que, estando en la luz, semeja a un ciego, que no percibe el Sol. Y veo al pueblo de los incircuncisos, que habitan en las tinieblas, y que una nueva claridad se levanta para ellos y sobre ellos, y que ellos se regocijan llenos de alegría, como el ciego cuyos ojos se abren para ver la luz.

3. Y José llegó a Bethlehem para instalarse en su aldea natal, con toda su familia. Y, cuando llegaron a una gruta próxima a Bethlehem, María dijo a José: He aquí que el tiempo de mi alumbramiento ha llegado, y que me es imposible ir hasta la aldea. Entremos, pues, en esta gruta. Y, en aquel momento, el Sol se ponía. Y José partió de allí presuroso para traer a María una mujer que la asistiese. Y halló por acaso a una anciana de raza hebraica y originaria de Jerusalén, a quien dijo: Ven aquí, bendita mujer, y entra en esta gruta, donde hay una joven que está a punto de parir.

III. La partera de Jerusalén

1. Y la anciana, acompañada de José, llegó a la caverna, cuando el Sol se había puesto ya. Y penetraron en la caverna, y vieron que todo faltaba allí, pero que el recinto estaba alumbrado por luces más bellas que las de todos

los candelabros y las de todas las lámparas, y más intensas que la claridad del Sol. Y el niño, a quien María había envuelto en pañales, mamaba la leche de su madre. Y, cuando ésta acabó de darle le pecho, lo depositó en el pesebre que en la caverna había.

2. Y la anciana dijo a Santa María: ¿Eres la madre de este recién nacido? Y Santa María dijo: Sí. Y la anciana dijo: No te pareces a (las demás) hijas de Eva. Y Santa María dijo: Como mi hijo es incomparable entre los niños, así su madre es incomparable entre las mujeres... Y la anciana respondió en estos términos: Oh, señora, yo vine sin segunda intención, para obtener una recompensa. Nuestra Señora Santa María le dijo: Pon tu mano sobre el niño. Y ella la puso, y al punto quedó curada. Y salió diciendo: Seré la esclava y la sierva de este niño durante todos los días de mi vida.

IV. Adoración de los pastores

1. Y, en aquel momento, llegaron unos pastores, y encendieron una gran hoguera, y se entregaron a ruidosas manifestaciones de alegría. Y aparecieron unas legiones angélicas, que empezaron a alabar a Dios. Y los pastores también lo glorificaron.

2. Y, en aquel momento, la gruta parecía un templo sublime, porque las voces celestes y terrestres a coro celebraban y magnificaban el nacimiento de Nuestro Señor Jesucristo. Cuanto a la anciana israelita, al ver tamaños milagros, dio gracias a Dios, diciendo: Yo te agradezco, oh Dios de Israel, que mis ojos hayan visto el nacimiento del Salvador del mundo.

V. Circuncisión

1. Y, cuando fueron cumplidos los días de la circuncisión, es decir, al octavo día, la ley obligaba c circuncidar al niño. Se lo circuncidó en la caverna, y la anciana israelita tomó el trozo de piel (otros dicen que tomó el cordón umbilical), y lo puso en una redomita de aceite de nardo viejo. Y tenía un hijo perfumista, a quien se la entregó, diciéndole: Guárdate de vender esta redomita de nardo perfumado, aunque te ofrecieran trescientos denarios por ella. Y aquella redomita fue la que María la pecadora compró y con cuyo nardo espique ungió la cabeza de Nuestro Señor Jesucristo y sus pies, que enjugó enseguida con los cabellos de su propia cabeza.

2. Y, habiendo transcurrido diez días, llevaron al niño a Jerusalén. Y, cuarenta días después de su nacimiento, un sábado, lo condujeron al templo a presencia del Señor, y ofrecieron, para rescatarlo, los sacrificios previstos por la ley de Moisés, a quien Dios dijo: Todo primogénito varón me será consagrado.

VI. Presentación de Jesús en el templo

1. Y, cuando María franqueó la puerta del atrio del templo, el viejo Simeón vio, con ojos del Espíritu Santo, que aquella mujer parecía una columna de luz, y que llevaba en brazos un niño prodigioso. Y, semejantes a la guardia de honor que rodea a un rey, los ángeles rodearon en círculo al niño, y lo glorificaron. Y Simeón se dirigió, presuroso, hacia Santa María, y, extendiendo los brazos hacia ella, le dijo: Dame el niño. Y tomándolo en sus brazos, exclamó: Ahora, Señor, despide a tu siervo en paz, conforme a tu palabra. Porque mis ojos han visto la obra de tu clemencia, que has preparado para la salvación de todas las razas, para servir de luz a todas las naciones, y para la gloria de tu pueblo, Israel.

2. Y Ana la profetisa fue testigo de este espectáculo, y se acercó para dar gracias a Dios, y para proclamar bienaventurada a Santa María.

VII. Llegada de los magos

1. Y la noche misma en que el Señor Jesús nació en Bethlehem de Judea, en la época del rey Herodes, un ángel guardián fue enviado a Persia. Y apareció a las gentes del país bajo la forma de una estrella muy brillante, que iluminaba toda la tierra de los persas. Y, como el 25 del primer kanun (fiesta de la Natividad del Cristo) había gran fiesta entre todos los persas, adoradores del fuego y de las estrellas, todos los magos, en pomposo aparato, celebraban magníficamente su solemnidad, cuando de súbito una luz vivísima brilló sobre sus cabezas. Y, dejando sus reyes, sus festines, todas sus diversiones y abandonando sus moradas, salieron a gozar del espectáculo insólito. Y vieron que una estrella ardiente se había levantado sobre Persia, y que, por su claridad, se parecía a un gran Sol. Y los reyes dijeron a los sacerdotes en su lengua: ¿Qué es este signo que observamos? Y, como por adivinación, contestaron, sin quererlo: Ha nacido el rey de los reyes, el dios de los dioses, la luz emanada de la luz. Y he aquí que uno de los dioses ha venido a anunciarnos su

nacimiento, para que vayamos a ofrecerle presentes, y a adorarlo. Ante cuya revelación, todos, jefes, magistrados, capitanes, se levantaron, y preguntaron a sus sacerdotes: ¿Qué presentes conviene que le llevemos? Y los sacerdotes contestaron: Oro, incienso y mirra. Entonces tres reyes, hijos de los reyes de Persia, tomaron, como por una disposición misteriosa, uno tres libras de oro, otro tres libras de incienso y el tercero tres libras de mirra. Y se revistieron de sus ornamentos preciosos, poniéndose la tiara en la cabeza, y portando su tesoro en las manos. Y, al primer canto del gallo, abandonaron su país, con nueve hombres que los acompañaban, y se pusieron en marcha, guiados por la estrella que les había aparecido. Y el ángel que había arrebatado de Jerusalén al profeta Habacuc, y que había suministrado alimento a Daniel, recluido en la cueva de los leones, en Babilonia, aquel mismo ángel, por la virtud del Espíritu Santo, condujo a los reyes de Persia a Jerusalén, según que Zoroastro lo había predicho. Partidos de Persia al primer canto del gallo, llegaron a Jerusalén al rayar el día, e interrogaron a las gentes de la ciudad, diciendo: ¿Dónde ha nacido el rey que venimos a visitar? Y, a esta pregunta, los habitantes de Jerusalén se agitaron, temerosos, y respondieron que el rey de Judea era Herodes.

2. Sabedor del caso, Herodes mandó a buscar a los reyes de Persia, y, habiéndolos hecho comparecer ante él, les preguntó: ¿Quiénes sois? ¿De dónde venís? ¿Qué buscáis? Y ellos respondieron: Somos hijos de los reyes de Persia, venimos de nuestra nación, y buscamos al rey que ha nacido en Judea, en el país de Jerusalén. Uno de los dioses nos ha informado del nacimiento de ese rey, para que acudiésemos a presentarle nuestras ofrendas y nuestra adoración. Y se apoderó el miedo de Herodes y de su corte, al ver a aquellos hijos de los reyes de Persia, con la tiara en la cabeza y con su tesoro en las manos, en busca del rey nacido en Judea. Muy particularmente se alarmó Herodes, porque los persas no reconocían su autoridad. Y se dijo: El que, al nacer, ha sometido a los persas a la ley del tributo, con mayor razón nos someterá a nosotros. Y, dirigiéndose a los reyes, expuso: Grande es, sin duda, el poder del rey que os ha obligado a llegar hasta aquí a rendirle homenaje. En verdad, es un rey, el rey de los reyes. Id, enteraos de dónde se halla, y, cuando lo hayáis encontrado, venid a hacérmelo saber, para que yo también vaya a adorarlo. Pero Herodes, habiendo formado en su corazón el perverso designio de matar

al niño, todavía de poca edad, y a los reyes con él, se dijo: Después de eso, me quedará sometida toda la creación.

3. Y los magos abandonaron la audiencia de Herodes, y vieron la estrella, que iba delante de ellos, y que se detuvo por encima de la caverna en que naciera el niño Jesús. Enseguida cambiando de forma, la estrella se tornó semejante a una columna de fuego y de luz, que iba de la tierra al cielo. Y penetraron en la caverna, donde encontraron a María, a José y al niño envuelto en pañales y recostado en el pesebre. Y, ofreciéndole sus presentes, lo adoraron. Luego saludaron a sus padres, los cuales estaban estupefactos, contemplando a aquellos tres hijos de reyes, con la tiara en la cabeza y arrodillados en adoración ante el recién nacido, sin plantear ninguna cuestión a su respecto. Y María y José les preguntaron: ¿De dónde sois? Y ellos les contestaron: Somos de Persia. Y María y José insistieron: ¿Cuándo habéis salido de allí? Y ellos dijeron:

Ayer tarde había fiesta en nuestra nación. Y, después del festín, uno de nuestros dioses nos advirtió: Levantaos, e id a presentar vuestras ofrendas al rey que ha nacido en Judea. Y, partidos de Persia al primer canto del gallo, hemos llegado hoy a vosotros, a la hora tercera del día.

4. Y María, agarrando uno de los pañales de Jesús, se lo dio a manera de elogio. Y ellos lo recibieron de sus manos de muy buen grado, aceptándolo, con fe, como un presente valiosísimo. Y, cuando llegó la noche del quinto día de la semana posterior a la natividad, el ángel que les había servido antes de guía, se les presentó de nuevo bajo forma de estrella. Y lo siguieron, conducidos por su luz, hasta su llegada a su país.

VIII. Vuelta de los magos a su tierra

1. Los magos llegaron a su país a la hora de comer. Y Persia entera se regocijó, y se maravilló de su vuelta.

2. Y, al crepúsculo matutino del día siguiente, los reyes y los jefes se reunieron alrededor de los magos, y les dijeron: ¿Cómo os ha ido en vuestro viaje y en vuestro retorno? ¿Qué habéis visto, qué habéis hecho, qué nuevas nos traéis? ¿Y a quién habéis rendido homenaje? Y ellos les mostraron el pañal que les había dado María. A cuyo propósito celebraron una fiesta, a uso de los magos, encendiendo un gran fuego, y adorándolo. Y arrojaron a él el pañal,

que se tornó en apariencia fuego. Pero, cuando éste se hubo extinguido, sacaron de él el pañal, y vieron que se conservaba intacto, blanco como la nieve y más sólido que antes, como si el fuego no lo hubiera tocado. Y, tomándolo, lo miraron bien, lo besaron, y dijeron: He aquí un gran prodigio, sin duda alguna. Este pañal es el vestido del dios de los dioses, puesto que el fuego de los dioses no ha podido consumirlo, ni deteriorarlo siquiera. Y lo guardaron preciosamente consigo, con fe ardiente y con veneración profunda.

IX. Cólera de Herodes. La huida a Egipto

1. Cuando Herodes vio que había sido burlado por los magos, y que éstos no volvían, convocó a los sacerdotes y a los sabios, y les preguntó: ¿Dónde nacerá el Mesías? Ellos le respondieron: En Bethlehem de Judá. Y él se puso a pensar en el medio de matar a Nuestro Señor Jesucristo.

2. Entonces el ángel de Dios apareció en sueños a José, y le dijo: Levántate, toma al niño y a su madre, y parte para la tierra de Egipto. Se levantó, pues, al canto del gallo, y se puso en camino.

X. Llegada de la Sagrada Familia a Egipto

Caída de los ídolos

1. Y, mientras pensaba entre sí cómo realizaría su viaje, sobrevino la aurora, y se encontró haber recorrido la mitad del camino. Y, al despuntar el día, estaba próximo a una gran aldea, donde, entre los demás ídolos y divinidades de los egipcios, había un ídolo en el cual residía un espíritu rebelde, y los egipcios le hacían sacrificios, le presentaban ofrendas, y le consagraban libaciones. Y había también un sacerdote, que habitaba cerca del ídolo, para servirlo, y a quien el demonio hablaba desde dentro de la estatua. Y, cada vez que los egipcios querían interrogar a sus dioses por ministerio de aquel ídolo, se dirigían al sacerdote., quien daba la respuesta, y transmitía el oráculo divino al pueblo de Egipto y a sus diferentes provincias. Este sacerdote tenía un hijo de treinta años, que estaba poseído por varios demonios, y que peroraba sobre todo género de cosas. Cuando los demonios se apoderaban de él, rasgaba sus vestiduras, se mostraba desnudo a todos, y acometía a la gente a pedradas. Y, en la aldea, había un asilo, puesto bajo la advocación de dicho ídolo.

2. Y, cuando Santa María y José llegaron a la aldea, y se acercaron al asilo, se apoderó de los habitantes del país un terror extremo. Y se produjo un temblor en el asilo y una sacudida en toda la tierra de Egipto, y todos los ídolos cayeron de sus pedestales, y se rompieron. Todos los grandes de Egipto y todos los sacerdotes de los ídolos se congregaron junto al sacerdote del ídolo en cuestión, y le preguntaron: ¿Qué significan este trastorno y este terremoto que se han producido en nuestro país? Y el sacerdote les respondió, diciendo: Presente está aquí un dios invisible y misterioso, que posee, oculto en él, un hijo semejante a sí mismo, y el paso de este hijo ha estremecido nuestro suelo. A su llegada, la tierra ha temblado ante su poder y ante el aparato terrible de su majestad gloriosa. Temamos, pues, en extremo, la violencia de u ataque. En este momento, el ídolo de la aldea se abatió también al suelo, hecho añicos, y su desplome hizo reunirse a lodos los egipcios cerca del célebre sacerdote, el cual les dijo: Debemos adoptar el culto de este dios invisible y misterioso. Él es el Dios verdadero, y no hay otro a quien servir, porque es realmente el hijo del Altísimo.

XI. Curación del hijo del sacerdote idólatra

1. Y el hijo del sacerdote fue acometido de su accidente habitual. Y entró en el asilo en que Santa María y José se encontraban, y a quienes todo el mundo había abandonado, huyendo. Y nuestra Señora Santa María acababa de lavar los pañales de Nuestro Señor Jesucristo, y los había puesto sobre la pared del muro. Y el joven poseído sobrevino, y agarró uno de los pañales, y lo puso sobre su cabeza. Y, en el mismo instante, los demonios, bajo forma de cuervos y de serpientes, comenzaron a salir y a escapar de su boca. Y el poseído quedó curado por orden de Nuestro Señor Jesucristo. Y empezó a alabar y a dar gracias a Dios, que le había devuelto la salud.

2. Y, como su padre lo hubo encontrado libre de su enfermedad, le preguntó: ¿Qué te ha ocurrido, hijo mío, y cómo es que has sanado? Y él le contestó: Cuando el demonio se apoderó por enésima vez de mi persona, fui al asilo. Y allí encontré a una noble mujer, con un niño. Acababa ésta de lavar los pañales de su hijo, y de depositarlos en la pared del muro. Tomé uno de ellos, lo puse sobre mi cabeza, y los demonios me abandonaron, y huyeron despavoridos. Y su padre, transportado de júbilo, le advirtió: Hijo mío, es posible que ese

pequeñuelo sea el hijo del Dios vivo, que ha creado los cielos y la tierra. Porque, en el momento en que ese hijo de Dios se introdujo en Egipto, todas nuestras divinidades han sido desplomadas y aniquiladas por la fuerza de su poder.

XII. Temores de María y de José

1. Y se cumplió la profecía que decía: De Egipto llamé a mi hijo.

2. Y, como María y José supiesen la caída y el aniquilamiento del ídolo, fueron presa de temor y de espanto, y se dijeron: Cuando estábamos en tierra de Israel, Herodes proyectaba matar a Jesús, y, por su causa, mató a todos los niños pequeños de Bethlehem y de sus alrededores. No hay duda sino que los egipcios, al enterarse de por qué accidente se rompió ese ídolo, nos entregarán a las llamas.

3. Y, en efecto, el rumor llegó hasta el Faraón, el cual mandó buscar al niño, pero no lo encontró. Y ordenó que todos los habitantes de su ciudad, cada uno de por sí, se pusiesen en campaña para proceder a la búsqueda, hallazgo y captura del niño. Y, cuando Nuestro Señor se acercó a la puerta de la ciudad, dos autómatas, que estaban fijados a cada lado de la puerta, se pusieron a gritar: ¡He aquí el rey de los reyes, el hijo del Dios invisible y misterioso! Y el Faraón procuró matarlo. Pero Lázaro salió fiador por él, y María y José se escaparon, y partieron de allí.

XIII. Liberación de viajeros capturados por bandidos

1. Y, después que de allí partieron, llegaron a un paraje, donde se hallaban unos bandidos, que habían robado a una caravana de viajeros, los habían despojado de sus vestiduras, y los habían atado.

Y aquellos bandidos oyeron un tumulto inmenso, semejante al causado por un rey poderoso, que saliese de su capital, acompañado de caballeros, de soldados, de tambores y de clarines. Y los bandidos, acometidos de miedo y de pavor, abandonaron todo aquello de que se habían apoderado.

2. Entonces los secuestrados se levantaron, se desataron mutuamente las ligaduras, recobraron su caudal, y se marcharon. Y, viendo aproximarse a María y a José, les dijeron: ¿Dónde está el rey y señor, cuyo tren brillante y tumultuoso oyeron acercarse los bandidos, y a consecuencia de lo cual nos

abandonaron, y nos dejaron libres? Y José repuso: Él va a llegar sobre nuestros pasos.

XIV. Curación de una poseída

1. Y alcanzaron otra aldea, donde había una pobre mujer poseída, la cual, habiendo salido de su casa por la noche en busca de agua, vio al Maligno bajo la figura de un joven. Y puso la mano sobre él, para agarrarlo, no pudo ni aun tocarlo. Y el rebelde maldito había entrado en el cuerpo de la mujer, estableciéndose así, y manteniéndola en el estado de naturaleza, como en el día de su nacimiento.

2. Y la poseída no podía soportar sobre sí vestido alguno, ni residir en los lugares habitados. Cuantas veces se la sujetaba con cadenas o con trabas, otras tantas las rompía, y se escapaba desnuda al desierto. Y se colocaba en las encrucijadas de los caminos y en las tumbas, y tiraba piedras sobre cuantos pasaban, causando mucho enojo a las gentes de la localidad, las cuales deseaban su muerte, y su familia estaba también muy afligida.

3. Cuando María y José entraron en aquella aldea, vieron a la infeliz, sentada, desnuda y ocupada en reunir piedras. Y María tuvo piedad de su estado, y, tomando uno de los pañales de Jesús, lo echó sobre ella. Y, en el mismo instante, el demonio la abandonó precipitadamente bajo la figura de un joven, maldiciendo y gritando: ¡Malhaya yo, a causa tuya, María, y de tu hijo! Y aquella mujer quedó libre de su azote. Vuelta en sí, confusa de su desnudez, y evitando las gentes, se cubrió con el pañal de Jesús, corrió a su casa, se vistió, e hizo a los suyos un relato detallado del hecho. Y los suyos, que eran los personajes más importantes de la aldea, dieron hospitalidad a María y a José, con magnificencia generosa.

XV. Curación de una joven muda

1. Al día siguiente, María y José se despidieron de sus huéspedes, bien provistos por éstos de vituallas para el camino. Y, por la tarde de aquel día, al ponerse el Sol, entraron en otra aldea, donde se celebraban unas nupcias. Y vieron una multitud de gentes reunidas, y, en medio de ellas, una desposada herida de mutismo por la astucia del demonio y la acción de encantadores

perversos. Paralizados sus oídos y su lengua, la desposada no había vuelto a recobrar el uso de la palabra.

2. Cuando María entró en la aldea, llevando en sus brazos a su hijo, la joven muda, que la vio, tomó a Jesús, lo besó, y lo apretó contra su pecho. Y un efluvio del cuerpo del niño se exhaló sobre ella, cuyos oídos se abrieron, y cuya lengua se movió, para agradecer a Dios, con alabanzas, la recuperación de su salud. Y aquella noche hubo gran alegría entre los habitantes de la aldea, que creyeron que Dios y sus ángeles habían descendido hasta ellos.

XVI. Curación de otra poseída

1. Tres días permanecieron allí María y José, rodeados de honores y suntuosamente tratados por los novios y por las familias de éstos. Y se separaron de sus huéspedes, bien provistos por ellos de cosas útiles para el viaje, y llegaron a otra aldea, donde contaban pasar la noche, por hallarse poblada por numerosos y distinguidos habitantes. En aquella aldea, vivía una mujer de fama muy honrosa. Un día, había ido al río a lavar sus vestidos. Y, en tanto que hacía su colada, vio que no comparecía nadie por los alrededores, se despojó de su traje, y empezó a bañarse. Y el Maligno, bajo forma de serpiente, la asaltó, enlazó su cintura, se enroscó alrededor de su vientre, y todos los días, a la caída de la noche, se extendía sobre ella.

2. Cuando María se le acercó, al ver el niño que ésta llevaba en sus brazos, corrió a su encuentro, y le dijo: Oh, señora, dame a este niño, para que lo alce, y lo abrace. María se lo dio. Y, tan pronto el niño estuvo en sus brazos, el demonio respiró los espíritus de Jesús, y, bajo las miradas de todos, la serpiente huyó, y la poseía no la vio más. Y todos los asistentes alabaron al Altísimo, y aquella mujer trató espléndidamente a María y a José.

XVII. Curación de una leprosa

1. Cuando la mañana vino, la mujer vertió agua perfumada, para bañar en ella al niño Jesús. Y, después de haberlo lavado, conservó el agua del baño. Y había allí una joven, cuyo cuerpo estaba blanco de lepra. Y, como hubiese sido testigo de la curación de aquella mujer, quiso, con fe, tomar el agua que había servido para lavar a Jesús. Y, vertiendo sobre su cuerpo un poco de

aquel agua, quedó purificada de su lepra. Y todos los habitantes de la aldea exclamaron: Indudablemente, María, José y el niño son dioses, y no hombres.

2. Y, en el momento en que María y José se disponían a abandonar la casa, la joven que había sido leprosa, se arrodilló ante ellos, y les dijo: Os ruego, padres y señores míos, que me otorguéis ser vuestra hija y vuestra sierva, y acompañaros, porque no tengo padre, ni madre.

XVIII. Curación de un niño leproso

1. Y ellos consintieron, y la joven partió en su compañía. Y llegaron a una aldea, en cuyos con términos estaba enclavado un castillo perteneciente a un jefe ilustre, y que tenía un pabellón exterior, destinado a recibir a los huéspedes. En él entraron María y José, y la joven pasó a ver a la esposa del señor. Y, como la encontrase lacrimosa y entristecida, le preguntó: ¿Por qué lloras? Y ella repuso: No te extrañen mis lágrimas, porque sufro un gran dolor, que a nadie puedo revelar. Mas la joven le dijo: Si me lo indicas, y me lo descubres, quizá le encuentre yo un remedio.

2. La mujer del jefe le dijo: Guarda bien este secreto, y no lo manifiestes a nadie. Estoy casada con este jefe, cuyo poder se extiende sobre un vasto territorio. Con él he vivido mucho tiempo, sin darle hijos, y, cuando, al fin, tuve uno, éste nació leproso. Y, así que él lo vio, se negó a reconocerlo, y me dijo: O lo matas, o lo entregas a una nodriza de un país lejano, para que nunca más sepa de él. Donde no, rompo toda relación contigo, y en la vida volveré a verte. No sé qué partido tomar, y mi disgusto es infinito. ¡Ah, hijo mío! ¡Ah, esposo mío! Mas la joven repuso: He encontrado a tu mal un remedio, que voy a exponerte. Porque yo también soy leprosa, y me vi purificada por Dios, que no es otro que Jesús, el hijo de María. La mujer le dijo: ¿Dónde está ese Dios, de que acabas de hablarme? La joven dijo: Está aquí, en tu casa. Ella dijo: ¿Cómo? ¿Aquí se encuentra? La joven dijo: Aquí se hallan María y su esposo José, y ese niño que viaja con ellos, es el que se llama Jesús, y el que me ha curado de mi mal y de mi tormento. La otra le dijo: ¿Puedo saber cómo te ha curado de tu lepra? Ella le dijo: Con mucho gusto te complaceré. La madre del niño me dio el agua que había servido para bañarlo, agua que eché sobre mi cuerpo, y que purificó mi lepra.

3. Entonces la esposa del jefe se levantó, y rogó a María y a José, con todo encarecimiento, que fuesen huéspedes suyos. E invitó a José a un gran festín, al cual fueron convidados buen golpe de hombres. Y, al día siguiente, a punto de amanecer, se levantó, y tomó agua perfumada, para bañar en ella a Jesús. Y, tomando a su hijo, lo bañó en el agua que acababa de emplear, e, instantáneamente, el niño quedó purificado de su lepra. Y ella glorificó a Dios, diciéndole: ¡Dichosa tu madre, oh Jesús! ¿Cómo, con el agua en que te has bañado, purificas de la lepra a los hombres, que son de la misma raza que tú? E hizo a María presentes magníficos, y la despidió con los mayores honores.

XIX. El joven esposo librado de un sortilegio

1. De allí se dirigieron a otra aldea, en la que quisieron pasar la noche. Y entraron en el hogar de un recién casado, a quien un maleficio tenía alejado de su esposa. Y, apenas se hubieron albergado en la casa aquella noche, cesó el maleficio.

2. Y, llegada la mañana, decidieron partir. Pero el recién casado los detuvo, y les ofreció un festín espléndido.

XX. El joven convertido en mulo

1. Al día siguiente, se pusieron en camino. Y, al acercarse a otra aldea, vieron a tres mujeres que volvían a pie del cementerio, llorando. Y María dijo a la joven que los acompañaba: Pregúntales qué les ha ocurrido, y qué mal aflige su alma. La joven les transmitió la pregunta, y ellas, sin responderle, dijeron: ¿De dónde sois, y adónde vais? Porque el día ha transcurrido, y la noche ha llegado. La joven repuso: Somos viajeros, y buscamos un asilo donde pasar la noche. Y las mujeres le dijeron: Venid con nosotras, y pasaréis la noche en nuestra casa.

2. Y, habiéndolas acompañado, vieron que poseían una casa nueva, bien adornada y ricamente amueblada, en la cual los introdujeron. Y era invierno, y entonces la joven entró también, y vio a las mujeres gimiendo y llorando. Cerca de ellas había un mulo abierto de una funda de brocado, y ante el que se había colocado sésamo. Y lo abrazaron, y le dieron de comer. La joven les preguntó: Mis señoras, ¿qué hace aquí este mulo? Y ellas, deshechas en lágrimas, le respondieron: Este mulo que ves ha sido nuestro hermano, hijo de nuestra

madre, que está presente. Nuestro padre nos ha dejado una gran fortuna. No teníamos más hermano que éste, y pensábamos encontrarle una mujer, y casarlo según las leyes de la humanidad. Empero algunas perversas mujeres dadas a la hechicería, lanzaron sobre él un sortilegio.

3. Y ello ocurrió una noche, poco antes de amanecer, mientras dormíamos, y mientras las puertas de nuestro corazón y de nuestra casa estaban cerradas. Cuando la mañana vino, miramos y reconocimos que nuestro hermano no estaba cerca de nosotras. Se había metamorfoseado en este mulo, que sabemos es él. Y, como no tenemos ya padre que nos consuele en tan acerbo disgusto, nos hallamos en la aflicción de que eres testigo. No hay sabio, mago o encantador, que no hayamos consultado. Pero esto de nada nos ha servido. Y, cuantas veces el corazón nos oprime con más fuerza que otras, vamos con nuestra madre a llorar sobre la tumba de nuestro padre, y después volvemos.

XXI. El mulo transformado en hombre

1. Al oír el relato de aquellas mujeres, la joven les dijo: Consolaos, y no lloréis. El remedio a vuestro mal está próximo, puesto que está bien cerca de vuestra misma casa. Porque yo misma en persona he sido leprosa. Pero, habiendo visto a una mujer llamada María con su pequeñuelo, llamado Jesús, un día que su madre acababa de bañarlo, tomé agua de su baño, la derramé sobre mi cuerpo, y quedé curada. Sé, por consiguiente, que posee el poder de remediar vuestro mal. Levantaos, pues, id al encuentro de Nuestra Señora Santa María, traedla a vuestra casa, descubridle vuestro secreto, y suplicadle que tenga piedad de vosotras.

2. Cuando las mujeres hubieron escuchado el discurso de la joven, salieron presurosas al encuentro de Nuestra Señora Santa María, la llevaron a su casa, y, arrodilladas en su presencia, le dijeron, llorando: ¡Oh Nuestra Señora Santa María, compadécete de tus siervas! No tenemos ningún pariente de edad, ni jefe de familia, ni padre, ni hermano, que nos proteja. Este mulo que ves, es nuestro hermano, y no un animal. Malvadas brujas lo han reducido con sus maleficios al estado en que hoy se encuentra. Te rogamos que tengas compasión de nosotras. Y Nuestra Señora Santa María, conmovida ante su desgracia, tomó a Jesús, y lo puso sobre el lomo del mulo. Ella lloraba, y las mujeres

también. Y María dijo: Jesús, hijo mío, haz que la poderosa virtud oculta en ti obre sobre este mulo, y le devuelva la naturaleza humana que tenía otrora.

3. Y, en el mismo instante, el mulo cambió de forma, recobró su figura prístina, y se convirtió en el joven exento de toda enfermedad, que antes era. Entonces él, su madre y sus hermanas, se prosternaron ante María, pusieron el niño sobre sus cabezas, y lo abrazaron, diciendo: ¡Dichosa tu madre, oh Jesús, salvador del mundo! ¡Bienaventurados los ojos que han alcanzado el favor de mirarte!

XXII. Unión de dos jóvenes curados por Jesús

1. Y las dos hermanas dijeron a su madre: He aquí que nuestro hermano ha vuelto al estado normal, por el socorro de Jesús, y gracias a esta joven que nos ha hecho conocer a María y a su hijo. Ahora bien: nuestro hermano no está casado, y el mejor partido que podemos tomar con él es unirlo a esta joven, que está al servicio de esta familia. E interrogaron a María sobre el asunto, y ella accedió a su demanda. Y celebráronse con magnificencia las bodas de la joven, y la alegría de las tres mujeres ocupó el lugar de su anterior angustia. Y convirtieron sus lamentaciones en cánticos de fiesta. Y dijeron, gozosas: Jesús, el hijo de María, ha transformado el duelo en júbilo.

2. María y José permanecieron allí diez días. Y después se alejaron, colmados de testimonios de respeto y de veneración por aquellas personas, que los despidieron con pesar, y que, tras los adioses, volvieron a su casa deshechas en lágrimas, sobre todo la joven.

XXIII. Los dos bandidos

1. Partidos de allí, llegaron a una tierra desierta, y oyeron decir que no era segura, porque había en ella bandidos. Sin embargo, María y José se decidieron a atravesar aquel país durante la noche. Y, mientras marchaban, advirtieron que, al borde del camino, comparecían dos bandidos, apostados y destacados por sus compañeros, que dormían un poco más allá, para guardar el camino. Estos dos bandidos que acababan de encontrar se llamaban Tito y Dumaco. Y el primero dijo al segundo: Déjales el camino libre, para que pasen, y que nuestros compañeros no lo noten. Dumaco no consintió en ello.

Entonces Tito le dijo: Te daré mi parte de cuarenta dracmas si me complaces. Y le presentó su cinturón como garantía, para decidirlo a callarse.

2. Y, cuando María vio la noble conducta de aquel bandido hacia ellos, le dijo: El Señor Dios te protegerá con su diestra, y te concederá el perdón de tus pecados. Y Jesús tomó la palabra, y dijo a María: ¡Oh madre mía, dentro de treinta años, los judíos me crucificarán en la ciudad de Jerusalén, y, conmigo, crucificarán a estos dos bandidos, Tito a mi derecha, y Dumaco a mi izquierda! Y, en el día aquel, Tito me precederá en el paraíso. Y María repuso: ¡Esto os sea recompensado, hijo mío!

3. De allí se dirigieron a la ciudad de los ídolos. Y, cuando se aproximaron a ella, la ciudad fue víctima de un terremoto y convertida en colinas de arena.

XXIV. La Sagrada Familia en Matarieh

1. De allí se dirigieron al sicómoro que se llama hoy día Matarieh.

2. Y, en Matarieh, el Señor Jesús hizo brotar una fuente, en que Santa María le lavó su túnica. Y el sudor del Señor Jesús, que ella escurrió en aquel lugar, hizo nacer allí bálsamo.

XXV. La Sagrada Familia en Misr

1. De allí pasaron a Misr. Y vieron al Faraón, y habitaron en el país de Misr durante tres años.

2. Y el Señor Jesús realizó, en el país de Misr, numerosos milagros, que no figuran en los Evangelios de la infancia, ni en los Evangelios completos.

XXVI. Regreso a Nazareth

1. Al cabo de tres años, volvieron a Misr. Y, cuando ganaron la tierra de Judea, José temía pasar adelante, por haber sabido que Herodes había muerto, y que su hijo Arquelao lo había sucedido como rey del país. Entonces el ángel del Señor le apareció, y le dijo: José, vete a la villa de Nazareth, y permanece allí.

2. ¡Oh sorprendente milagro, que haya sido llevado y paseado a través de los países, como quien no tiene morada, ni albergue, el dueño de todos los países y el pacificador de los mundos y de las criaturas!

XXVII. Epidemia en Bethlehem. Curación de un niño

1. Y, cuando entraron en la villa de Bethlehem, había allí numerosos casos de una enfermedad grave, que atacaba a los niños en los ojos, y de la que morían.

2. Y una mujer, que tenía un hijo enfermo y próximo ya a la muerte, lo llevó a Santa María, a quien vio ocupada en bañar a Jesús, y a quien dijo: ¡Oh María, mi señora, mira cuán cruelmente sufre este fruto de mis entrañas! ¿No tendrá el Señor misericordia de él?

3. Y, una vez hubo María retirado a Jesús del agua en que lo había lavado, respondió a la mujer en estos términos: Toma un poco de este agua en que acabo de bañar a mi hijo, y échala sobre el tuyo. Y la mujer lo hizo así, y lavó con aquella agua a su hijo, que cesó de agitarse, y lo envolvió en su vestidito, y lo adormeció. Y el niño se despertó en plena y perfecta salud. Y aquella mujer glorificó a Dios y a Jesús, y, llena de júbilo, llevó a su hijo a la Virgen, que le dijo: Da gracias al Señor, que te ha curado este niño.

XXVIII. Curación de otro niño

1. Y había allí otra mujer, vecina de aquella cuyo hijo había sido curado, y que tenía también un hijo atacado de la misma enfermedad. Sus ojos habían dejado de ver, y, con vivo dolor y sin interrupción alguna, gritaba de noche y día. Y la madre del niño curado dijo a la otra: ¿Por qué no lo llevas a casa de María, como yo llevé al mío, que estaba muy enfermo, y más cerca de la muerte que de la vida? En casa de María, tomé agua de las abluciones de su hijo Jesús, lavé con ella al mío, lo adormecí, y, después del sueño, despertó curado. Helo aquí: míralo.

2. La vecina que tal oyó, marchó asimismo a casa de María, y con fe tomó el agua, lavó con ella a su hijo, y pronto cesaron los vivos dolores que sentía, y se durmió, quedando como un muerto, porque hacía muchísimos días que no dormía. Al despertar, se levantó sano, y sus ojos habían recobrado la vista. La madre, henchida de gozo, alabó al Señor, tomó a su hijo, y lo llevó a María, a quien descubrió todo lo que acababa de suceder. Y María le dijo: Da gracias a Dios, por haberlo restablecido, y no hables de este caso a nadie.

XXIX. Curación de Cleopas. Rivalidad de dos madres

1. Y había también, en aquel lugar, dos mujeres casadas con un mismo hombre. Cada una de ellas tenía un hijo, y los dos niños sufrían mucho. Y una de aquellas dos mujeres se llamaba María, y su hijo Cleopas. Y, tomando a su hijo, fue a casa de la madre de Jesús, y le regaló un hermoso velo, diciéndole: ¡Oh María, mi Señora, recibe este velo, y dame, en cambio, uno solo de los pañales de tu hijo. Y María lo hizo, y la madre de Cleopas marchó, y, de aquel pañal, hizo una túnica, con la que vistió a su hijo, el cual quedó inmediatamente libre de su mal. Y el hijo de su rival, llamada Azrami, murió, lo que produjo enemistad entre ambas. Porque Azrami cobró aversión y horror a María, viendo que el hijo de ésta estaba vivo y sano, mientras que el suyo había muerto.

2. Y las dos mujeres tenían la costumbre de hacer el menaje de la casa alternativamente, cada una durante una semana. Y, cuando le tocó el turno a María, se aprestó a cocer el pan. Y encendió el horno, y marchó a buscar la masa. Azrami, advirtiendo que nadie la veía, corrió a buscar al niño, que estaba solo en aquel momento, y lo arrojó al horno, y se alejó de allí. Y, cuando María volvió, halló a su hijo, riendo en medio del horno a que se le había echado, y al horno frío ya como la nieve, cual si no se hubiese puesto en él fuego alguno. Entonces la madre del niño comprendió que era su rival quien lo había lanzado a las llamas. Y, sacando a Cleopas del horno, fue a casa de la Virgen, a quien contó el caso. Y la Virgen le dijo: Tranquilízate, porque esto redundará en ventaja tuya, y no hables del caso a nadie. El no callarlo no te servirá de nada, y aun temo por ti, si se divulga.

3. Y ocurrió a poco que, yendo Azrami al pozo a buscar agua, vio a Cleopas, que jugaba por allí cerca. Nadie comparecía por los contornos. Y, tomando al niño, lo precipitó al pozo, y regresó a su casa. Cuando otras gentes llegaron al pozo a hacer su provisión de líquido, vieron al muchacho, que se recreaba, daba vagidos, y se reía, sentado sobre el agua. Y bajaron al pozo, y lo sacaron de él. Y, poseídos de admiración extremada por el pequeñuelo, glorificaron a Dios. Mas su madre, que sobrevino, lo tomó, y lo llevó, llorando, a la Virgen, a quien dijo: Ve, madre mía, lo que mi rival ha hecho con mi hijo, y cómo lo ha precipitado al pozo. Es inevitable que acabe por hacerlo perecer. Pero la Virgen le contestó: Cálmate, porque muy pronto Dios te librará de ella, te

hará justicia, y te vengará. Y, en efecto, como a los pocos días, Azrami, fuese a tomar agua del pozo, sus pies se enredaron en la cuerda, y cayó al fondo. Y las gentes que llegaron a sacarla, la encontraron con la cabeza triturada y los huesos rotos. Así murió de mala muerte, y en ella se cumplió lo que había escrito David: Han cavado un pozo, lo han hecho profundo, y han caído en el hoyo que ellos mismos han abierto.

XXX. Curación de Tomás Dídimo (o de Bartolomé)

1. Y había allí otra mujer, que tenía dos hijos gemelos. Ambos a dos contrajeron una enfermedad. El uno había muerto, y el otro agonizaba. Y la madre tomó al último llorando, y lo llevó a Nuestra Señora Santa María, a quien dijo: ¡Oh María, mi Señora, ven en mi ayuda, y socórreme! Yo tenía dos hijos gemelos y, en la hora de ahora, he enterrado al uno, y el otro está a punto de morir. Escucha la plegaria y la súplica que voy a dirigir a Dios. Y, deshecha en lágrimas, tomó a su hijo en sus brazos, y se puso a decir: ¡Oh Señor, tú que eres tierno para los hombres y no implacable, bueno y no inflexible! ¡Oh Señor, amante de los hombres, clemente, misericordioso y santo, haz justicia a tu sierva! Tú me has dado dos hijos, y me has quitado uno. Déjame, al menos, el que me queda.

2. A la vista de aquel ardiente llanto, Santa María tuvo piedad de ella, y le dijo: Deposita a tu hijo sobre el lecho del mío, y cúbrelo con los vestidos de este último. Y ella lo depositó sobre el lecho en que estaba el Cristo. El niño tenía ya los ojos cerrados, como para abandonar la vida. Mas, cuando el olor de los efluvios que emanaban de los vestidos del Cristo hubo llegado al pequeñuelo, éste aspiró un espíritu de vida nueva, abrió los ojos y, dando un gran grito, exclamó: ¡Madre, dame el pecho! Y ella se lo dio, y el niño lo chupó. Y su madre dijo a Nuestra Señora Santa María: Yo sé ahora que la virtud de Dios reside en ti hasta punto tal, que tu hijo tiene el poder de curar a sus semejantes por el simple contacto con sus vestidos. Y el niño curado de aquel modo era el que el Evangelio llama Tomás, apodado Dídimo por los demás apóstoles.

XXXI. Curación de una leprosa

1. Y había allí también una mujer atacada de la lepra y de la sarna. Y fue a casa de María, y le dijo: ¡Oh María, mi Señora, ven en mi ayuda! María le dijo: ¿Qué socorro necesitas? ¿Plata? ¿Oro? ¿O que tu cuerpo sea purificado de la lepra y de la sarna? La mujer le dijo: ¿Y quién tiene el poder de darme esto? María le dijo: Ten la paciencia de esperar a que mi hijo Jesús haya salido del baño.

2. Y la mujer esperó pacientemente, como María le había dicho. Y, cuando Jesús fue sacado del baño, en que se lo había lavado, María lo fajó, y lo colocó en su cuna. Y dijo a la mujer: Toma un poco de este agua, y viértela sobre tu cuerpo. Y, habiéndolo hecho, al instante quedó libre de su azote, y rindió a Dios alabanzas y acciones de gracias.

XXXII. Curación de otra leprosa

1. Después de haber permanecido tres días con María, la mujer regresó a su aldea, donde había un señor, que tenía una hija casada con otro señor de otro país. Y, al poco tiempo de las bodas, el marido notó en su esposa huellas de lepra semejantes a una estrella. Y el matrimonio fue roto y declarado nulo, a causa de la señal morbosa que apareciera en la cuitada. Y su madre empezó a llorar con amargura, y la joven lloraba también. Cuando aquella mujer las vio en tal situación, abrumadas de pena y vertiendo lágrimas les preguntó: ¿Cuál es la causa de vuestro llanto? Y ellas respondieron: No nos interrogues sobre nuestra situación. Nuestro disgusto es algo de que no podemos hablar a nadie, y que debe quedar entre nosotras. La mujer repitió su pregunta con insistencia, y les dijo: Descubrídmelo, que quizá os indicaré el remedio. Y ellas le mostraron las huellas de lepra que se advertían en el cuerpo de la joven.

2. Habiendo oído y visto todo esto, la mujer les dijo: Yo también era leprosa, y habiendo ido a Bethlehem para un asunto, entré en casa de una mujer llamada María, que tiene un hijo llamado Jesús, el cual es hijo de Dios. Y, como notase que era leprosa, se compadeció de mi suerte, y me dio el agua que había servido para bañar a su hijo, agua que vertí sobre mi cuerpo, quedando enseguida curada de mi mal. Y ellas le dijeron: ¿Estás dispuesta a partir con nosotras, y ponernos en relación con María? Ella repuso: De buen grado. Y

las tres mujeres se levantaron, y fueron a ver a María, llevando consigo ricos presentes.

3. Y, llegado que hubieron a Bethelehem, ofrecieron sus presentes a María, y le mostraron la leprosa que las acompañaba. Y María les dijo: ¡Descienda sobre vosotras la misericordia de Jesucristo! Y dio a la hija del señor el agua de las abluciones de Jesús. Y la joven se lavó con ella, y, tomando un espejo, se miró, y vio que estaba completamente curada. Y las favorecidas y los demás asistentes al milagro dieron gracias a Dios. Después, las dos mujeres volvieron gozosas a su país, glorificando al Altísimo, por el beneficio que les concediera. Y, cuando el marido supo que su esposa estaba completamente curada, la hizo volver a él, celebró por segunda vez sus nupcias, y alabó al Señor por la merced recibida.

XXXIII. La joven obsesionada por el demonio

1. Y había asimismo allí una joven, de padres nobles, de cuyo ser el demonio se había posesionado. El maldito le aparecía en todo momento bajo la forma de un dragón enorme, y marcaba la mueca de que iba a devorarla. Y chupaba toda su sangre, y ponía su cuerpo como tostado, y la dejaba como muerta. Cuando él se le aproximaba, ella juntaba sus manos sobre su cabeza, y gritaba, diciendo: ¡Malhaya yo! ¿Quién me librará de este dragón perverso? Sus padres lloraban en su presencia misma. Cuantos oían sus gritos dolorosos, se apiadaban de su desgracia. Numerosas personas se agrupaban en torno suyo, lamentando su pena, sobre todo al oírla decir, entre lágrimas: Padres, hermanos, amigos, ¿no hay nadie que pueda sacarme de las garras de este enemigo verdugo?

2. Y, cuando la hija del señor, la que había sido curada de la lepra, oyó la voz de aquella muchacha, subió a la terraza de su castillo, y la vio con las manos juntas sobre la cabeza, y llorando, y, a la multitud que la rodeaba, llorando también. Y la hija del señor tomó la palabra, y preguntó a su marido: ¿Cuál es la historia de esa joven? Y el marido le respondió, explicándole el caso de la infeliz. Y su esposa le preguntó: ¿Tiene todavía padres? Él respondió: Ciertamente, tiene todavía padre y madre. Y ella dijo: Por el Dios vivo te conjuro a que envíes a buscar a su madre. Y él se la trajo. Cuando la hubo visto, la hija del señor la interrogó diciendo: ¿Es tu hija esta joven obsesionada por el

demonio? La pobre le contestó con tristeza y llorando: Sí, señora, es mi hija. Y la otra le dijo: ¿Quieres que tu hija sane? La madre de la joven dijo: Lo quiero. Y la hija del señor le dijo: Guárdame el secreto. Has de saber que yo también he sido leprosa, y que logré mi curación por intermedio de una mujer llamada María, madre de Jesús, que es el Cristo. Ve a Bethlehem, la aldea de David, el gran rey, y entrevístate con María, y expónle tu caso. Ella curará a tu hija, y estáte segura de que volverás de la visita llena de júbilo.

3. Y la madre de la joven se despidió de la hija del señor, y fue a Bethlehem con la suya. Allí encontró a María, y le hizo conocer el estado de la joven. Después de haberla oído, María le dio el agua de las abluciones de Jesús, y le ordenó que lavase con ella el cuerpo de su hija. Y también le dio uno de los pañales de Jesús, diciéndole: Toma este pañal, y cada vez que tu hija vea a su enemigo, mostrádselo. Y las despidió amistosamente.

XXXIV. Liberación de la poseída

1. Y las dos mujeres regresaron a su aldea. Y llegó el instante en que la joven estaba sujeta a su visión, y en que el demonio se disponía a acometerla. Y el maldito se presentó a sus ojos bajo su figura habitual de dragón, y la joven sintió pavor, y dijo: Madre, he aquí mi malvado enemigo, que va a asaltarme. Tengo mucho miedo. Su madre le dijo: No temas sus arañazos, hija mía. Espera a que se acerque, muéstrale el pañal que nos ha dado Santa María, y sabremos lo que ocurre.

2. Y la joven, viendo que su enemigo se aproximaba bajo la forma de un dragón enorme y de aspecto horrible, empezó a temblar con todos sus miembros. Y, cuando más cerca estaba de ella, desplegó el pañal, y, habiéndolo puesto sobre su cabeza, vio salir de él llamas ardientes y carbones abrasados, que se proyectaban sobre el dragón. ¡Oh prodigio brillante el que entonces se produjo! En el momento mismo en que el dragón dirigió su mirada al pañal de Jesús, salió de éste el fuego, que lo hirió en la cabeza, en los ojos y en la faz, haciéndolo aullar y dar alaridos terribles. Y, con voz estridente, gritó diciendo: ¿Qué quieres, Jesús, hijo de María? ¿Cómo podré escapar de ti? Y tomó la fuga, desapareció, y no se lo vio más. Y la joven recobró la paz de su espíritu, y pasó de la angustia al júbilo. Y, a partir de aquel día, no volvió a visitarla la visión horrorosa.

XXXV. El demonio expulsado de Judas Iscariotes

1. Cuando Jesús tenía tres años de edad, había, en aquel país, una mujer, cuyo hijo, llamado Judas, estaba poseído del demonio. Y, cada vez que éste lo asaltaba, Judas mordía a cuantos se acercaban a él, y, si no encontraba a nadie a su alcance, se mordía las manos y los demás miembros de su cuerpo. Cuando la madre de este desventurado supo que Jesús había curado muchos enfermos, llevó su hijo a María. Pero, en aquel momento, Jesús no estaba en casa, por haber salido, con sus hermanos, a jugar con los otros niños.

2. Y, así que estuvieron en la calle, se sentaron todos, y Jesús con ellos. Judas, el poseído, sobrevino, y se sentó a la derecha de Nuestro Señor. Su obsesión lo invadió de nuevo, y quiso morder a Jesús. No pudo, pero lo golpeó en el costado derecho. Jesús se puso a llorar, y, en el mismo instante y ante los ojos de varios testigos, el demonio que obsesionaba a Judas lo abandonó bajo la forma de un perro rabioso. Y aquel muchacho que pegó a Jesús, y de quien salió el demonio, era el discípulo llamado Judas Iscariotes, el que entregó a Nuestro Señor a los tormentos de los judíos. Y el costado en que Judas lo golpeó fue el mismo que los judíos atravesaron con una lanza.

XXXVI. Las figurillas de barro

1. Un día, cuando Jesús había cumplido los siete años, jugaba con sus pequeños amigos, es decir, con niños de su edad. Y se entretenían todos en el barro, haciendo con él figurillas, que representaban pájaros, asnos, caballos, bueyes, y otros animales. Y cada uno de ellos se mostraba orgulloso de su habilidad, y elogiaba su obra, diciendo: Mi figurilla es mejor que la vuestra. Mas Jesús les dijo: Mis figurillas marcharán, si yo se lo ordeno. Y sus pequeños camaradas le dijeron: ¿Eres quizá el hijo del Creador?

2. Y Jesús mandó a sus figurillas marchar, y enseguida se pusieron a dar saltos. Después, las llamó, y volvieron. Y había hecho figurillas que representaban gorriones. Y les ordenó volar, y volaron, y posarse, y se posaron en sus manos. Y les dio de comer, y comieron, y de beber, y bebieron. Y, ante unos jumentos que hiciera, puso paja, cebada y agua. Y ellos comieron y bebieron. Los niños fueron a contar a sus padres todo lo que había hecho Jesús. Y sus

padres les prohibieron para en adelante jugar con el hijo de María, diciéndoles que era un mago, y que convenía guardarse de él.

XXXVII. Jesús en casa del tintorero

1. Otro día en que Jesús se paseaba y se divertía con varios niños de su edad, pasó por el taller de un tintorero llamado Salem. Y este tintorero tenía, en su taller, muchos trajes que pertenecían a las gentes de la población, y que se proponía teñir.

2. Y, habiendo entrado en el taller del tintorero, tomó todos aquellos trajes, y los echó en una tina de índigo. Cuando Salem el tintorero volvió, y vio todos aquellos trajes deteriorados, se puso a gritar con voz estentórea, y, agarrando a Jesús, le dijo: ¿Qué me has hecho, hijo de María? Me afrentarás ante todas las gentes de la población. Cada uno desea un color a su gusto, y tú has venido a estropear la obra. Y Jesús le dijo: Cambiaré a cada traje el color que quieras darle. Y, acto seguido, Jesús se puso a sacar de la tina los trajes, cada uno, hasta el último, con el color que deseaba el tintorero. Y los judíos, a la vista de prodigio tamaño, glorificaron a Dios.

XXXVIII. Jesús en el taller de José

1. A veces, José llevaba a Jesús consigo, y circulaba por toda la población. Porque ocurría que las gentes, a causa de su arte, lo llamaban, para que les hiciera puertas, cubos para ordeñar, asientos o cofres. Y Jesús lo acompañaba por doquiera iba.

2. Y, cada vez que se necesitaba prolongar o recortar algún objeto, alargarlo o restringirlo, fuese en un codo o en un palmo, Jesús extendía su mano hacia el objeto, y la cosa quedaba hecha como deseaba José, sin que éste tuviese que poner la mano en ello. Porque José no era hábil en el oficio de carpintero.

XXXIX. El trozo de madera alargado

1. En cierta ocasión, el rey de Jerusalén llamó a José, y le dijo: José, quiero que me hagas un lecho suntuoso, cuyas dimensiones sean exactamente iguales a las del salón en que tengo mis asambleas. José repuso: ¡A tus órdenes! E, inmediatamente, se puso a fabricar el lecho, y permaneció dos años en el

palacio del rey, antes de terminarlo. Mas, cuando quiso colocarlo en su sitio, se encontró con que una de las piezas era dos palmos más corta, en todos los sentidos, que la pieza simétrica. A la vista de esto, el rey montó en cólera contra él. Y José, en el exceso de temor que el rey le inspiraba, pasó la noche en ayuno, sin tomar ningún alimento.

2. Y Jesús le preguntó: ¿De qué tienes miedo? José contestó: He aquí que he perdido todo el trabajo de dos años. Jesús le dijo: No te empavorezcas, ni te espantes. Y, tomando uno de los extremos de la pieza, añadió: Toma tú el otro extremo. Y Jesús suspendió la pieza, y la hizo igual a la pieza gemela, diciendo a José: Haz ahora lo que te plazca. Y José comprobó que el lecho se hallaba en buen estado y a medida del local. Ante cuyo prodigio los asistentes quedaron llenos de estupor, y alabaron a Dios.

3. Y la madera que sirvió para hacer aquel lecho, era madera de esencias y de cualidades diferentes, como la empleada en la construcción del templo, por el rey Salomón, hijo de David.

XL. Los niños convertidos en machos cabríos

1. En otra ocasión, Jesús había salido por las calles. Y, habiendo visto a algunos niños, que se habían reunido para jugar, se dirigió a ellos. Pero los niños, al advertir que se les acercaba, huyeron de él, y se ocultaron en un horno. Jesús los siguió, se detuvo a la puerta de la casa, y, viendo a unas mujeres, les preguntó dónde habían ido los niños. Y las mujeres respondieron: No hay aquí uno solo. Él les dijo: Y los que están en el horno, ¿quiénes son? Las mujeres le dijeron: Son machos cabríos de tres años. Y Jesús exclamó: Salgan afuera, cerca de su pastor, los machos cabríos que en el horno están. Y del horno salieron cabritillos, que saltaban y brincaban, jugueteando, alrededor de Jesús. Testigos de este espectáculo, las mujeres, presa de admiración y de pavor, corrieron a prosternarse en súplica ante Jesús, diciéndole: iOh Señor Nuestro, Jesús, hijo de María! Tú eres, en verdad, el buen pastor de Israel. Ten piedad de tus siervas, que están en tu presencia, y que no dudan de ti. iOh Señor nuestro, tú has venido a curar, y no a hacer perecer!

2. Y Jesús les respondió: Los hijos de Israel están colocados, entre los pueblos, en el mismo rango que los negros. Porque los negros merodean por los flancos de los rebaños descarriados, e importunan a los pastores, y lo

mismo hace el pueblo de Israel. Y las mujeres dijeron: Señor, tú sabes todas las cosas, y nada te está oculto. Pero los hijos de Israel nunca más te huirán, ni se esconderán de ti, ni te importunarán. Rogámoste, y esperamos de tu bondad, que tornes a esos niños, servidores tuyos, a su condición primera. Y Jesús gritó: Corred aquí, niños, y vamos a jugar. Y, en el mismo instante, los cabritillos recobraron su forma, y se convirtieron en muchachos, ante los ojos de aquellas mujeres. Y, a partir de aquel día, no les fue ya posible a los niños huir de Jesús. Y sus padres les advirtieron de ello, diciéndoles: Cuidad de hacer todo lo que os diga el hijo de María.

XLI. Jesús en papel de rey

1. Cuando llegó el mes de *adar*, Jesús congregó a los niños alrededor suyo, y les dijo: Démonos un rey. Y los apostó sobre el camino grande. Y ellos extendieron sus vestidos en el suelo, y Jesús se sentó encima. Y tejieron una corona de flores, y la pusieron sobre su cabeza, a guisa de diadema. Y se colocaron junto a él, formados en dos grupos, a derecha e izquierda, como chambelanes que se mantienen a ambos lados del monarca.

2. Y a quienquiera pasaba por el camino, los niños lo atraían a la fuerza, y le decían: Prostérnate ante el rey, ve lo que desea, y después prosigue tu marcha.

XLII. Curación de Simón, mordido por una serpiente

Dos prodigios más

1. Mientras tanto, he aquí que se aproximaron a aquel sitio varias personas, que transportaban a un niño de quince años, llamado Simón. Este niño había ido con otros a la montaña para recoger leña. Y, en la montaña, encontró un nido de gorriones, y extendió la mano para coger los huevos. Y una serpiente venenosa, que se encontraba en el nido, lo mordió. Y pidió socorro, y, cuando sus compañeros llegaron, lo vieron yacente en tierra como un muerto. Y sus padres lo llevaban para conducirlo a Jerusalén a que lo viese un médico.

2. Al pasar frente al grupo de niños, en que Jesús se encontraba ejerciendo su papel de rey, con sus compañeros en torno suyo, semejantes a servidores, éstos dijeron a los portadores del niño: Venid a ver lo que el rey desea de

vosotros, y saludadlo. Pero ellos se negaron a ir, a causa del disgusto que experimentaban. Entonces los niños los arrastraron violentamente y a pesar suyo.

3. Los padres de Simón lloraban, porque el niño andaba muy mal de su mordedura, y tenía el brazo inflamado y tumefacto. Cuando llegaron cerca de Jesús, éste les preguntó: ¿Por qué lloráis? Y ellos respondieron: A causa de este nuestro hijo, que, habiendo ido a buscar nidos de gorriones, fue mordido por una serpiente. Y Jesús dijo a todos: Venid conmigo a matar la serpiente. Mas los padres del niño dijeron: Déjanos marchar, porque nuestro hijo está a punto de morir. Los camaradas de Jesús replicaron: ¿Os negáis a obedecer, después de haber oído lo que el rey ha ordenado? Vamos a matar la serpiente. Y, sin otro permiso, emprendieron la subida a la montaña.

4. Cuando llegó cerca del nido, Jesús preguntó a los padres: ¿Es aquí donde se encuentra la serpiente? Y ellos respondieron: Sí. Entonces Jesús llamó a la serpiente, que salió sin retardo, y se humilló ante él, que le dijo: Ve a chupar el veneno que has inyectado a ese niño. Y la serpiente se arrastró hasta éste, y le chupó todo su veneno. Y Jesús la maldijo, y la serpiente reventó. Y puso su mano sobre el pequeño, que, aun viéndose curado empezó a llorar. Mas Jesús le dijo: No llores, que con el tiempo serás mi discípulo. Y este discípulo era el mismo de que habla el Evangelio, y que los apóstoles llamaron Simón Zelote o Qananaia, a causa de aquel nido de gorriones, en el cual una serpiente lo había mordido.

5. Poco después, llegó un hombre de Jerusalén. Y los niños fueron a él, y lo detuvieron, diciéndole: Ven a saludar a nuestro rey. Y, cuando el hombre obedeció, Jesús observó que llevaba enroscada al cuello una serpiente, la cual, tan pronto lo sofocaba, como aflojaba sus anillos. Jesús le preguntó: ¿Cuánto tiempo hace que esa serpiente está en tu cuello? El hombre respondió: Hace tres años. Jesús añadió: ¿De dónde cayó sobre ti? El hombre contestó: Yo le hice una buena acción, y ella me la devolvió con otra mala. Jesús insistió: ¿De qué manera le hiciste bien, y ella te lo pagó con mal? El hombre repuso: La encontré en invierno, aterida de frío. La puse en mi pecho, y, llegado a mi casa, la metí en un cántaro de tierra, cuya abertura cerré. Y, cuando abrí el cántaro, para sacarla de allí, se lanzó a mi cuello, y en él se enroscó. Me atormenta, me estrangula, y no puedo librarme de ella. Y Jesús dijo: Has obrado mal, sin

saberlo. Dios ha creado a la serpiente para vivir en el polvo de la tierra, y tener alternativamente frío y calor. De ti dependía que hubiese seguido viviendo en el polvo de la tierra, conforme a la voluntad divina. Pero la has agarrado, llevado contigo, y encerrado en un cántaro, sin darle alimento. No has procedido bien al respecto suyo. Y Jesús dijo a la serpiente: Baja de donde estás, y vete a vivir en el suelo. Y la serpiente obedeció, y se desprendió del cuello del hombre, que dijo: En verdad, tú eres rey, el rey de los reyes, y todos los encantadores y todos los espíritus rebeldes reconocen tu imperio, y te obedecen.

6. Advino enseguida un joven montado sobre un asno, y acompañado de un viejo, que, llorando, lo sostenía. Y, Jesús lo vio, se apiadó de él, y le dijo: ¿Qué tienes, viejo, que así lloras? ¿Cuál es la causa de tus lágrimas? Y el viejo dijo: ¿Cómo no llorar y atormentarme? Este hijo mío era quien a mí y a su madre, también anciana, nos sustentaba y nos servía. Pero unos ladrones lo han asaltado, desvalijado, golpeado, herido, y después se han marchado, dejándolo por muerto. Y Jesús sintió compasión por el viejo, y puso su mano derecha sobre el joven, que inmediatamente quedó curado de sus heridas, se apeó del asno, se puso en marcha por su propio pie, y regresó a su hogar con su progenitor.

XLIII. Jacobo mordido por una víbora

1. Otra vez, José mandó a su hijo Jacobo a buscar leña al bosque, y Jesús partió en su compañía. Cuando llegaron al sitio en que la leña se encontraba, Jacobo se puso a recogerla. Y he aquí que una mala víbora lo mordió en la mano, y el niño empezó a gritar y a llorar.

2. Y Jesús, viéndolo en aquel estado, se acercó a él, y sopló sobre la mordedura, que quedó cicatrizada. Y la víbora se desecó, y Jacobo se encontró sano y salvo.

XLIV. Resurrección de Zenón, caído de una azotea

1. Algunos días más tarde, Jesús jugaba con otros niños en la azotea de una casa. Uno de ellos cayó al suelo, y murió instantáneamente. Y los niños se dijeron los unos a los otros: ¡Ea! Digamos que quien lo ha tirado es Jesús, el hijo de María. Y huyeron todos, y Jesús quedó solo en la azotea. Cuando los padres del niño llegaron, dijeron a Jesús: Tú eres quien ha tirado a nuestro

hijo desde lo alto de la azotea. Y él les respondió: No soy yo quien lo ha tirado. Mas ellos se pusieron a gritar, diciendo: Nuestro hijo ha muerto, y tú eres su matador.

2. Y Jesús, María y José fueron detenidos por la muerte de aquel niño, y se los condujo a la presencia del gobernador. Y ante éste depusieron los niños contra Jesús, como si hubiera sido él quien tirara al niño de la azotea. Y el gobernador dijo: Ojo por ojo, diente por diente, vida por vida. Cuando le tocó declarar a Jesús, respondió al juez en estos términos: No se me impute tan mala acción. Y, si no me crees, ¿bastará con que interroguemos al niño, para que manifieste la verdad? Si yo resucito a ese niño, y si él dice que no he sido yo quien lo ha tirado, ¿qué harás con los que han dado falso testimonio contra mí? El juez respondió, y dijo a Jesús: Si haces eso, tú serás absuelto, y los otros serán condenados. Entonces Jesús, acompañado del juez y de gran multitud, fue hasta donde estaba el niño muerto, y, colocándose cerca de su cabeza, gritó en alta voz: Zenón, Zenón, ¿quién te ha tirado de la azotea? ¿He sido yo? Y el muerto respondió, diciendo: ¡Perdón, Señor Jesús! Tú no me has tirado, y ni siquiera estabas allí, cuando me tiraron mis compañeros. Estos niños que han depuesto mentirosamente contra ti son los que me tiraron, y yo he caído. Entonces Jesús se aproximó a Zenón, lo tomó por la cabeza, lo irguió sobre sus pies, y dijo a los asistentes: ¿Habéis oído y visto? Y los adversarios de Jesús quedaron cubiertos de oprobio, y los espectadores, sorprendidos, se admiraron de prodigio tamaño, y alabaron a Dios, diciendo: Verdaderamente, Dios está con este niño. ¿Qué llegará a ser con el tiempo? Y Jesús se acercaba a la edad de doce años cuando hizo aquel milagro.

XLV. El agua recogida en una túnica

1. Y María dijo, una vez, a Jesús: Hijo mío, ve a buscarme agua al pozo. Mas, a causa del gran gentío que alrededor del pozo se comprimía, el cántaro, lleno de agua, como estaba, cayó y se rompió.

2. Y Jesús, desplegando la túnica que lo cubría, recogió el agua en ella, y la llevó a su madre. Y María quedó admirada en extremo. Y todo lo que veía, lo guardaba y lo encerraba en su corazón.

XLVI. El hijo de Hanan castigado con parálisis

1. Otra vez, Jesús se encontraba cerca de un canal de irrigación, y con él se encontraban otros niños. Y se entretenían en hacer pequeños depósitos de agua. Y Jesús, con barro, había formado doce pajaritos, y los colocó en los bordes de su depósito, tres a cada lado. Y era sábado aquel día.

2. Sobrevino el hijo de Hanan el judío, y, viéndolos así ocupados, les dijo con cólera y acritud: ¡En día de sábado amasáis barro! Y, lanzándose contra ellos, destruyó sus depósitos. Cuanto a Jesús, batió sus manos, se volvió hacia los pájaros que había hecho, y éstos volaron, chillando.

3. El hijo de Hanan se dispuso también a romper el depósito de Jesús, y el agua se desecó. Y Jesús le dijo: ¡Deséquese tu vida, como se ha desecado este agua! Y, en el mismo momento, el niño fue atacado de parálisis.

XLVII. Jesús empujado por un niño

1. Un día, Jesús caminaba con José. Y encontró a un muchacho que corría, y que, tropezando con él, lo hizo caer.

2. Y Jesús le dijo: Como me has hecho caer, así caerás tú, para no levantarte más. Y, en el mismo momento, el muchacho cayó, y murió.

XLVIII. Jesús en la escuela de Zaqueo

1. Había en Jerusalén un maestro de niños llamado Zaqueo, el cual dijo a José: Tráeme a Jesús, para que se instruya en mi escuela. Y José le dijo: De buen grado. Y fue a hablar a María, y ambos tomaron consigo a Jesús, y lo llevaron al maestro. Habiéndolo éste visto, le escribió el alfabeto, y le ordenó: Di Alaph. Y Jesús dijo: Alaph. El maestro continuó: Di Beth. Y Jesús repuso: Explícame primero el término Alaph, y entonces diré Beth. El maestro dijo: No sé esa explicación. Y Jesús le dijo: Los que no saben explicar Alaph y Beth, ¿cómo enseñan? Hipócritas, enseñad, ante todo, lo que es Alaph, y os creeré sobre Beth. Y, al oír esto, el maestro quiso pegarle.

2. Mas Jesús, le dijo: Alaph está hecha de un modo, y Beth de otro, y lo mismo ocurre con Gamal, Dalad, etc., hasta Thau. Porque, entre las letras, unas son rectas, otras desviadas, otras redondas, otras marcadas con puntos, otras desprovistas de ellos. Y hay que saber por qué cierta letra no precede a

las otras; por qué la primera letra tiene ángulos; por qué sus lados son adherentes, puntiagudos, recogidos, extensos, complicados, sencillos, cuadrados, inclinados, dobles o reunidos en grupo ternario; por qué los vértices quedan desviados u ocultos. En suma: se puso a explicar cosas que el maestro no había jamás oído, ni leído en ningún libro.

3. Y el maestro se sorprendió, y se espantó de las palabras del niño, de la nomenclatura que detallaba, y de la fuerza inmensa que se encerraba en las cuestiones que proponía. Y dijo: En verdad, esta criatura es capaz de quemar el fuego mismo. Yo creo que ha nacido antes del tiempo de Noé. Y, volviéndose hacia José, le dijo: Me has traído un niño para que lo instruya en calidad de discípulo, y se me ha revelado como maestro de maestros.

4. Y José exclamó: ¿Quién será capaz de educar a un niño como éste? Jesús repuso: Las palabras que acabas de pronunciar, significan que no soy de los vuestros. Estoy con vosotros y en medio de vosotros, y no poseo ninguna distinción humana. Vosotros estáis bajo la ley, y quedaréis bajo la ley. Yo existía antes que vuestros padres hubiesen nacido. Tú, José, te crees mi padre, porque no sabes de quién nací, ni de dónde vengo. Solo yo sé verdaderamente cuándo has nacido, y cuánto tiempo permanecerás en este mundo. Y, al oír esto, todos quedaron llenos de sorpresa y de estupor.

XLIX. El profesor castigado de muerte

1. Después, otro maestro, más hábil que el primero, dijo a José: Confíame a Jesús, y yo lo instruiré. Y el maestro se puso a instruirlo, y le ordenó: Di Alaph. Y Jesús dijo Alaph. El maestro continuó: Di Beth. Y Jesús repuso: Dame antes la significación de Alaph, y después diré Beth. El maestro, colérico e irritado, levantó la mano, y le pegó. Y, en el mismo instante, su mano se secó, y cayó por tierra muerto.

2. Y el niño marchó fuera, y se mezcló entre el gentío. Y José llamó a María, su madre, y le advirtió: No dejes a Jesús salir de casa, porque todo el que le pega, muere.

L. Jesús en medio de los doctores

1. Cuando Jesús cumplió los doce años, sus padres subieron con él a Jerusalén, para la fiesta. Y, ésta terminada, regresaron a su hogar. Mas Jesús

se separó de ellos, y quedó en el templo, entre los pontífices, los ancianos del pueblo y los doctores de Israel, preguntándoles y respondiéndoles sobre puntos de doctrina. Y todos se admiraban de las palabras, inspiradas por la gracia, que salían de su boca.

2. Jesús interrogó a los doctores: ¿De quién es hijo el Mesías? Y ellos respondieron: De David. Mas él replicó: Entonces, ¿por qué David, bajo la inspiración de Dios, lo llama su Señor, cuando escribe: Dijo el Señor a mi Señor: Siéntate a mi diestra, para que humille a mis enemigos bajo el escabel de tus pies?

3. Y el más viejo de los doctores repuso: ¿Has leído los libros santos? Y Jesús dijo: Los libros, el contenido de los libros y la explicación de los libros, de la Thora, de los mandamientos, de las leyes y de los misterios, contenidos en las obras de los profetas, cosas inaccesibles a la razón de una criatura. Y el doctor dijo a sus compañeros: Por mi fe, que hasta el presente no he alcanzado, y ni aun por oídas conozco, un saber semejante. ¿Qué pensáis que llegará a ser este niño, por cuya boca parece que habla Dios?

LI. Ciencia de Jesús

1. Y había también allí un sabio hábil en astronomía. Y preguntó a Jesús: ¿Posees nociones de astronomía, hijo mío?

2. Y Jesús le respondió, puntualizándole el número de las esferas y de los cuerpos celestes, con sus naturalezas, sus virtudes, sus oposiciones, sus combinaciones por tres, cuatro y seis, sus ascensiones y sus regresiones, sus posiciones en minutos y en segundos, y otras cosas que rebasan los límites de la razón de una criatura.

LII. Jesús y el filósofo

1. Y se encontraba asimismo entre los doctores un filósofo versado en la medicina natural. Y preguntó a Jesús: ¿Posees nociones de medicina natural, hijo mío?

2. Y Jesús respondió con una disertación sobre la física, la metafísica, la hiperfísica y la hipofísica, sobre las fuerzas de los cuerpos y de los temperamentos, y sobre sus energías y sus influencias en los nervios, los huesos, las venas, las arterias y los tendones, y sobre sus efectos, y sobre las operaciones

del alma en el cuerpo, sobre sus percepciones y sus potencias, sobre la facultad lógica, sobre los actos del apetito irascible y los del apetito concupiscible, sobre la composición y la disolución, y sobre otras cosas que sobrepujan la razón de una criatura.

3. El filósofo, levantándose, se prosternó ante Jesús, le dijo: Señor, en adelante, soy tu discípulo y tu servidor.

LIII. Jesús hallado en el templo

1. Y, mientras se cambiaban estas conversaciones y otras semejantes, sobrevino María, que, durante tres días, erraba con José en busca de Jesús. Y lo encontró sentado entre los doctores, preguntándoles y respondiéndoles. Y le dijo: Hijo mío, ¿por qué nos has tratado de esta suerte? He aquí que tu padre y yo te buscamos con extrema fatiga. Y Él repuso: ¿Por qué me buscáis? ¿No sabéis que debo estar en la casa de mi Padre? Ellos no comprendieron la palabra que les había dicho. Y los doctores interrumpieron: ¿Es éste tu hijo, María? Ella contestó: Sí. Y ellos dijeron: ¡Bienaventurada eres, oh María, por tal maternidad!

2. Y Jesús volvió con sus padres a Nazareth, y los obedecía en todas las cosas. Su madre conservaba en su corazón todas aquellas palabras. Y Jesús crecía en edad, en sabiduría y en gracia ante Dios y los hombres.

LIV. Bautismo de Jesús

1. A partir de aquel día, comenzó a ocultar sus prodigios, sus misterios y sus parábolas.

2. Y se conformó con las prescripciones de la Thora, hasta que cumplió los treinta años, en que el Padre lo manifestó en el Jordán, por la voz que exclamaba desde el cielo: He aquí mi hijo amado, en el cual me complazco, mientras que el Espíritu santo daba testimonio de él, bajo la forma de una paloma blanca.

LV. Doxología

1. Él es aquel a quien oramos y adoramos, él quien se ha encarnado por nosotros, y nos ha salvado, Él quien nos ha dado el ser, el nacimiento y la vida.

Su misericordia no cesa, y su clemencia se extiende sobre nosotros, por su liberalidad, su beneficencia, su generosidad y su largueza.

2. A Él la gloria, la benevolencia, la fuerza, la dominación, ahora, en todo tiempo, en toda edad, en toda época, hasta la eternidad de las eternidades y por los siglos de los siglos. Amén.

El evangelio armenio de la infancia

I. Lo que advino, con motivo de la Santa Virgen María, en la casa de su padre

Relato de Santiago, hermano del Señor

1. En aquel tiempo, un hombre llamado Joaquín salió su casa, llevando consigo sus rebaños y sus pastores, y fue al desierto, donde fijó su tienda. Y, después de haber permanecido allí en oración, durante cuarenta días y cuarenta noches, gimiendo, llorando y no viviendo más que de pan y de agua, se arrodilló, y, en la aflicción de su alma, rogó a Dios en estos términos: Acuérdate de mí, Señor, según tu misericordia y tu justicia, y opera en mí una señal de tu benevolencia, como lo hiciste con nuestro antepasado Abraham, a quien, en los días de su vejez, concediste un vástago de bendición, hijo de la promesa, Isaac, su descendiente único y prenda de consuelo para su raza. Y de esta suerte, con lágrimas y alma afligida, pedía piedad a Dios. Y decía: No me iré de aquí, ni comeré, ni beberé, hasta que el Señor me haya visitado, y haya tenido compasión de su siervo.

2. Y, cuando se acabaron los cuarenta días de ayuno, advino el ángel del Señor, y, colocándose ante Joaquín, le dijo: Joaquín, el Señor ha oído tus plegarias, y ha atendido tus súplicas. He aquí que tu mujer concebirá, y te dará a luz un vástago de bendición. Y su nombre será grande, y todas las razas lo proclamarán bienaventurado. Levántate, toma las ofrendas que has prometido, llévalas al templo santo, y cumple tu voto. Porque yo iré esta noche a prevenir al Gran Sacerdote, para que acepte esas ofrendas. Y, después de hablar así, el arcángel lo abandonó. Y Joaquín se levantó enseguida con júbilo, y partió con sus numerosos ganados y con sus ofrendas.

3. Y el ángel del Señor, apareciendo a Eleazar, el Gran Sacerdote, en una visión semejante, le dijo: He aquí que Joaquín viene hacia ti con ofrendas. Recibe sus dones religiosamente y conforme a la ley, como conviene. Porque el Señor ha escuchado sus ruegos, y ha realizado su demanda. Y el Gran Sacerdote se despertó de su sueño, se levantó, y dio gracias al Altísimo, diciendo: Bendito sea el Señor, Dios de Israel, porque no desdeña a sus servidores que le imploran. Después, el ángel apareció por segunda vez a Ana, y le

dijo: He aquí que tu marido llega. Levántate, ve a buscarlo, y recíbelo con alegría. Y Ana se levantó, revistió su atavío nupcial, y fue a buscar a su marido. Y, cuando lo divisó, se prosternó con júbilo ante él, y le echó al cuello los brazos.

4. Y Joaquín dijo: Salud y feliz noticia, Ana, porque el Señor ha tenido piedad de mí, me ha atendido, y ha prometido darnos un vástago de bendición. Y Ana dijo a Joaquín: Buena nueva a mi vez te doy, porque también a mí el Señor ha prometido darnos lo que dices. Y, transportada de gozo, añadió: Bendito sea el Señor, Dios de Israel, que no ha desdeñado nuestras súplicas, y que no ha apartado de nosotros su misericordia. Y, al mismo tiempo, Joaquín ordenó que se llamase a sus amigos y vecinos, y les hizo una recepción grandiosa. Comieron, bebieron, se regocijaron, y, después de haber rendido gracias al Señor, volvieron cada uno a su casa. Y glorificaron a Dios en alta voz.

II. Del nacimiento de la Virgen María, y lo que ocurrió en casa de su padre

1. Y Joaquín se levantó muy temprano, llamó a sus pastores, y les dijo: Traedme diez corderos blancos, y esto será la ofrenda para el templo augusto de mi Dios; y doce terneros, y esto será para los sacerdotes, los escribas y los ministros, que son los servidores de la Sinagoga y cien moruecos, y esto será para todo el pueblo de Israel. Y, cuando Joaquín hubo tomado estas ofrendas, las llevó al templo del Señor, y, habiéndose prosternado ante los sacerdotes y ante toda la asamblea, les presentó los dones aportados. Y ellos se regocijaron, y lo felicitaron de que hubiese placido al Señor aceptar de sus manos tan santas ofrendas. Y la multitud de gentes que se encontraban allí, estaban admirados, y decían: Alabado sea el Señor Dios de Israel, que ha realizado los votos de tu corazón. Ve en paz a tu casa, y el Señor será contigo perpetuamente, y te dará un hijo bendito y un vástago santificado, fruto de las entrañas de tu esposa.

2. Y Joaquín, después de haberse prosternado ante los sacerdotes, se levantó, entró en el templo, y, puesto en oración, daba gracias al Señor, y decía: Señor Dios de Israel, puesto que has escuchado a tu servidor, y lo has tratado con amplia medida de misericordia, yo te prometo que el hijo que me concedes, sea del sexo masculino o del femenino, te lo daré, para que esté a tu servicio en este templo, todos los días de su vida. Y, luego que hubo hablado así, Joaquín se incorporó, y marchó gozosamente a su casa.

3. Transcurridos tres meses, el hijo se estremecía en el vientre de su madre. Y Ana, llena de gran júbilo, dijo en un transporte de alegría: Por la vida del Señor, si me es concedido un hijo de bendición del sexo masculino o femenino, lo doy al templo santo, por todos los días de su vida. Y Ana cumplió ciento sesenta días de su embarazo, lo que equivale a seis meses.

4. Y Joaquín partió con presentes, llegó al templo santo, y, ante los sacerdotes, ofreció los sacrificios que había prometido cumplir íntegramente al comienzo del año. Y, al levantar las víctimas sobre el altar de los sacrificios, e inmolarlas, los sacerdotes vieron, mientras la sangre corría, que aquellas víctimas no contenían ninguna mácula, y, llenos de gozo, dieron gracias al Altísimo.

5. Mas Joaquín, después de haber hecho sus ofrendas ordinarias, tomó un cordero, y, haciendo primero su oblación, lo sacrificó después sobre el altar. Y todos vieron por un prodigio inesperado salir de la arteria una especie de leche blanca en lugar de sangre. Ante tan singular espectáculo, los sacerdotes y todo el pueblo quedaron atónitos, sorprendidos y maravillados. Porque jamás se había visto un prodigio semejante al que se verificara en tal sacrificio. Y Eleazar, el Gran Sacerdote, requirió a Joaquín para que dijese en nombre de qué había presentado en ofrenda y en sacrificio aquel cordero sobre el altar.

6. Y Joaquín respondió: Las primeras ofrendas las prometí al Señor, como un voto que debía cumplir. Pero este último cordero lo ofrecí en nombre de mi vástago futuro, y a él lo reservé. Y el Gran Sacerdote dijo: ¿Sabes lo que implica ese signo que el Señor te ha mostrado en nombre de tu vástago futuro? La leche que acaba de salir de esa arteria tiene una significación precisa. Porque lo que nacerá del vientre de su madre, será una hembra, una virgen impecable y santa. Y esta virgen concebirá sin intervención de hombre, y nacerá de ella un hijo varón, que llegará a ser un gran monarca y rey de Israel. Y, al oír estas cosas, todos los que estaban presentes, fueron presa de la mayor admiración. Joaquín se dirigió en silencio a su casa, y contó a su esposa los prodigios que habían ocurrido. Y, dando gracias a su Dios, se regocijaron, y dijeron al Altísimo: Hágase tu voluntad.

7. Y, cuando el embarazo de Ana alcanzó los doscientos diez días, lo que hace siete meses, súbitamente, a la hora séptima, Ana trajo al mundo a su santa hija, durante el día 21 del mes (de...), que es el 8 de septiembre. El primer día preguntó a la partera: ¿Qué he traído al mundo? Y la partera contestó:

Has traído al mundo una hija extremadamente bella, graciosa y radiante a la vista, sin tacha ni mancilla alguna. Y Ana exclamó: Bendito sea el Señor Dios de Israel, que ha escuchado las súplicas de sus siervos, que nos ha mostrado su amplia misericordia, y que ha hecho por nosotros grandes cosas, que han inundado de gozo nuestra alma. Ahora mi corazón está sólidamente establecido en el Señor, y mi esperanza ha sido exaltada en Dios mi Salvador.

8. Y, cuando la niña tuvo tres días, Ana ordenó a la partera que la lavase, y la llevase a su dormitorio con respeto. Y, habiéndole la partera presentado a la niña, le dio el pecho, y la nutría con su leche. Y, en una efusión de ternura, le puso por nombre María. De día en día la niña crecía y adelantaba, y la madre, en los transportes de su júbilo, la mecía entre sus brazos. Y así sus padres la alimentaban y la cuidaban. Y, cuando llegó el tiempo de la purificación, por haber cumplido María cuarenta días, sus padres la tomaron con respeto, y, aportando numerosas ofrendas, la condujeron al templo santo, conforme a la regla de su tradición.

9. Y la pequeña María crecía y adelantaba de día en día. Cuando cumplió seis meses, su madre permitió que intentase andar por sí sola. Y la niña avanzó tres pasos por sí sola, y volviendo atrás, se echó en brazos de su madre. Y su madre, levantándola en sus brazos, y haciéndole caricias, exclamó: ¡Oh tú, María, santa madre de las vírgenes, raíz de hermoso crecimiento, rama de un noble trono, de ti se levantará la aurora, el astro precursor de la luz, semejante a la Luna más que ninguna estrella, luz del día más brillante que el esplendor del Sol, alba del Sol del Oriente! Así hablaba Ana, y añadía otras muchas cosas aún. Y, acariciando a su santa hija, decía: Por la vida del Señor, tus pies no pisarán el suelo hasta el día en que te llevemos al templo. Y Ana pidió a Joaquín: Construye a tu hija María un aposento en que habite, hasta el momento en que sea mayor, y la llevemos al templo santo.

10. Y, pasado algún tiempo, los esposos se dijeron entre sí: Conduzcámosla a la casa del Señor, para que viva en su presencia, conforme a nuestro voto. Pero Ana advirtió a Joaquín: Esperemos a que adquiera conciencia de sí misma. Y, en aquellos mismos días, Ana quedó encinta, y trajo al mundo una niña que llamó Parogithä, diciendo: María será del Señor, y Parogithä constituirá nuestras delicias (phurgäiä) en lugar de María.

III. De la educación de la Virgen María, que tuvo lugar en el templo, durante doce años

1. Y Joaquín dijo a Ana: Se han cumplido los días de la hija que ha nacido en nuestra casa. Manda que se convoque a todas las hijas de los hebreos, vírgenes consagradas a Dios para que cada una tome una lámpara en su mano, y conduzcan a la niña, con santo respeto, al templo del Señor. Y, habiéndola conducido, la colocaron en la tercera grada del tabernáculo. Y el Señor Dios le concedió gracia y sabiduría. Un ángel que descendió del cielo, le servía la mesa, y se veía alimentada por los ángeles del Espíritu Santo. Y, en el tabernáculo, oía incesantemente el lenguaje y el canto de los ángeles.

2. María tenía tres años, cuando sus padres la llevaron al templo, y en él permaneció doce. Al cabo de un año, sus padres murieron. María experimentó viva aflicción por la pérdida de los que le habían dado el ser, y les guardó el duelo oficial de treinta días. Establecida en el templo, fue allí educada, y se perfeccionó a la manera de las mujeres, como las demás hijas de los hebreos que con ella se encontraban, hasta que alcanzó la edad de quince años.

3. En aquel año, murió Eleazar, el Gran Sacerdote. Y los hijos de Israel, siguiendo las reglas del duelo, lloraron por él treinta días. Y, después de todos estos acontecimientos, tuvo lugar una asamblea de los sacerdotes, de los ancianos del pueblo y de otros notables, que resolvieron designar un Gran Sacerdote del templo, consultando la suerte. Y la suerte recayó sobre Zacarías, hijo de Baraquías. Todos los sacerdotes lo impusieron, y lo nombraron soberano ministro y Sumo Pontífice del santo altar. E Isabel, esposa de Zacarías, y Ana, eran parientes, y ambas a dos infecundas. Y, desde el embarazo de Ana y el nacimiento de María hasta el momento en que Zacarías comenzó a ejercer sus funciones de Gran Sacerdote, habían transcurrido catorce años.

4. Y, siendo ya Zacarías el Gran Sacerdote, su esposa continuaba estéril, y sin tener hijos, como Ana. Y, fuera de tiempo, los sacerdotes y todo el pueblo hicieron una reflexión demasiado tardía, y se dijeron los unos a los otros: Es extremadamente enojoso que no hayamos comprendido más pronto lo que hicimos. Porque hemos establecido este Gran Sacerdote, sin advertir el defecto que se oponía a ello, dado que su esposa es infecunda, y no ha con-

cebido fruto de bendición. Y uno de los sacerdotes, llamado Levi, dijo: este me parece justo, y, con vuestro permiso, se lo comunicará. Los otros sacerdotes observaron: Declárale la cosa a él solo y en secreto, y no hables de eso a nadie más. Y el sacerdote, asintiendo, dijo: Conforme. Se lo manifestará a él, y a nadie más que a él.

5. Un día, pues, como hubiese terminado el tiempo de la plegaria, el sacerdote fue secretamente a entrevistarse con Zacarías, y le notificó la conversación que había tenido con sus compañeros. Al oír tal, Zacarías se turbó hasta lo sumo, y dijo entre sí: ¿Qué hará? ¿Qué respuesta he de dar? Porque, en lo tocante a mí, no me remuerde la conciencia el haber hecho mal alguno, y, si me odian sin causa, a pesar de mi inocencia, al Señor únicamente corresponde examinarlo. Si repudio a mi esposa, sin alegar ningún desaguisado por su parte, cometerá una falta torpe. Y sería muy penoso para mí atribuirme un delito que no he cometido, para que se me destituya, o, sin decir nada, abdicar el pontificado y el servicio del santo altar. ¿Qué, pues, va a ocurrir en esta grave perplejidad que a mi alma atormenta?

6. Y, mientras revolvía en su pensamiento todas estas reflexiones, llegó la hora de la oración ritual, en que debía depositar el incienso ante el Señor. Y, manteniéndose en el templo cerca del santo altar, y llorando frente al tabernáculo, rogaba de esta suerte: Señor, Dios de nuestros padres, Dios de Israel, mírame con misericordia, a mí, tu siervo, que se presenta lleno de confusión delante de tu majestad, y que implora la dulce gracia de tu benevolencia. No desdeñes a tu siervo humilde. Si me juzgas digno de servir tu santo altar, usa a mi respecto de tu tierna bondad hacia los hombres, pues que tú solo eres piadoso y omnipotente. Sea para ti la gloria en todos los siglos. Amén.

7. Así habló Zacarías, mientras se encontraba a la derecha del santo altar, y, prosternado, adoraba al Señor. Y he aquí que un ángel de Dios le apareció, en el tabernáculo, y le dijo: No temas, Zacarías, porque tus plegarias han sido atendidas, y tus súplicas han llegado hasta Dios. He aquí que tu esposa Isabel concebirá y parirá un hijo, y llamaréis su nombre Juan. Mas Zacarías repuso: ¿Cómo puede suceder eso, puesto que yo soy viejo, y mi mujer avanzada en edad? Y el ángel dijo: Por cuanto no me has escuchado, ni creído mis palabras, he aquí que quedarás mudo e incapaz de hablar, hasta que esas cosas advengan. Y, en el mismo instante, Zacarías fue atacado de mutismo en el templo,

y, habiéndose arrodillado en silencio frente al santo altar, se golpeó el pecho, y lloró con amargura.

8. Y los sacerdotes y la multitud del pueblo que se encontraba allí, notaron con sorpresa y con asombro que Zacarías se retardaba en el templo. Y, habiéndose introducido cerca de él, los sacerdotes lo encontraron atacado de mutismo. No podía hablar, y no se explicaba más que por gestos. Después, cuando hubo pasado la fiesta de los santos tabernáculos, el 15 del mes de tesrín, que es el 2 de octubre, finaron las primeras solemnidades. El 22 de tesrín, que es el 9 de octubre, Isabel quedó encinta. Y el 16 del mes de tammuz, que es el 5 de junio, tuvo lugar el nacimiento de Juan el Bautista.

IV. De cómo los sacerdotes, siguiendo su uso tradicional, dieron a María en matrimonio a José, para que velase cuidadosamente por la Santa Virgen, y cómo él la tomó bajo su guarda, confiando en el Señor

1. Cuando, transcurridos quince años, terminó la residencia santificada de María en el templo, los sacerdotes deliberaron entre sí, y se preguntaron: ¿Qué haremos de María? Sus padres, que han muerto, nos la confiaron en el templo, como un depósito sagrado. Ahora ha alcanzado, en toda su plenitud, el desarrollo propio de las mujeres. No es posible guardarla más tiempo entre nosotros, porque es preciso evitar que el templo de Dios sea profanado sin noticia nuestra. Y los sacerdotes se repitieron los unos a los otros: ¿Qué nos toca hacer? Y uno de ellos, un sacerdote llamado Behezi, dijo: Hay todavía con ella en el templo muchas otras hijas de los hebreos. Vayamos, por tanto, a interrogar a Zacarías, el Gran Sacerdote, y lo que él juzgue conveniente, lo haremos. Todos contestaron, unánimes: Está bien. Y el sacerdote Behezi se presentó ante Zacarías, y le dijo: Tú eres el Gran Sacerdote, avezado a la guarda del santo altar. Y hay aquí hijas de los hebreos, que se han consagrado a Dios. Entra en el Santo de los Santos, y ruega por la intención suya. Todo lo que el Señor revele, lo haremos según su voluntad.

2. E inmediatamente Zacarías se levantó, y, tomando el racional, entró en el Santo de los Santos, y rogó por aquellas jóvenes. Y, mientras esparcía el incienso ante el Señor, he aquí que un ángel de Dios fue a colocarse cerca del altar del tabernáculo, y le dijo: Sal a la puerta del templo, y ordena que se

llame a las once hijas de los hebreos, y, con ellas, trae aquí a María, que es de la raza de Judá y de la familia de David. Ordena también que se llame a todos los celibatarios de la ciudad, y que cada uno aporte una tablilla. Colocarás todas las tablillas en el tabernáculo de la alianza, escribirás el nombre de cada uno sobre su tablilla, harás la plegaria, y cada virgen se casará con el hombre que Dios designe entre ellos. Y el Gran Sacerdote salió del templo, y ordenó que cuantos fuesen celibatarios se reuniesen en aquel lugar. Y, al conocer esta orden, todos, hasta el último, se reunieron en el lugar indicado, llevando cada uno en la mano su tablilla. Y el viejo José, que también conoció aquella orden, abandonó su azuela de carpintero, y, tomando una tablilla, se apresuró a ir al lugar marcado. Y el Gran Sacerdote le tomó de las manos la tablilla, la aceptó, y, entrando en el templo, hizo la plegaria por aquellos hombres.

3. Era, en efecto, uso constante entre las familias de Israel salidas de la tribu de Judá y de la línea de David, colocar a sus hijas en el templo, donde se las guardaba en la santidad y en la justicia por el espacio de doce años, para allí servir, y esperar el momento de los decretos divinos, o sea, aquel en que el Verbo tomaría carne de una pura e impecable virgen, y, convertido exteriormente en uno de tantos hombres, pisaría la tierra con paso humano. La raza de Israel guardaba esa regla, consignada por escrito y conservada en el templo por la tradición de los antepasados. Y, a menos que no apareciese ningún signo o advertencia del Espíritu Santo, daban a aquellas jóvenes en matrimonio. Así se procedió con aquellas doce vírgenes, que eran de la raza de Judá y de la familia de David, y entre las cuales se encontraba la Virgen María, que tenía preeminencia sobre todas. Se las reunió de común acuerdo, y se las hizo comparecer en el lugar señalado. Y los sacerdotes consultaron la suerte a cuenta de ellas y a intención de los celibatarios, para saber quién de éstos recibiría una como esposa.

4. Y, cuando el Gran Sacerdote devolvió a los celibatarios sus tablillas respectivas, que había sacado del templo, vio que el nombre de cada una de las vírgenes estaba grabado sobre la tablilla de aquel a quien había tocado por mujer. Y, al tomar Zacarías las tablillas, éstas no llevaban ningún signo, excepto los nombres que se hallaban escritos en ellas. Pero, al entregar a José la última, en la cual se encontraba escrito el nombre de María, he aquí que una paloma, que salió de la tablilla, se posó sobre la cabeza del agraciado. Y

Zacarías dijo a José: A ti te corresponde la Virgen María. Recíbela, y guárdala como esposa tuya, puesto que te ha caído en suerte por una decisión santa, para que se enlace contigo en matrimonio, como cada una de las otras vírgenes a uno de los celibatarios.

5. Mas José, al oír esto, resistió y repuso: Yo os ruego, sacerdotes y todo el pueblo, reunidos en este templo santo, que no me violentéis en presencia de todos. ¿Cómo haré nada de lo que me decís? Tengo una numerosa familia de hijos y de hijas, y quedaría avergonzado y confuso ante ellos. ¡No me violentéis! Mas los sacerdotes y todo el pueblo le contestaron: Obedece a la voluntad de Dios, y no seas recalcitrante e insumiso, porque no obras según la ley, al oponerte a esa voluntad. Y José dijo: Siendo, como soy, viejo, y estando próximo a la muerte, ¿por qué me obligáis a hacer en mi ancianidad cosas que no convienen a mi edad, ni a mi condición? Y el Gran Sacerdote dijo: Escucha. No tendrás vergüenza ni confusión de ningún lado, sino de todas partes bendición y gloria. Y José dijo: Hablas bien, pero la que me ha tocado es una niña, no una mujer, y, al verlo y comprenderlo, todos los hijos de Israel me pondrán en ridículo. Y el Gran Sacerdote dijo: Sabemos que eres bueno, justo y temeroso de Dios. Esta virgen es huérfana, y se ve privada de sus padres. La hemos tomado en tutela protectora, y en el templo la hemos residenciado, bajo la fe del juramento. Los sacerdotes y todo el pueblo acabamos de atestiguar legalmente que te ha caído en suerte María. Recógela por nuestra voluntad y nuestra bendición, y guárdala con santidad y con respeto, conforme a la ley a la tradición de nuestros antepasados, hasta que te llegue el momento de recibir la corona de gloria, al mismo tiempo que las otras vírgenes y los otros celibatarios.

6. Y José dijo: Tened piedad de los cabellos blancos de mi vejez. No me impongáis la carga, a que no tengo inclinación alguna, de guardarla con cuidado y con circunspección, como conviene. Es una virgen que acaba de llegar a la edad núbil, conforme a la naturaleza de las mujeres. ¿Cómo ha de ser para mí un deber aceptarla en matrimonio, ya que esto constituiría un pecado? Y el Gran Sacerdote dijo: Si no estabas dispuesto a consentir en las consecuencias de este acto, ¿quién te ha obligado a ello? ¿Por qué has venido con los otros celibatarios? Y advierte que, después de haberte presentado con ellos, y de haber tirado a la suerte, según el uso consagrado, has recibido del templo

del Señor un signo bendito e indicativo de que Dios te ha concedido a María en matrimonio. Y José dijo: Yo no sabía esto de antemano, y, por mis propias reflexiones, no me era posible conocer el acontecimiento que se preparaba, ni sus resultas. Pero, repito, me hallo a punto de morir, y espero que respetéis los cabellos blancos de mi cabeza y mi vida sin tacha. Y el Gran Sacerdote dijo: Teme al Señor, y no resistas a sus órdenes. Recuerda cómo Dios procedió con Coré, Dathan y Abiron, y cómo la tierra se abrió y los tragó a causa del acto de desobediencia que cometieron. No los imites, si quieres evitar alguna desgracia imprevista, que te advenga de súbito.

7. Cuando José hubo oído estas palabras, se inclinó, se prosternó ante los sacerdotes y ante todo el pueblo, y sacando del templo a María, partió con ella, y la condujo a su casa, en la villa de Nazareth. Al llegar, le advirtió: Hija mía, presta oídos a lo que voy a decirte, y guarda su recuerdo. Yo proveeré a todas tus necesidades materiales, y tú habitarás aquí honestamente. Guárdate a ti misma, y por ti misma vela. No vayas inútilmente a parte alguna, y procura que nadie entre en casa, hasta que llegue el momento en que, Dios mediante, vuelva al lado tuyo. Sea eternamente contigo el Dios de Israel, Dios de nuestros padres. Y, habiendo hablado así, se levantó, y se puso en camino, para ir a ejercer su oficio de carpintero.

8. Y, al cabo de pocos días, sucedió que los sacerdotes se reunieron en consejo, y dijeron: Mandemos hacer, para el templo, un velo que será expuesto en el día de la gran fiesta, ante la congregación de todo el pueblo, y que realzará el esplendor del culto en el santo tabernáculo. Entonces el Gran Sacerdote ordenó que se convocase a las mujeres y a las vírgenes que estaban consagradas a Dios en el templo, y que pertenecían a la tribu de Judá y a la estirpe de David. Y, cuando las once vírgenes hubieron llegado, Zacarías se acordó de que María pertenecía a aquella tribu y a aquella estirpe, y mandó que fuesen a buscarla. Y, cuando María llegó, el Gran Sacerdote dijo: Echad a suertes, para saber quiénes habéis de tejer la muselina y la púrpura, lo encarnado y lo azul, y, echadas las suertes, la púrpura y la escarlata tocaron a María. Y, tomándolas en silencio, regresó y comenzó por hilar la escarlata, ante todo.

V. Sobre la voz del ángel mensajero, que anunció la impregnación de la Santa Virgen María

1. El año 303 de Alejandro, el 31 del mes de *adar*, el primer día de la semana, a la hora tercera del día, María tomó su cántaro, y fue a la fuente en busca de agua. Y oyó una voz que decía: Regocíjate, Virgen María. Súbitamente, María se turbó, y quedó helada de espanto. Y miró a derecha y a izquierda, y, no viendo a nadie, se preguntó: ¿De dónde ha partido la voz que se ha dirigido a mí? Y, recogiendo su cántaro, marchó precipitadamente a su casa, cuya puerta cerró y encerrojó cuidadosamente. Después, se recogió, silenciosa, en el fondo de la casa. Y, en el estupo de su espíritu, se decía con asombro: ¿Qué saludo es ése que se me ha hecho? ¿Cuál es el que me conoce, y sabe de antemano quién soy? ¿A quién he visto yo que pueda hablarme en esos términos? Y, pensando en todas esta cosas, se estremecía y temblaba.

2. Y, levantándose, se puso en oración, y dijo: Señor Dios de Israel, Dios de nuestros padres, mírame con misericordia, y condesciende a mi demanda, y a la plegaria de mi corazón. Escucha a tu miserable sierva, que te implora con esperanza y con confianza. No me entregues a las tentaciones del seductor y a las emboscadas del enemigo, y líbrame de los peligros y de la astucia del cazador, porque espero y confío en que guardarás mi virginidad intacta Señor y Dios mío. Y, luego que hubo hablado así, rindió gracias al Señor, llorando. Y, después de haber permanecido en este estado durante tres horas, tomando la escarlata, se puso a hilar.

3. Y he aquí que el ángel del Señor llegó, y penetró cerca de ella, estando las puertas cerradas. El ser incorpóreo se le presentó bajo la apariencia de un ser corpóreo, y le dijo: Regocíjate, María, sierva inmaculada del Señor Como el ángel se le apareciera de súbito, María sintió pánico, y, en su pavor, era incapaz de responder. Y el ángel dijo: No te espantes, María, bendita entre todas las mujeres. Yo soy el ángel Gabriel, enviado por Dios para comunicarte que quedarás encinta, y que darás a luz al hijo de Altísimo, el cual será un gran rey, y prevalecerá sobre la tierra toda. María le preguntó: ¿De qué hablas? ¿Qué es lo que expresas? Explícame este enigma. Y el ángel repuso: Lo que te he dicho, lo has oído de mi boca. Recibe la invitación contenida en este mensaje que acabo de hacerte y regocíjate. María dijo: Lo que me manifiestas

es de una novedad desconcertante, que me llena de sorpresa y de asombro, pues afirmas que concebiré y pariré al tenor de las demás mujeres. ¿Cómo ha de ocurrirme esto, si yo no conozco varón? Y el ángel dijo: ¡Oh Santa Virgen María, no abrigues sospechas tales, y comprende lo que te revelo! No concebirás de una criatura, ni de un marido, ni de la voluntad de un hombre, sino del poder y de la gracia del Espíritu Santo, que habitará en ti, y que hará de ti lo que le plazca. María dijo: Lo que me anuncias me parece extraordinario y duro de creer. Yo no puedo conformarme, ni resignarme, con las cosas que me dices. Porque los prodigios de que me hablas, me parecen chocantes en principio e inverosímiles de hecho. Al oír tus palabras, mi alma se estremece de miedo, y tiembla. Mi espíritu continúa en la perplejidad, y no sé qué respuesta dar a tus discursos. El ángel preguntó: ¿Por qué te estremeces, y por qué tiembla tu alma?

4. Y María repuso: ¿Cómo podré conceder crédito a tus palabras, si jamás oí a nadie otras parecidas, y ni aun sé lo que pretendes comunicarme? El ángel dijo: Mis discursos son la exacta verdad. No te hablo a la ventura, ni conforme a mis propias ideas, sino que te digo lo que he oído del Señor, y que Dios me ha enviado a notificarte y a exponerte. Y tú tomas mi lenguaje por una falsedad. Teme al Señor, y escúchame. La Virgen repuso: No es que considere tus discursos vanos, sino que estoy poseída de un profundo asombro. Aquel que el firmamento y la tierra no pueden contener, ni envolver su divinidad, y cuya gloria no pueden contemplar todas las falanges celestes de espíritus luminosos y de seres ígneos, ¿podría yo sostenerlo, y soportar su ardor infinito, y abrigarlo en mi carne? ¿Cómo sería yo capaz de llevarlo corporalmente en mi seno, y de tocarlo con mis manos? Tu discurso es inverosímil; la idea, incomprensible, y su realización desconcertante. Se necesita más que toda la clarividencia del espíritu humano para escrutarlo y comprenderlo. ¿Quieres alucinar mi espíritu con un discurso engañador? ¡No será así! El ángel replicó: ¡Oh bienaventurada María, escúchame lo que decirte quiero! ¿Cómo la tienda de Abraham recibió a Dios bajo formas corpóreas, sin que el fuego se le aproximase? ¿Cómo habló Dios a Jacob, después de luchar con él? ¿Cómo Moisés, en el Sinaí, vio a Dios cara a cara, y la hoguera en que se le mostró ardió, sin consumirse? A ti te sucederá igual por otro concepto, y no tienes por qué temer a este propósito. Cree solamente, y oye lo que ahora voy a significarte.

5. María opuso aún: ¿Cómo me sucederá lo que dices? ¿Y cómo conocerá yo en qué día y a qué hora ocurrirá el suceso? Indícamelo. Y el ángel contestó: No hables así de lo que ignoras, y no te niegues a creer lo que no comprendes. Humilla tu oído, y cree todo lo que te revelo. María dijo: No hablo así por incredulidad, ni por desconfianza, pero quiero asegurarme con exactitud, y saber con certeza cómo la cosa me ocurrirá y en qué momento, a fin de que me halle dispuesta y prevenida. El ángel repuso: Su advenimiento puede acaecer a cualquier hora. Al penetrar en tu seno, y habitar en él, purificará y santificará toda la esencia de tu carne, que se convertirá en templo suyo. María dijo: Pero ¿cómo advendrá esto, puesto que, repito, no conozco varón? El ángel dijo: El Espíritu Santo vendrá a ti, y la potencia del Altísimo te cubrirá con su sombra. Y el Verbo divino tomará de ti un cuerpo, y parirás al hijo del Padre celestial, y tu virginidad permanecerá intacta e inviolada. María dijo: ¿Y cómo una mujer, conservando su virginidad, puede tener un hijo, sin la intervención de un hombre?

6. Y el ángel replicó: El caso no será como piensas. Tu maternidad no será efecto de una concupiscente pasión corpórea, ni tu embarazo consecuencia de una relación conyugal, porque tu virginidad permanecerá pura y sin tacha. La entrada del Verbo divino no violará tu vientre, y, cuando salga de él, con su carne, no destruirá tu pureza inmarchita, María exclamó: Tengo miedo de ti, porque me sonsacas con palabras gratas de oír, y que me causan viva sorpresa. ¿Es que quieres convencerme mediante frases engañosas, como sucedió a Eva, nuestra primera madre, a quien el demonio, conversando con ella, persuadió por discursos dulces y agradables, y que fue enseguida entregada a la muerte? El ángel dijo: ¡Oh Santa Virgen María, cuántas veces me he dirigido a ti, y te he dicho la exacta verdad! Y no crees en las órdenes y en el mensaje que te expresa mi boca, ni aun hallándome en tu presencia. De nuevo me dirijo a ti en nombre de Dios, para que tu alma no se espante ante mi vista, ni tu espíritu dude del que me ha enviado. Y no apartes de tu corazón las palabras que de mí ya has oído. No he venido a hablarte por artificio engañoso de ninguna especie, ni por trampa, ni por astucia, sino para preparar en ti el templo y la habitación del Verbo. María dijo: Ante la insistencia de tus discursos, siento sobrecogido mi ánimo, y me preocupa saber qué respuesta he de dar a lo que

dices. Y, si no llego a convencerme a mí propia, ¿a quién podré descubrir mi situación, y persuadirlo de que no miento?

7. Y el ángel exclamó: ¡Oh Santa Virgen sin mancilla, no te ocupes de aprensiones vanas! María dijo: No dudo de tus palabras, ni tengo lo que dices por increíble, antes bien, soy dichosa, y me regocijan vivamente tus discursos. Pero mi alma se estremece y tiembla ante el pensamiento de que llevaré a Dios en mi carne, para darlo a luz como a un hombre, y que mi virginidad continuará inviolable. ¡Oh prodigio! ¡Y qué maravilloso es el hecho de que me hablas! El ángel dijo: Una y otra vez he repetido mi largo discurso, dándote de él mi verídico testimonio, y no me has creído. Y María repuso: Te ruego, oh servidor del Altísimo, que no te enoje mi insistencia en preguntarte. Porque tú conoces la naturaleza humana y su incredulidad en toda materia. He aquí por qué yo quiero informarme fidedignamente, para saber al justo lo que ha de ocurrirme. No quedes, pues, descontento de las frases que he pronunciado. El ángel dijo: Llevas razón, pero ten fe en mí, que he sido enviado por Dios, para hablarte, y para anunciarte la buena nueva.

8. Y María respondió: Sí, creo en tus discursos, sé que es verdad lo que hablas, y acepto tus órdenes. Pero escucha lo que voy a decirte. Hasta el presente, he sido guardada en la santidad y en la justicia, ante los sacerdotes y ante todo el pueblo, después de haber sido legítimamente prometida a José, para ser su esposa. Y él se ha encargado de recogerme en su casa, para velar cuidadosamente por mí, hasta el momento que recibamos la corona de bendición, con las otras vírgenes y los otros celibatarios. Y, si vuelve, y me encuentra encinta, ¿qué respuesta le daré? Y, si me pregunta cuál es la causa de mi embarazo, ¿qué contestará a su interrogación? El ángel dijo: ¡Oh bienaventurada María, escucha bien mi palabra, y guarda en tu espíritu lo que voy a decirte! Esto no es obra del hombre, y el fenómeno de que te hablo no provendrá de nadie, y el mismo Señor lo realizará en ti, y él posee el poder de sustraerte a todas las angustias de la prueba. María dijo: Si la cosa es tal como la explicas, y el mismo Señor se digna descender hasta su esclava y su sierva, hágase en mí según tu palabra. Y el ángel la abandonó.

9. No bien la Virgen hubo pronunciado aquella frase de humillación, el Verbo divino penetró en ella por su oreja. Y la naturaleza íntima de su cuerpo animado fue santificada, con todos sus sentidos y con los doce miembros u

órganos de sus sentidos, y quedó purificada como el oro en el fuego. Y se convirtió en un templo santo e inmaculado, y en la mansión del Verbo divino. Y, en el mismo momento, comenzó el embarazo. Porque, cuando el ángel llevó la buena nueva a María, era el 15 de nisan, lo que hace el 6 de abril, un miércoles, a la hora tercera del día.

10. Y, al mismo tiempo, un ángel se apresuró a ir al país de los persas, para prevenir a los reyes magos, y para ordenarles que fuesen a adorar al niño recién nacido. Y ellos, después de haber sido guiados por una estrella durante nueve meses, llegaron a su destino en el punto y hora en que la Virgen acababa de ser madre. Porque, en aquella época, el reino de los persas dominaba, por su poder y por sus victorias, sobre todos los reyes que existían en los países de Oriente. Y los reyes de los magos eran tres hermanos: el primero, Melkon, que imperaba sobre los persas; el segundo, Baltasar, que prevalecía sobre los indios; y el tercero, Gaspar, que poseía el país de los árabes. Habiéndose reunido por obediencia al mandato de Dios, se presentaron en Judea en el instante en que María había dado a luz. Y, habiendo apresurado su marcha, se encontraron allí en el tiempo preciso del nacimiento de Jesús.

11. Y, luego que la Virgen recibió el mensaje de su impregnación por el Espíritu Santo, vio a los coros angélicos, que cantaban en loor suyo. Y, al verlos, se sintió llena de pánico a una que de gozo. Y, con la faz postrada contra la tierra, se puso a alabar a Dios en hebreo, exclamando: ¡Oh Señor de mi espíritu y de mi cuerpo, tú tienes el poder de cumplir todas las voluntades de tu amor creador, y tú decides libremente de toda cosa conforme a tu albedrío! Dígnate condescender con las plegarias de tu esclava y de tu sierva. Atiéndeme y libra mí alma, por cuanto eres el Dios mi Salvador, y tu nombre, Señor, ha sido invocado sobre mí cotidianamente. Y, hasta este día, me he guardado en la santidad, en la justicia y en la pureza, ordenada por ti, y he conservado mi virginidad firme e intacta, sin ningún deseo de carnales mancillas. Y, ahora, hágase tu voluntad.

12. Y, habiendo hablado así, María se levantó, y dio gracias al Altísimo. Después de lo cual, pasó una hora. Y, como la Virgen reflexionase, comenzó a llorar, y dijo: ¿Qué prodigio nuevo, y que no se había visto en el nacimiento de ningún hombre, es el que se realiza en mí? ¿No me convertiré en la fábula y en el ludibrio de todos, hombres y mujeres? Heme aquí, pues, en la mayor

perplejidad. No sé qué hacer, ni qué respuesta dar a quienquiera se informe de mí. ¿A quién me dirigiré, y cómo justificaré todo esto? ¿Por qué mi madre me ha parido? ¿Por qué mis progenitores me han consagrado a Dios, en la tristeza de su alma, para convertirme en objeto de reproche para mí misma y para ellos? ¿Por qué me han obligado a guardar virginidad en el templo santo? ¿Por qué no he recibido más pronto la sentencia de muerte, que me sacará de este mundo? Y, puesto que permanezco con vida, ¿por qué mis padres no me han dado en matrimonio, sin decir nada, como a las demás hijas de los hebreos? ¿Quién ha visto ni oído nunca cosa semejante? ¿Quién creerá que dé a luz una mujer que no ha conocido varón? ¿A quién, ni en público, ni en secreto, contaré sin reticencia lo que ocurre? ¿Podré persuadir, a fuerza de palabras, ni a casadas, ni a solteras? Si les revelo exactamente lo insólito de mi caso, creerán que me mofo, y, si hablo bajo la fe del juramento, juzgarán que soy perjura. Decir falsedades, me es imposible, y condenarme a mí misma, siendo inocente, es bien duro. Si se me exige un testigo, nadie podrá justificarme. Y, si repito por segunda vez mi declaración, diciendo la verdad, se me condenará a muerte con desprecio. Todos los que oigan mi declaración, prójimos o extraños, dirán: Quiere engañar, con vanos subterfugios, a los insensatos y a los irreflexivos. No sé qué hacer, ni quién me sugerirá una respuesta que dar a todos, con respecto a este asunto; ni cómo diré esto a mi marido, cuyo nombre he recibido por el matrimonio; ni cómo me atreveré a tomar la palabra ante los sacerdotes y el pueblo; ni cómo soportaré ser entregada, delante de todo el mundo, al aparato de la justicia humana. Si declaro a las casadas que soy virgen, y que he concebido sin la operación de un hombre, tomarán mis palabras por una burla, y no me creerán. ¿Cómo podré yo darme cuenta a mí misma de lo que me ha sucedido? Todo aquello de lo que tengo conciencia, es que mi virginidad está a salvo, y que mi embarazo es cierto. Porque el ángel del Señor me ha dicho la verdad, sin mentira alguna. No me ha engaño con vanas habilidades, sino que ha transmitido, exacta y sinceramente, las palabras pronunciadas por el Espíritu Santo. ¿Qué hacer, pues, ahora que me he convertido en objeto de censura y de reprobación entre los hijos de Israel? ¡Oh palabra asombrosa! ¡Oh obra sorprendente! ¡Oh prodigio terrible y desconcertante! Nadie creerá que yo no haya conocido varón, y que mi embarazo es un ejemplo. Y, si digo seriamente a alguien: Creo que estoy encinta, y que, sin embargo, permanezco virgen, me contestará: Sea. Yo creo que hablas exacta y sinceramente. Pero explícame cómo una virgen puede llegar a ser madre, sin que un hombre haya destruido su virginidad. Y, con estas pocas palabras, me pondrán en ridículo. Bien sé que muchos hablarán perversamente de mí, y que me condenarán a la ligera, a pesar de mi inocencia. Sin embargo, el Señor me salvará de las murmuraciones y de los ultrajes de los hombres.

13. Habiendo dicho estas cosas, María dejó de hablar entre sí. Y, levantándose, abrió la puerta de la casa, para ver si había por allí alguien que prestase oídos a las palabras que pronunciara anteriormente. Como no percibiese ningún ser humano, volvió al interior de la casa, y, tomando la escarlata y la púrpura que había recibido de manos de los sacerdotes, para hacer un velo del templo, se puso a hilarlas. Cuando terminó su obra, fue a llevarla al Gran Sacerdote. Y éste, tomándola de las manos de la Virgen Santa, le dijo: María, hija mía, bendita eres entre todas las mujeres, y bendito es tu seno virginal. El Señor magnificará tu santo nombre por toda la tierra. Tendrás preeminencia sobre todas las mujeres, y llegarás a ser la madre de las vírgenes. De ti vendrá al mundo su salvación. Así habló Zacarías. María se prosternó ante los sacerdotes y ante todo el pueblo, y, sumamente gozosa, regresó a su casa.

14. Y, cuando tuvo lugar la anunciación del ángel a María, el embarazo de Isabel duraba ya desde su comienzo el 20 de tesrín, lo que hace el 9 de octubre, y de esta fecha al 15 de nisan, es decir, al 6 de abril, habían transcurrido ciento ochenta días, lo que hace seis meses. Entonces comenzó la encarnación del Cristo, por la cual tomó carne en la Virgen Santa. Y un día, ésta, reflexionando, se dijo: Iré a ver a mi prima Isabel, le contaré todo lo ocurrido, y cuanto ella me diga, otro tanto haré. Y envió a José, a Bethlehem, un mensaje concebido en estos términos: Te ruego que me dejes ir a ver a Isabel, mi prima. Y José le permitió ir, y ella salió a escondidas a punto de amanecer y, dirigiéndose hacia las montañas de Judea, llegó a la villa de Judá. Y entró en la morada de Zacarías, y saludó a su parienta.

15. Y, cuando Isabel oyó la voz de María, su hijo saltó en su vientre. E Isabel, llena del Espíritu Santo, elevó la voz, y exclamó: Bendita eres entre todas las mujeres, y bendito es el fruto de tus entrañas. ¿De dónde que la madre de mi Señor venga a mí? Porque, al llegar a mi oído tus palabras de saludo, mi hijo saltó en mi vientre. María, que tal oyó, levantó hacia el cielo sus ojos preñados

de lágrimas, y dijo: Señor, ¿qué tengo yo, que todas las naciones me proclaman bienaventurada? ¿Por qué he sido puesta en evidencia entre todas las mujeres e hijas de los hebreos, y por qué mi nombre se hace célebre y famoso en todas las tribus de Israel? Y es que María había olvidado lo que el ángel le comunicara precedentemente.

16. Y María permaneció mucho tiempo en casa de Isabel, y, confidencialmente, le relató por orden todo lo que había visto y oído del ángel. Vivamente sorprendida, Isabel repuso: Hija mía, lo que me refieres, es una obra maravillosa de Dios. Pero atiende a lo que voy a decirte. No te espantes de lo que te ocurra, y no seas incrédula. Pensamientos, actos, palabras, todo, en esto, sobrepuja absolutamente al espíritu humano. Veme a mí, que estoy avanzada en edad y ya próxima a la muerte, y que, sin embargo, me hallo encinta, a pesar de mi vejez y de mis cabellos blancos, porque nada hay imposible para Dios. Cuanto a ti, ve silenciosamente a encerrarte en tu casa. No participes a nadie lo que has visto y oído. No lo cuentes a ninguno de los hijos de Israel, no sea que, llamados a engaño, te pongan en irrisión, ni tampoco a tu marido, no sea que lo hieras en el corazón, y te repudie. Espera que la voluntad del Señor se cumpla, y Él te manifestará lo que tiene intención de hacer.

17. Y María dijo: Obraré de acuerdo con tus recomendaciones. E Isabel añadió: Escucha y guarda el consejo que te doy. Vuelve en paz a tu casa, y permanece discretamente en ella, sin ir y venir de aquí para allí. Ocúltate al mundo, a fin de que nadie sepa nada. Haz todo lo que tu marido te ordene. Y, en tus apuros, el Señor sabrá prepararte una salida. No temas, y regocíjate. Así habló Isabel. María se prosternó ante ella, y volvió a su casa con júbilo. Y allí continuó muchos días. Y el niño se desarrollaba, de día en día, en su seno. Y, temiendo al mundo, permanecía perpetuamente escondida, a fin de que persona alguna se enterase de su estado.

VI. Aflicción de José

Las sospechas que tuvo, y el juicio que formó de la muy Santa Virgen

1. Cuando María alcanzó el quinto mes de su embarazo, José marchó de Bethlehem, su pueblo natal, después de haber construido una casa, y regresó a la suya de Nazareth, para continuar sus trabajos de carpintería. María fue a

su encuentro, y se prosternó ante él. Y José le preguntó: ¿Cómo te va? ¿Estás contenta? ¿Te ha ocurrido algo? Y María repuso: Me va bien. Y, después de haber preparado la mesa, comieron ambos en buena paz y compañía. Y José habiéndose tendido sobre un camastro, quiso reposar un poco. Mas, al dirigir su mirada a María, vio que su semblante alterado pasaba por todos los colores. Y ella intentó ocultar su confusión, sin conseguirlo.

2. José la miró con tristeza, e incorporándose de donde estaba recostado, le dijo: Me parece, hija mía, que no tienes tu acostumbrada gracia infantil, porque te hallo un tanto cambiada. Y María contestó: ¿Qué quieres decirme, con esa observación y con ese examen? Y José advirtió: Me admiran tus palabras y tus pretextos. ¿Por qué estás desmañada, deprimida, triste y con los rasgos de tu fisonomía alterados? ¿Te ha hablado alguien? Ello me descontentaría. ¿Te ha sobrevenido alguna enfermedad o dolencia? ¿O bien has pasado por alguna prueba, o sufrido las intrigas de los hombres? María respondió: No hay nada de eso. Y José dijo: Entonces, ¿por qué no me respondes francamente? María dijo: ¿Qué quieres que te responda? Y José dijo: No creeré en tus palabras antes de haber visto. Ponte francamente en evidencia ante mí, para que yo me cerciore de que hablas verdad. Y María, interiormente turbada, no sabía qué hacer. Mas José, envolviendo a María con una ojeada atenta, vio que estaba encinta. Y, dando un gran grito, exclamó: ¡Ah, qué criminal acción has cometido, desgraciada!

3. Y José, cayendo de su asiento y puesta su faz contra la tierra, se golpeó la frente con la mano, se mesó la barba y los cabellos blancos de su cabeza, y arrastró su cara por el polvo, clamando: ¡Malhaya yo! ¡Maldición sobre mi triste vejez! ¿Qué ha ocurrido aquí? ¿Qué desastre ha recaído sobre mi casa? ¿Con qué rostro miraré, en adelante, el rostro de los hombres? ¿Qué responderé a los sacerdotes y a todo el pueblo de Israel? ¿Cómo lograré detener una persecución judicial? ¿Y con qué artificio conseguiré apaciguar la opinión pública? ¿Qué haré en esta coyuntura, y cómo paliará el hecho de haber recibido del templo a esta virgen, santa y sin tacha, y no haber sabido mantenerla en la observancia de la ley, según la tradición de mis padres? Si se me hace la intimación de por qué he dejado desflorar la pureza inmaculada de mi pupila, ¿qué respuesta daré a los sacerdotes y a todo el pueblo? ¿Cuál es el enemigo que me ha tendido este lazo? ¿Qué bandido me ha arrebatado la virginidad

de esta niña? ¿Quién ha perpetrado tamaño delito en mi casa, y hecho de mí un objeto de burla y de oprobio entre los hijos de Israel? ¿Va a recaer sobre mí la falta del que, por la perfidia de la serpiente, perdió su estado dichoso?

4. Y, hablando así, José se golpeaba el pecho, con gemidos entreverados de lágrimas. Después, hizo comparecer de nuevo a María, y le dijo: ¡Oh alma digna de llanto perpetuo, que te has hundido en el extravío más monstruoso, dime qué acción prohibida has realizado! Porque has olvidado al Señor tu Dios, que te ha formado en el seno de tu madre, tú, a quién tus padres te obtuvieron del Altísimo, a fuerza de sufrir y de llorar, y que te ofrecieron a Él religiosamente y según la ley; que fuiste sustentada y educada en el templo; que oíste continuamente las alabanzas al Eterno y el canto de los ángeles que prestaste oído atento a la lectura de los sagrados libros, y escuchaste sus palabras con unción y con respeto Y, a la muerte de sus padres, permaneciste en tutela en el templo, hasta el momento en que quedaste corregida de toda inclinación pecaminosa. Instruida y versada en las leyes divinas, recibiste, con gran honra, la bendición de los sacerdotes. Y, luego que se te me confió, por mandato del Señor y con beneplácito de los sacerdotes y de todo el pueblo, te acepté piadosamente, y te establecí en mi casa, proveyendo a todas tus necesidades materiales, y recomendándote que fueses prudente, y que velases por ti misma hasta mi regreso. ¿Qué es, pues, lo que has hecho, di? ¿Por qué no respondes palabra, y te niegas a defenderte? ¿Por qué, desventurada e infortunada, te has hundido en tal desorden, y convertido en objeto de vergüenza universal, entre los hombres, las mujeres y todo el género humano?

5. Y María, bajando la cabeza, lloraba y sollozaba. Al cabo, dijo: No me juzgues a la ligera, y no sospeches injuriosamente de mi virginidad, porque pura estoy de todo pecado, y no conozco en absoluto varón. José dijo: En tal caso, explícame de qué tu embarazo proviene. María dijo: Por la vida del Señor, que no sé lo que exiges de mí. José dijo: No te hablo con violencia y con cólera, sino que quiero interrogarte amistosamente. Indícame qué hombre se ha introducido o lo han introducido cerca de ti, o a qué casa has ido imprudentemente. María dijo: No he ido jamás a parte alguna, ni he salido de esta casa. José dijo: ¡He aquí algo prodigioso! Tú no sabes nada, y yo veo con certidumbre que estás encinta. ¿Quién ha oído nunca que una mujer pueda concebir y parir sin la intervención de un hombre? No creo en semejantes

discursos. María dijo: ¿Cómo, entonces, podré satisfacerte? Puesto que me interrogas con toda sinceridad sobre el asunto, yo atestiguo, por mi parte, que pura estoy de todo pecado, y que no conozco en absoluto varón. Y, si me juzgas temerariamente, habrás de responder ante Dios de mí.

6. Al oír estas palabras, José quedó sorprendido, y concibió un vivo temor. Y, poniéndose a reflexionar, dijo: ¡Cosa espantable y maravillosa! No comprendo nada del curso de estos acontecimientos, tan extraños de suyo, y tan fuera de toda concepción, de todo lo que hemos escuchado con nuestros propios oídos, de todo lo que hemos aprendido de nuestros antepasados. El estupor constriñe mi espíritu. ¿A quién me dirigiré? ¿A quién consultaré sobre este negocio? Porque vacilo ante el pensamiento de que el hecho, secreto todavía, sea divulgado y contado por doquiera, y que los que lo sepan, se mofen de nosotros. María dijo: ¿Hasta cuándo te sentirás arrebatado contra mí, y me condenarás en desconsiderados términos? ¿No acabarás de abrumarme con tus ultrajes? José dijo: Es que no puedo resistir la aflicción y la tristeza que se han abatido sobre mi corazón. ¿Qué haré de ti, y qué respuesta daré a quien acerca de ti me pregunte? Y temo que, si el hecho se muestra ostentoso, y es llevado y traído con escándalo por la vía pública, mis canas queden deshonradas entre los hijos de Israel.

7. Y José prorrumpió en amargo lloro, exclamando: Triste e infeliz viejo, ¿por qué aceptaste tu papel de guardián? ¿Por qué obedeciste a los sacerdotes y a todo el pueblo, para, en su ancianidad y a punto de morir, ver deshonradas tus canas? Y, como no sabía qué partido tomar, se puso a reflexionar, y se dijo: ¿Qué haré de esta niña? Porque no sabré lo que con ella ocurre, mientras el Señor no manifieste los acaecimientos que se preparan, y yo, en todo ello, no he obrado por voluntad propia. Pero sé con certeza que, si la prueba a que se me someta procede de Dios, será para bien mío, y que si, por lo contrario, mi pena es obra del enemigo malo, el Señor me librará de él. Con todo, ignoro cómo he de proceder. Si condeno a María, esto será, de mi parte, una gran falta, y si hablo mal de ella, será justamente castigada por Dios. La tomaré, pues, secretamente esta noche. la sacaré de casa, y la dejaré ir en paz adonde quiera.

8. Entonces, llamó a María, y le dijo: Todo lo que me has expuesto, verdadero o falso, lo he escuchado, lo he creído. No te haré ningún mal, pero

esta noche te sacaré de casa y te despediré, para que vayas adonde quieras. María, que tal oyó, se deshizo en lágrimas. José salió tristemente de su casa, se fue de allí sin rumbo fijo, y, habiéndose sentado, lloraba y se golpeaba el pecho.

9. Y María, prosternando la faz contra el suelo, habló en esta guisa: ¡Dios de mis padres, Dios de Israel mira, en tu misericordia, los tormentos de tu siervo y la desolación de mi alma! No me entregues, Señor, a la vergüenza y a las calumnias del vulgo. Puesto que sabes que el corazón de los hombres es incrédulo, manifiesta tu nombre ante todos, a fin de que confiesen que tú solo eres el Señor Dios, y que tu nombre ha sido pronunciado sobre nosotros por ti mismo. Y, esto dicho, María derramó copiosas lágrimas ante el Señor. Y, en el mismo instante, un ángel le dirigió la palabra, diciendo: No temas porque he aquí que yo estoy contigo para salvarte de todas tus tribulaciones. Sé valerosa, y regocíjate. Y, habiendo hablado así, el ángel la abandonó. Y María, levantándose, dio gracias al Señor.

10. A la caída de la tarde, José volvió en silencio su casa. Y sentándose, y poniendo los ojos en María, la vio muy alegre y con los rasgos de su rostro dilatados. Y José le dijo: Hija mía, por hallarte a punto de separarte de mí, e ir adonde quieras, me parece hallarte excesivamente regocijada y con el semblante demasiado sereno y jubiloso. Y María repuso: No es eso, sino que doy gracias a Dios en todo tiempo, porque posee el poder de realizar cuanto se le pide, y porque el Señor mismo, que escruta las conciencias y las almas, tiene la voluntad y el designio de manifestar, ante todos y ante cada uno en particular, las acciones de los hombres.

11. Y, dichas estas palabras, María calló. Y José continuó presa de la tristeza desde el anochecido hasta la madrugada, y no comió, ni bebió. Y, como se hubiese dormido, el ángel del Señor se mostró a él en una visión nocturna, y le dijo: José, hijo de David, no temas conservar bajo tutela a María tu esposa, porque lo que ella ha concebido del Espíritu Santo es. Y traerá al mundo un hijo, y llamarás su nombre Jesús. Y José despertó, y, levantándose, se puso en oración, y habló de esta suerte: Dios de mis padres, Dios de Israel, te doy gracias, Señor, y glorifico tu nombre santo, oh tú, que has atendido a la voz de mis súplicas, y que no me has abandonado en el tiempo de mi vejez, antes al contrario, me has hecho esperar consuelo y salud, has disipado de mi corazón

el duelo y la pena, y has guardado a la Santa Virgen pura de toda mancilla terrestre, para que, desde esta noche, parezca a mis ojos radiante como la luz. Y, después de así expresarse, José se sintió lleno de regocijo, y alabó al Creador del universo.

VII. De cómo María demostró su virginidad y la castidad de José

Se los somete a ambos a la prueba del agua

1. Cuando el primer resplandor del alba iluminó las tinieblas, José volvió a despertarse, llamó a María, se inclinó ante ella, y le pidió perdón, diciendo: Has sido sincera, querida esposa, y con razón se te llama Sublime. Yo he pecado contra el Señor mi Dios, porque frecuentemente he sospechado de tu virginidad sagrada, y no he comprendido antes lo que encerraban las palabras que me decías. Y, en tanto que José, abandonándose a sus reflexiones, hablaba de ese modo, y se absorbía en sus pensamientos, he aquí que sobrevino un escriba llamado Anás, varón piadoso y fiel, adherido al servicio del templo del Señor. Cuando entró en la casa, José se adelantó a recibirlo, se abrazaron ambos, y tomaron asiento. Y el escriba Anás preguntó: ¿Has vuelto felizmente de tu viaje, padre venerado? ¿Cómo te ha ido en tu marcha y en tu regreso? Y José repuso: Muy dichoso soy al verte aquí, escriba y servidor de Dios. Y el escriba dijo: ¿Cuándo has llegado, hombre venerable, viejo agradable al Señor? José dijo: Llegué ayer, pero estaba fatigado en extremo, y no pude asistir a la ceremonia de la plegaria. El escriba dijo: Los sacerdotes y todo el pueblo esperaron algún tiempo tu llegada, porque bien sabes cuán considerado eres entre los hijos de Israel. José dijo: Bendígalos Dios ahora y siempre.

2. Y, cruzadas estas palabras, se sentaron a la mesa, comieron, bebieron, se regocijaron, y alabaron a Dios. Pero, en aquel momento, el escriba Anás detuvo sus ojos en la Virgen María, y vio que estaba encinta. Se calló, sin embargo, y fue en busca de los sacerdotes, a quienes dijo: Este José, que suponéis es el tipo del perfecto justo, ha cometido una grave iniquidad. Los sacerdotes dijeron: ¿Qué obra inicua has observado en él? El escriba dijo: La Virgen María, que sacó del templo y a quien le habíais ordenado que santamente guardase, está violada hoy día, sin haber recibido regularmente la corona de bendición. Los sacerdotes dijeron: José no ha hecho eso, por que es un varón muy cabal

e incapaz de faltar a su promesa, y de conculcar las reglas de la justicia. El escriba opuso: Yo lo he visto con mis propios ojos. ¿Por qué no creéis lo que os digo? Y el Gran Sacerdote repuso: No levantes falso testimonio, porque se te imputará como un pecado. Y el escriba replicó: Si mi testimonio es falso, declararé ante Dios y ante todo el pueblo que soy digno de muerte. Y, si no das crédito a mi palabra, ordena a alguien que vaya a mirar atentamente a la Virgen María, y quedarás informado a placer y satisfacción.

3. Entonces Zacarías, el Gran Sacerdote, mandó unos conserjes del templo del Señor, que citasen a José delante de todo el pueblo. Y, cuando los conserjes llegaron a la casa encontraron que la Virgen María estaba encinta, y volvieron al templo, testificando que el escriba Anás llevaba razón. Y los príncipes de los sacerdotes enviaron a buscar a José y a María, para que compareciesen ante su tribunal. Y, cuando llegaron, en medio de una gran afluencia del pueblo, el Gran Sacerdote preguntó a María: ¿Qué acción ilegítima has llevado a cabo, hija mía, tú, que has sido educada en el Santo de los Santos, y que, por tres veces has oído los cantos de los ángeles? ¿Cómo es posible que hayas perdido tu virginidad, y olvidado al Señor tu Dios? Y María bajó silenciosamente la cabeza, se prosternó humildemente ante los sacerdotes y ante todo el pueblo, y respondió llorando: Juro por Dios vivo y por la santidad de su nombre, que permanezco pura, y que no he conocido varón. Y Zacarías la interrogó proféticamente: ¿Serás la madre del Mesías? Pero ¿cómo creer en tus palabras? Auguras no haber conocido varón, y, sin embargo, estás encinta. ¿De dónde, pues, procede tu embarazo? María dijo: Lo ignoro.

4. Entonces Zacarías ordenó que se le llevase a José, y, cuando lo tuvo delante, le preguntó: ¿Qué has hecho, José? ¿Cómo has podido cometer, entre los hijos de Israel, esa falta que te deshonrará entre numerosas tribus? Y José repuso: No sé lo que quieres decir. Mas no me condenes a la ligera y sin testimonio, porque te harás culpable de ello. El Gran Sacerdote dijo: No te condeno sin motivo y con inhibición de tu inocencia, sino con razón. Devuélveme virgen a la santa y pura María, que has recibido del templo. Donde no, reo eres de muerte. José concedió: No te lo niego, pero juro por la vida del Señor Dios de Israel, que no sé nada de lo que me dices. El Gran Sacerdote opuso: No mientas, y respóndeme con lealtad. ¿Te has arrogado el derecho del matrimonio? ¿Has despreciado la ley del Señor, sin declararlo a los hijos de Israel, ni doblar

tu cabeza ante la poderosa mano de Dios, a fin de que tu descendencia sea bendita, en la tierra entera? José respondió: Te lo dije ya, y te lo repito ahora, en la esperanza de que me creas. Tú mismo sabes perfectamente que jamás me he apartado de los mandamientos de Dios, y que jamás he sido enemigo de nadie. Y el Señor mismo podría atestiguar que nunca he conocido otra mujer que mi primera y legítima esposa. Sois vosotros, sacerdotes y pueblo, quienes, ligándoos contra mí, me habéis persuadido a mi pesar, a fuerza de instancias y de lisonjas, y yo, por respeto a vosotros y a Dios, me sometí a vuestras órdenes, en lo tocante a la tutela de María. E hice todo lo que convenía, conforme a lo que habíais imaginado imponerme, llevando a esta doncella a mi casa, proveyendo a todas sus necesidades materiales, recomendándole ser prudente, y conservarse en la santidad hasta mi regreso. Yo me puse en camino, y me consagré en Bethlehem a los trabajos de mi profesión, hasta concluir lo que tenía que hacer. Cuando ayer volví, todo el mundo pudo enterarse de las circunstancias de mi llegada. Y, de la virgen, nada he visto, ni nada sé, sino que está encinta.

5. Cuando la multitud del pueblo oyó esto, exclamó: Este viejo es justo y leal. Y el Gran Sacerdote expuso: Admito de buen grado lo que dices. Pero esta joven no era más que una niña, huérfana de padre y madre. Tú, en cambio, eras viejo, y he aquí por qué te hemos confiado la custodia de su virginidad, para que permaneciese intacta e inmaculada, hasta el momento en que recibieseis ambos la corona de bendición. Y José dijo: Sin duda, pero yo no tenía idea alguna de lo que iba a suceder. Por lo demás, el Señor manifestará, de la manera que quiera, la injusticia de que he sido víctima. Y, esto hablado, José se encerró en el silencio.

6. El Gran Sacerdote dijo: Beberéis el agua de prueba, y el Señor revelará vuestro delito, si sois culpables. Entonces Zacarías, tomando el agua de prueba, llamó a José a su presencia y le dijo: ¡Oh hombre, piensa en tu ancianidad canosa! Contempla este veneno de vida y de muerte, y no te lances con voluntaria e insensata temeridad a la perdición. Y José dijo: Por la vida del Señor y por la santidad de su nombre, juro no tener conciencia de falta alguna. Pero, si el Señor quiere condenarme, a pesar de mi inocencia, cúmplase su voluntad. Y el Gran Sacerdote dio a beber el agua a José, y luego le ordenó que fuese y volviese rápidamente. Y José fue y volvió corriendo, y bajó indemne, sin

deshonra, y sin que su persona hubiese sufrido ningún daño. Y, cuando vieron que no había sido atacado por la muerte, todos se llenaron de un vivo temor.

7. Enseguida, el Gran Sacerdote mandó que se llamase a María a su presencia. Cuando hubo llegado, Zacarías, tomando el agua de la prueba, dijo: Hija mía, considera tu corta edad, y acuérdate del tiempo pasado, en que has sido sustentada y educada en el templo. Ten piedad de ti misma, y, si eres inocente, sálvate de la muerte, y no te advendrá ningún mal. Pero, si quieres tentar con engaño al Dios vivo, Él te confundirá públicamente, y tu fin será desastroso. María repuso llorando: Mi conciencia no me acusa de ninguna culpa, y mi virginidad permanece santa, inviolada y sin la menor mancilla. Si el Señor me condena, a pesar de mi inocencia, cúmplase su voluntad.

8. Y el Gran Sacerdote dio a beber el agua a María y luego le ordenó que fuese y volviese rápidamente. Ella partió, se alejó, descendió (de la montaña) y regresó intacta y sin mácula alguna. Viendo lo cual la multitud, poseída de admiración, quedó estupefacta, y dijo: Bendito sea el señor Dios de Israel, que hace justicia a los que son puros e inocentes. Porque han salido indemnes de la prueba, y en ellos no ha aparecido ninguna obra culpable. Entonces el Gran Sacerdote hizo que compareciesen ante él José y María, y les dijo: Bien se os alcanza que era preciso responder de vosotros ante Dios. Lo que la ley nos ordena hacer, lo hemos hecho. El Señor no ha manifestado vuestro pecado, y yo tampoco os condeno. Id en paz.

9. Y, después de haberse prosternado ante los sacerdotes y ante todo el pueblo, José y María volvieron a su casa y allí discretamente se ocultaron, sin mostrarse a nadie. Y en su casa permanecieron hasta el término del embarazo de María. Y, cuando ésta sintió que se aproximaban los dolores del parto, José tuvo miedo, y se dijo: ¿Qué haré con ella, de modo que persona alguna sepa, para confusión nuestra, lo que va a ocurrir? Y advirtió a su esposa: No conviene que quedemos en esta localidad. Vamos a un país lejano, donde nadie nos conozca. Porque, si permanecemos aquí, los que se enteren de que has sido madre, lanzarán sobre nosotros el ridículo y el escarnio. Y María dijo: Haz lo que gustes.

VIII. Del nacimiento de Nuestro Señor Jesucristo en la caverna

1. En aquellos días, llegó un decreto de Augusto, que ordenaba hacer un empadronamiento por toda la tierra, y entregar al emperador los impuestos debidos al tesoro, teniendo cada cual que pagar anualmente un diezmo calculado sobre el estado nominativo de las personas pertenecientes a su casa. En vista de ello, José resolvió presentarse con María al censo, para ser inscritos en él ambos, así como las demás personas de su familia. E inmediatamente enjaezó su montura, y preparó todo lo preciso para su subsistencia corporal. Y, tomando consigo a su hijo menor José colocó a María sobre el asno, y juntos partieron, siguiendo la ruta que se dirige hacia el Sur.

2. Y, cuando estuvieron a quince estadios de Nazareth, lo que hace nueve millas, José miró a María, y vio que su semblante estaba alterado, sombrío y melancólico. Pensó entre sí: Hállase en gestación, y, a causa de su embarazo, no puede sostenerse bien sobre su cabalgadura. Y preguntó a María: ¿Por qué está triste y turbada tu alma? Y María repuso: ¿Cómo podría estar alegre, encontrándome, como me encuentro, encinta, y no sabiendo adónde voy? José dijo: Tienes razón, María. Pero bendito sea el Señor Dios de Israel, que nos ha librado de la calumnia y de la denigración de los hombres. Y María replicó: ¿No te dije tiempo ha, en la esperanza de que me creyeses, que yo no era consciente de falta alguna, y que me juzgabas con ligereza temeraria, a pesar de mi inocencia? Pero el Señor de todas las cosas es quien me ha librado de mortales peligros.

3. Y, después de haber caminado una hora, José volvió a mirar a María, y vio con júbilo que ésta se estremecía de regocijo. Y María lo interrogó: ¿Por qué me miras, y por qué tu insistencia en preguntarme? José dijo: Es que me admiran los cambios de tu rostro, tan pronto triste como alegre. María dijo: Me exalto gozosamente, porque Dios me ha preservado de las emboscadas del enemigo. Mas quiero, para instrucción tuya, revelarte una cosa nueva. José dijo: Veamos. María dijo: Me alegro y me entristezco, porque contemplo dos ejércitos compuestos de numerosos batallones: uno a la derecha y otro a la izquierda. Los soldados del que se encuentra a la derecha, se muestran alegres, y los del que se encuentra a la izquierda, tristes.

4. Al oír esto, José quedó asombrado, y, sumiéndose en reflexión, se dijo: ¿Qué significa tan extraña visión? Y, en el mismo momento, un ángel se dirigió a María, y le dijo: Regocíjate, virgen y sierva del Señor. ¿Ves la señal que te ha aparecido? María dijo: Sí. El ángel dijo: Hoy día, los dolores de tu liberación están próximos. Las tropas que divisas a la derecha las componen todas las multitudes del ejército de los ángeles incorporales, que observan y esperan tu parto santo, para ir a adorar al niño recién nacido, hijo del rey divino y soberano de Israel. Las tropas que divisas a la izquierda son los batallones reunidos de la legión de los demonios de negros vestidos, los cuales aguardan el acontecimiento con gran turbación, porque van a ser derrotados. Y, habiendo oído estas palabras del ángel, José y María quedaron confortados, y rindieron vivas acciones de gracia a Dios.

5. Y así caminaban, en un frío día de invierno, el 21 del mes de tébeth, que es el 6 de enero. Y, como llegaron a un pasaje desolado, que había sido otrora la ciudad real llamada Bethlehem, a la hora sexta del día, que era un jueves, María dijo a José: Bájame del asno, porque el niño me hace sufrir. Y José exclamó: ¡Ay, qué negra suerte la mía! He aquí que mi esposa va a dar a luz, no en un sitio habitado, sino en un lugar desierto e inculto, en que no hay ninguna posada. ¿Dónde iré, pues? ¿Dónde la conduciré, para que repose? No hay aquí, ni casa, ni abrigo con techado, a cubierto del cual pueda ocultar su desnudez.

6. Al cabo de mirar mucho, José encontró una caverna muy amplia, en que pastores y boyeros, que habitaban y trabajaban en los contornos, se reunían, y encerraban por la noche sus rebaños y sus ganados. Allí habían hecho un pesebre para el establo en que daban de comer a sus animales. Mas, en aquel tiempo, por ser de invierno crudo, los pastores y los boyeros no se encontraban en la caverna.

7. José condujo a ella a María. La introdujo en el interior, y colocó cerca de la Virgen a su hijo José, en el umbral de la entrada. Y él salió, para ir en busca de una partera.

8. Y, mientras caminaba, vio que la tierra se había elevado, y que el cielo había descendido, y alzó las manos, como para tocar el punto en que se habían reunido tierra y cielo. Y observó, en torno suyo, que los elementos aparecían entorpecidos y como en estado bruto. Los vientos, inmóviles, habían suspen-

dido su curso, y los pájaros habían detenido su vuelo. Y, mirando al suelo, divisó un jarro nuevo, cerca del cual, un alfarero amasaba arcilla, haciendo ademán de juntar sus dos manos, que no se juntaban. Todos los demás seres tenían los ojos puestos en lo alto. Contempló también rebaños, que un pastor conducía, pero que no marchaban. El pastor blandía su cayado, mas no podía pegar a los carneros, sino que su mano permanecía tensa y elevada hacia arriba. Por un barranco irrumpía un torrente, y unos camellos que pasaban por allí, tenían puestos sus labios en el borde del barranco, pero no comían. Así, en la hora del parto de la Virgen Santa, todas las cosas permanecían como fijadas en su actitud.

9. Mirando más lejos, José vio a una mujer, que venía de la montaña, y cuyos hombros cubría una larga túnica. Y fue a su encuentro, y se saludaron. Y José preguntó: ¿De dónde vienes, y adónde vas, mujer? Y ella repuso: ¿Y qué buscas tú, que me interrogas así? José dijo: Busco una partera hebraica. La mujer dijo: ¿Quién es la que ha parido en la caverna? José dijo: Es María, que ha sido educada en el templo, y que los sacerdotes y todo el pueblo me concedieron en matrimonio. Mas no es mi mujer según la carne, porque ha concebido del Espíritu Santo. La mujer dijo: Está bien, pero indícame dónde se halla. José dijo: Ven y ve.

10. Y, mientras caminaban, José preguntó a la mujer: Te agradeceré me des tu nombre. Y la mujer repuso: ¿Por qué quieres saber mi nombre? Yo soy Eva, la primera madre de todos los nacidos, y he venido a ver con mis propios ojos mi redención, que acaba de realizarse. Y, al oír esto, José se asombró de los prodigios de que venía siendo testigo, y que no se daban vagar unos a otros.

11. Habiendo llegado a la caverna, se detuvieron a cierta distancia de la entrada. Y, de súbito, vieron que la bóveda de los cielos se abría, y que un vivo resplandor se esparcía de alto a abajo. Una columna de vapor ardiente se erguía sobre la caverna, y una nube luminosa la cubría. Y se dejaba oír el coro de los seres incorporales, ángeles sublimes y espíritus celestes que, entonando sus cánticos, hacían resonar incesantemente sus voces, y glorificaban al Altísimo.

IX. De cómo Eva, nuestra primera madre, y José llegaron a la caverna con premura, y vieron el parto de la muy Santa Virgen María

1. Y, cuando José y nuestra primera madre vieron aquello, se prosternaron con la faz en el polvo, y, alabando a Dios en voz alta, lo glorificaban, y decían: Bendito seas, Dios de nuestros padres, Dios de Israel, que, por tu advenimiento, has realizado la redención del hombre; que me has restablecido de nuevo, y levantado de mi caída; y que me has reintegrado en mi antigua dignidad. Ahora mi alma se siente engrandecida y poseída de esperanza en Dios mi Salvador.

2. Y, después de haber hablado así, Eva, nuestra primera madre, vio una nube que subía al cielo, desprendiéndose de la caverna. Y, por otro lado, aparecía una luz centelleante, que estaba puesta sobre el pesebre del establo. Y el niño tomó el pecho de su madre, y abrevó en él leche, después de lo cual volvió a su sitio, y se sentó. Ante este espectáculo, José y nuestra primera madre Eva alabaron y glorificaron a Dios, y admiraron, estupefactos, los prodigios que acababan de ocurrir. Y dijeron: ¿Quién ha oído de boca de nadie una cosa semejante, ni visto con sus ojos nada de lo que nosotros estamos viendo?

3. Y nuestra primera madre entró en la caverna, tomó al niño en sus brazos, y lo acarició con ternura. Y bendecía a Dios, porque el niño tenía un semblante resplandeciente, hermoso y de rasgos muy abiertos. Y, envolviéndolo en pañales, lo depositó en el pesebre de los bueyes, y luego salió de la gruta. Y, de pronto, vio a una mujer llamada Salomé, que procedía de la ciudad de Jerusalén. Y, yendo hacia ella, le dijo: Te anuncio una feliz y buena nueva. En esta gruta, ha traído al mundo un hijo una virgen que no ha conocido en absoluto varón.

4. Y Salomé repuso: Me consta que toda la ciudad de Jerusalén la ha condenado como culpable y digna de muerte. Y, a causa de su vergüenza y de su deshonra, ha huido de la ciudad, para venir aquí. Y yo, Salomé, he sabido, en Jerusalén, que esa virgen ha dado a luz un hijo varón, y he venido, gozosa, para verlo. Nuestra primera madre Eva dijo: Es cierto, y, sin embargo, su virginidad es santa, y permanece inmaculada. Salomé preguntó: ¿Y cómo

has podido enterarte de que continúa en estado virginal, después del parto? Eva contestó: Cuando entré en esta gruta, vi una nube luminosa que se cernía por encima de ella, y se oía, en las alturas, un rumor de palabras, con las que el numeroso ejército de los coros espirituales de los ángeles bendecían al Altísimo, y exaltaban su gloria. Y, hacia el cielo, se elevaba como una niebla brillante. Salomé le dijo: Por la vida del Señor, que no creeré en tus palabras, antes de ver que una virgen que no ha conocido varón ha traído un hijo al mundo, sin concurso masculino. Y, penetrando en la caverna, nuestra primera madre dijo a María: Disponte, porque es preciso, a que Salomé te ponga a prueba y corrobore tu virginidad.

5. Y, cuando Salomé entró en la caverna y, extendiendo la mano, quiso acercarla al vientre de la Virgen, súbitamente una llama, que brotó de allí con intenso ardor, le quemó la mano. Y, lanzando un grito agudo, exclamó: ¡Malhaya yo, miserable e infortunada, a quien mis faltas han extraviado gravemente! ¿Quién ha producido en mí este horror? Porque he pecado contra el Señor, he blasfemado de él, y he tentado al Dios vivo. ¡He aquí que mi mano se ha convertido en un fuego ardiente!

6. Pero un ángel, que estaba cerca de Salomé, le dijo: Extiende tu mano hacia el niño, aproxímala a él, y quedarás curada. Y, cayendo a los pies del niño, Salomé lo besó, y, tomándole en sus brazos, lo acariciaba, y decía: ¡Oh recién nacido, hijo del Padre grande y poderoso, niño Jesús, Mesías, rey de Israel, redentor, ungido del Señor, tú te has manifestado en la ciudad de David! ¡Oh luz que te has levantado sobre la tierra, tú nos has descubierto la redención del mundo!

7. Salomé añadió a estas palabras otras parecidas, y, en el mismo momento, su mano quedó curada. Y, levantándose, adoró al niño. Entonces, el ángel le dirigió la palabra, y le advirtió: Cuando vuelvas a Jerusalén, no digas a nadie la visión que te ha aparecido, no sea que llegue a conocimiento del rey Herodes, antes que el niño Jesús vaya al templo para la purificación, después de cuarenta días. Salomé repuso: Obedeceré, Señor, conforme a tu voluntad. Y, de regreso en su casa, no comunicó a nadie las palabras que el ángel le había dicho.

X. De los pastores que vieron la natividad del Señor

1. Y, cerca de aquel sitio, habitaban los pastores de que ya hemos hablado. Pero sus rebaños de cabras y de ovejas no se recogían más que al caer la noche, en lugares apartados y lejanos, donde pastaban en las montañas y en la llanura. Y, al oscurecer, cada pastor reunía su rebaño, y velaba y guardaba sobre él las vigilias de la noche. Y he aquí que el ángel del Señor vino sobre los pastores, y la claridad de Dios los cercó de resplandor. Y tuvieron gran temor y, lanzando gritos, se congregaron en un mismo lugar, y dijeron los unos a los otros: ¿Qué palabra es ésta que hasta nosotros ha llegado, y que no conocemos?

2. Mas el ángel les dijo de nuevo: No temáis, hombres discretos e inteligentes que os habéis congregado. Porque he aquí que os doy nuevas de gran gozo, y es que os ha nacido hoy mismo un salvador, que es el Cristo del Señor, en la ciudad de David. Y esto os será por señal. Cuando entráis en la gruta, hallaréis a un niño envuelto en pañales y echado en un pesebre de bueyes. Y, después de haber oído al ángel, los pastores, en número de quince, fueron aprisa al paraje que les indican aquél. Y, viendo a Jesús, se prosternaron ante él y lo adoraron. Y alababan en voz alta a Dios, diciendo: Gloria a Dios en las alturas, y en la tierra paz y buena voluntad para con los hombres. Y cada uno de los pastores volvió a su rebaño, alabando y glorificando al Cristo.

XI. De cómo los magos llegaron con presentes, para adorar al niño Jesús recién nacido

1. Y José y María continuaron con el niño en la caverna, a escondidas y sin mostrarse en público, para que nadie supiese nada. Pero al cabo de tres días, es decir. el 23 de tébeth, que es el 9 de enero, he aquí que los magos de Oriente, que habían salido de su país hacía nueve meses, y que llevaban consigo un ejército numeroso, llegaron a la ciudad de Jerusalén. El primero era Melkon, rey de los persas; el segundo, Gaspar, rey de los indios; y el tercero, Baltasar, rey de los árabes. Y los jefes de su ejército, investidos del mando general, eran en número de doce. Las tropas de caballería que los acompañaban, sumaban doce mil hombres, cuatro mil de cada reino. Y todos habían llegado, por orden de Dios, de la tierra de los magos, su patria, situada en

las regiones de Oriente. Porque, como ya hemos referido, tan pronto el ángel hubo anunciado a la Virgen María su futura maternidad, marchó, llevado por el Espíritu Santo, a advertir a los reyes que fuesen a adorar al niño recién nacido. Y ellos, habiendo tomado su decisión, se reunieron en un mismo sitio, y la estrella que los precedía, los condujo, con sus tropas, a la ciudad de Jerusalén, después de nueve meses de viaje.

2. Y acamparon en los alrededores de la ciudad, donde permanecieron tres días, con los príncipes de sus reinos respectivos. Aunque fuesen hermanos e hijos de un mismo padre, ejércitos de lenguas y nacionalidades diversas caminaban en su séquito. El primer rey, Melkon, aportaba, como presentes, mirra, áloe, muselina, púrpura, cintas de lino, y también los libros escritos y sellados por el dedo de Dios. El segundo rey, Gaspar, aportaba, en honor del niño, nardo, cinamomo, canela e incienso. Y el tercer rey, Baltasar, traía consigo oro, plata, piedras preciosas, perlas finas y zafiros de gran precio.

3. Y, cuando llegaron a la ciudad de Jerusalén, el astro que los precedía, ocultó momentáneamente su luz, por lo que se detuvieron e hicieron alto. Y los reyes de los magos y las numerosas tropas de sus caballeros se dijeron los unos a los otros: ¿Qué hacer ahora, y en qué dirección marchar? Lo ignoramos, porque la estrella nos ha guiado hasta hoy, y he aquí que acaba de desaparecer, abandonándonos y dejándonos en angustioso apuro. Vamos, pues, a informarnos respecto al niño, y busquemos el lugar exacto en que esté, y después proseguiremos nuestra ruta. Y todos convinieron unánimemente en que esto era lo más puesto en razón.

4. Y el rey Herodes, al ver la numerosa caballería que acampaba, amenazadora, alrededor de la ciudad, concibió vivo temor. Y, poniéndose a reflexionar, se dijo: ¿Quiénes son esos hombres que acampan ahí con un ejército numeroso, y que disponen de una fuerza enorme, de tesoros, de vastas riquezas y de objetos de lujo? Ninguno de ellos ha venido a presentarse a mí, y sus jefes son en tal medida grandes y victoriosos, que no han dado un solo paso para cumplimentarme. Luego el rey mandó llamar a los príncipes de su corte y a sus más altos dignatarios y, reunidos en concejo, se dijeron los unos a los otros: ¿Cómo obraremos con esas gentes, que traen un ejército numeroso a sus órdenes, y que son jefes aguerridos?

5. Y los príncipes dijeron a Herodes: ¡Oh rey, ordena que se guarde bien esta ciudad por los guerreros de tu guardia, no sea que esos extranjeros la sorprendan clandestinamente, se apoderen de ella a viva fuerza, y conduzcan a los habitantes en cautividad! El rey repuso: Habláis bien, pero valgámonos antes de medios amistosos, y después veremos. Y los príncipes dijeron: ¡Oh rey, dispón que todas tus tropas se reúnan, que desplieguen vigilante energía, y que se mantengan atentas y sobre las armas! Y, en el ínterin, enviad a esas gentes como diputados a varones hábiles, que vayan a parlamentar con ellos, y que les pregunten, al justo y en detalle, de dónde vienen y adónde van.

6. Entonces Herodes eligió a tres príncipes, hombres doctos y letrados, para que fuesen a entrevistarse con los extranjeros de parte suya. Y, llegando a éstos, unos y otros se saludaron con mutua consideración, y se sentaron. Y los príncipes dijeron: Hombres venerables y reyes poderosos, explicadnos el motivo de vuestro advenimiento a nuestro país. Los magos dijeron: ¿Por qué nos hacéis esa pregunta, si somos nosotros los que venimos a interrogaros? Procedemos de Persia, comarca lejana, y tenemos prisa en proseguir nuestra ruta. Los príncipes dijeron: Escuchadnos, por amor de Dios. Nuestro rey está en la ciudad, y, al notar que os establecíais aquí en observación, esperaba que os presentaseis a él, pues querría veros, oíros, hablaros, y conversar con vosotros. Mas, como no os apresuraseis a ir a visitarlo, nos ha enviado en vuestra busca, para invitaros a que os personéis en su palacio, a fin de informarse, con todo respeto, de vuestras intenciones, y saber lo que deseáis.

7. Los magos dijeron: ¿Y para qué nos requiere vuestro rey? Si él tiene alguna cuestión que plantearnos, nosotros, por nuestra parte, nada tenemos que ver, nada que oír, nada que manifestar a nadie. Los príncipes dijeron: ¿Venís, pues, como amigos o con designios violentos? Los magos dijeron: Libre y gozosamente hemos venido de nuestra nación aquí. Nadie nos ha sometido a semejante interrogatorio, ¡y vosotros pretendéis ahora sondearnos! Los príncipes dijeron: El rey es quien nos ha mandado venir a veros, a oíros y a hablaros. Desde que habéis acampado en las afueras, un olor de esencias aromáticas ha salido de vuestras tiendas, y llenado toda nuestra ciudad. ¿Sois mercaderes, que os dedicáis al gran comercio, o poderosos señores familiares de reyes, que traéis en abundancia perfumes refinados de todas las flores preciosas, los

cuales tratan de cambiar en algún país rico? Los magos dijeron: Nada de eso somos, ni nada tenemos que vender, y solo preguntamos por nuestro camino.

8. Los príncipes preguntaron: ¿Qué camino? Y los magos contestaron: Aquel por el que el Señor nos conducirá, en la justicia, hasta el país del bien. Por orden de Dios y de común acuerdo, hemos venido aquí. Hace nueve meses que nos pusimos en marcha, y no pudimos aún llegar a tiempo a nuestro destino. La estrella que nos guiaba, nos precedía de continuo, y, al terminar cada etapa de nuestro viaje, se estacionaba sobre nuestras cabezas. Cuando, puestos de nuevo en camino, apresurábamos la marcha, la estrella, dejada atrás, tomaba otra vez la delantera, y así hasta este lugar. Ahora, su luz, ha desaparecido de nuestra vista, y, sumidos en la incertidumbre, no sabemos qué hacer.

9. Y los príncipes fueron a contar al rey todo lo que les participaron los magos. Entonces Herodes se decidió a ir en persona a entrevistarse con ellos, y, así que estuvo en su campamento, les preguntó: ¿Con qué propósito habéis hecho tan largo viaje a esta tierra, con ejército tan numeroso y con presentes tan ricos? Y los magos contestaron: Venimos de Persia, del Oriente. Por razón de nuestra nacionalidad, se nos llama magos. Hemos llegado aquí conducidos por una estrella, y la causa de nuestro viaje es haber visto en nuestro país que un rey ha nacido en el país de Judea. Nuestro objeto es visitarlo y adorarlo.

10. Herodes, que tal oyó, quedó profundamente turbado y empavorecido. Él interrogó a los extranjeros: ¿De quién habéis sabido lo que decís, o quién os lo ha contado? Y los magos respondieron: De ello hemos recibido de nuestros antepasados el testimonio escrito, que se guardó bajo pliego sellado. Y, durante largos años, de generación en generación, nuestros padres y los hijos de sus hijos han permanecido en expectación, hasta el momento en que aquella palabra se ha realizado ante nosotros, puesto que en una visión se nos ha manifestado, por mandato de Dios y por ministerio de un ángel. Y hemos llegado a este lugar, que nos ha indicado el Señor. Herodes dijo: ¿De dónde proviene ese testimonio, solo de vosotros conocido?

11. Los magos dijeron: Nuestro testimonio no proviene de hombre alguno. Es una orden divina concerniente a un designio que el Señor ha prometido cumplir en favor de los hijos de los hombres, y que se ha conservado entre nosotros hasta el día. Herodes dijo: ¿Dónde está ese libro, que vuestro pueblo

posee con exclusión de todo otro? Los magos dijeron: Ningún otro pueblo lo conoce, ni de oídas, ni por su propia inteligencia, y solo nuestro pueblo posee de él un testimonio escrito. Porque, cuando Adán hubo abandonado al Paraíso, y cuando Caín hubo matado a Abel, el Señor concedió a nuestro primer padre el nacimiento de Seth, el hijo de consolación, y, con él, aquella carta escrita, firmada y sellada por el dedo del mismo Dios. Seth la recibió de su padre, y la dio a sus hijos. Sus hijos la dieron a sus hijos, de generación en generación. Y, hasta Noé, recibieron la orden de guardar cuidadosamente dicha carta. Noé se la dio a su hijo Sem, y los hijos de éste la transmitieron a los suyos. Y éstos, a su vez, la dieron a Abraham. Y Abraham la dio a Melquisedec, rey de Salem y sacerdote del Dios Alto, por cuya vía nuestro pueblo la recibió, en tiempo de Ciro, monarca de Persia, y nuestros padres la depositaron con grande honra en un salón especial. Finalmente, la carta llegó hasta nosotros. Y nosotros, poseedores de ese testimonio escrito, conocimos de antemano al nuevo monarca, hijo del rey de Israel.

12. Al escuchar esto, llenóse de rabia el corazón de Herodes, que dijo: Mostradme esos signos escritos, que poseéis. Los magos dijeron: Lo que hemos prometido remitir a su dirección, y cumplir en su nombre, no podemos abrirlo, ni mostrarlo a nadie. Entonces Herodes ordenó que se detuviese a los magos a viva fuerza. Empero, de súbito, el palacio, en que residían multitud de gentes, fue sacudido por espantosa conmoción. Las columnas se abatieron por cuatro lados, y todo el cimiento del palacio se desfondó con gran ruina. Una muchedumbre numerosa que se encontraba fuera, huyó de allí, aterrada, y los que estaban en el interior del edificio, grandes y pequeños, quedaron muertos en número de setenta y dos. A cuya vista, todos los que habían venido a aquel lugar, cayeron a los pies de Herodes, y le suplicaron, diciendo: Déjalos proseguir tranquilamente su camino. Y su hijo Arquelao se puso también de hinojos ante su padre, y le dirigió el mismo ruego.

13. El impío Herodes consintió en el deseo de su hijo, y despidió a los magos, preguntándoles en tono de amistad: ¿Qué deseáis que haga por vosotros? Y los magos contestaron: No tenemos otra demanda que hacerte sino ésta: ¿Qué hay escrito en vuestra ley? ¿Qué leéis en ella? Y Herodes repuso: ¿Qué queréis decir? Y los magos interrogaron: ¿Dónde va a nacer el Cristo, rey de los judíos? Y, oyendo esto, Herodes se turbó, y toda Jerusalén con él.

Y, convocados todos los príncipes de los sacerdotes y los escribas del pueblo, les preguntó: ¿Dónde ha de nacer el Cristo? Y ellos le dijeron: En Bethlehem de Judea, ciudad de David. Y Herodes dijo a los magos: Andad allá, y preguntad con diligencia por el niño, y, después que lo halléis, hacédmelo saber, para que yo también vaya, y lo adore. Mas el tirano impío hablaba de esta suerte, para hacer pasar el niño a cuchillo, por medio de aquella información sorprendida pérfidamente.

14. Y los magos, levantándose enseguida, se prosternaron ante Herodes y ante toda la ciudad de Jerusalén, y continuaron su ruta. Y he aquí la estrella, que habían visto antes, iba delante de ellos, hasta que, llegando, se puso sobre donde estaba el niño Jesús. Y, regocijándose con muy grande gozo, bajaron cada cual de su montura, e inmediatamente, hicieron resonar sus bocinas, sus pífanos, sus tamboriles, sus arpas y todos sus demás instrumentos de música, en honor del recién nacido, hijo del rey de Israel. Reyes, príncipes y toda la multitud de la comitiva, entonando un canto, empezaron a bailar y, a plena voz, con alegría, con reconocimiento, con corazón jubiloso, bendecían y alababan a Dios, por haberlos considerado dignos de llegar a tiempo a Bethlehem, para contemplar la gloria del gran día, ilustrado por el misterio que ante ellos se mostraba.

15. Al ver todo aquel aparato, y al oír todo aquel estruendo, José y María, confusos y medrosos, huyeron de allí, y el niño Jesús quedó solo en la caverna, acostado en el pesebre de los animales. Mas los príncipes y los grandes señores de los reyes magos, detuvieron a José, y le dijeron: Viejo, ¿qué temor es el tuyo, y por qué haces esto? Nosotros, en verdad, también somos hombres semejantes a vosotros. José repuso: ¿De dónde llegáis a esta hora, y qué pretendéis, al venir aquí con tan numeroso ejército? Los magos replicaron: Llegamos de una tierra lejana, nuestra patria Persia, y venimos con gran copia de presentes y de ofrendas. Queremos conocer al niño recién nacido, que es el rey de los judíos, y adorarlo. Si por acaso lo sabes a ciencia cierta, indícanos puntualmente el lugar en que se halla, a fin de que vayamos a verlo. Al oír esto, María entró con júbilo en la caverna, y, alzando al niño en sus brazos, sintió el corazón lleno de alegría. Y luego, bendiciendo y alabando y glorificando a Dios, permaneció sentada en silencio.

16. Por segunda vez los magos interrogaron a José en esta guisa: Venerable anciano, infórmanos con exactitud, manifestándonos dónde se encuentra el niño recién nacido. José, con el dedo, les mostró de lejos la caverna. Y María dio de mamar a su hijo, y volvió a ponerlo en el pesebre del establo. Y los magos llegaron gozosos a la entrada de la caverna. Y, divisando al niño en el pesebre de los animales, se prosternaron ante él, con la faz contra la tierra, reyes, príncipes, grandes señores, y todo el resto de la multitud que componía su numeroso ejército. Y cada uno aportaba sus presentes, y los ofrecía.

17. En primer término se adelantó Gaspar, rey de la India, llevando nardo, cinamomo, canela, incienso y otras esencias olorosas y aromáticas, que esparcieron un perfume de inmortalidad en la gruta. Después Baltasar, rey de la Arabia, abriendo el cofre de sus opulentos tesoros, sacó de él, para ofrendárselos al niño, oro, plata, piedras preciosas, perlas finas y zafiros de gran precio. A su vez, Melkon, rey de la Persia, presentó mirra, áloe, muselina, púrpura y cintas de lino.

18. Y, no bien hubieron ofrecido cada uno sus presentes, en honor del hijo real de Israel, los magos salieron de la gruta, y, reuniéndose los tres fuera de ella, iniciaron mutua consulta entre sí. Y exclamaron: ¡Asombroso es lo que acabamos de ver en tan pobre reducto, desprovisto de todo! Ni casa, ni lecho, ni habitación, sino una caverna lóbrega, desierta e inhabitada, en que estas gentes no tienen ni aun lo necesario cara procurarse abrigo. ¿De qué nos ha servido venir de tan lejos para conocerlo? Franqueémonos los unos con los otros en recíproca sinceridad. ¿Qué signo maravilloso hemos contemplado aquí, y qué prodigio nos ha aparecido a cada uno? Los hermanos se dijeron a una: Sí, lleváis razón. Contémonos nuestra visión respectiva. Y preguntaron a Gaspar, rey de la India: Cuando le ofreciste el incienso, ¿qué apariencia reconociste en él?

19. Y el rey Gaspar contestó: Reconocí en él al hijo de Dios encarnado, sentado en un trono de gloria, y a las legiones de los ángeles incorporales, que formaban su cortejo. Ellos dijeron: Está bien. Y preguntaron a Baltasar, rey de la Arabia: Cuando le aportaste tus tesoros, ¿bajo qué aspecto se te presentó el niño? Y Baltasar contestó: Se me presentó a modo de un hijo de rey, rodeado de un ejército numeroso, que lo adoraba de rodillas. Ellos dijeron: La visión es muy propia. Y Melkon, sometido a la misma interrogación que sus herma-

nos, expuso: Yo lo vi como hijo del hombre, como un ser de carne y hueso, y también le vi muerto corporalmente entre suplicios, y más tarde levantándose vivo del sepulcro. Al escuchar tales confidencias, los reyes, llenos de estupor, se dijeron con pasmo: Nuevo prodigio es el que estas tres visiones sugieren. Porque nuestros testimonios no concuerdan entre sí, y, sin embargo, nos es imposible negar un hecho patentizado por nuestros propios ojos.

20. Y por la mañana, muy temprano, los reyes se levantaron, y se dijeron los unos a los otros: Vamos juntos a la caverna, y veamos si algún otro signo se nos manifiesta claro. Y Gaspar entró en la gruta, y vio al niño en el pesebre del establo. E, inclinándose, se prosternó, y tuvo la segunda visión, la de Baltasar, a quien se le mostró el niño a manera de un monarca terrestre. Y, cuando salió, relató el caso a los otros en estos términos: No he tenido mi primera visión, sino la tuya, Baltasar, la que tú nos has referido. Y Baltasar entró a su vez, y halló al niño en el regazo de su madre. E, inclinándose, se prosternó ante él, y tampoco tuvo su visión del día anterior, en que el niño se le apareciera como hijo de rey, sino como hijo del hombre, con su carne muerta entre tormentos, y después resucitado y vuelto a la vida. Y fue a comunicar esto a los otros hermanos, diciéndoles: No he renovado mi primera visión, sino contemplado la de Melkon, tal como él nos la ha contado. Entonces entró Melkon, y encontró al Cristo sentado sobre un trono sublime. E, inclinándose, se prosternó ante él, y no lo vio ya como lo había visto la primera vez, muerto y vuelto a la vida, sino conforme lo viera Gaspar, como Dios hecho carne y nacido de la Virgen. Lleno de gozo, Melkon fue, presuroso, a prevenir a los otros hermanos, diciéndoles: No he tenido mi primera visión, sino la de Gaspar, pues vi a Dios, sentado sobre un trono de gloria.

21. Luego de haber visto todas estas cosas, los reyes se congregaron nuevamente en consulta. Y cambiaron impresiones sobre la visión que cada uno había percibido y comprendido. Y se dijeron: Retirémonos ahora a nuestro albergue. Mañana, muy temprano, volveremos por tercera vez a la gruta, y nos aseguraremos de modo positivo y definitivo si está realmente allí el que el Señor nos ha mostrado. Y, habiendo regresado a su tienda, permanecieron alegres en ella, hasta que despuntó el día. Y, levantándose, llegaron a la abertura de la caverna, en la cual penetraron uno a uno. Y miraron y reconocieron al niño, y tuvieron de él la misma visión que habían tenido la primera vez. Y,

transportados de júbilo, se contaron los unos a los otros lo que habían comprobado, y fueron a anunciarlo a todo su ejército en estos términos: En verdad, ese niño es efectivamente Dios e hijo de Dios, que se ha mostrado a cada uno de nosotros bajo una apariencia exterior en relación con los dones que respectivamente le hemos ofrecido. Y ha recibido con dulzura y con bondad nuestro saludo y el homenaje de nuestros presentes. Y todos, reyes, príncipes, grandes señores y toda la multitud del numeroso ejército que se encontraba allí, tuvieron fe en el niño Jesús.

22. Y de nuevo el rey Melkon tomó el libro del Testamento, que guardaba en su casa como herencia de los primeros antepasados, según ya advertimos, y se lo presentó al niño, diciéndole: He aquí tu carta, que a nuestros ascendientes entregaste en custodia, firmada y sellada por ti. Toma este documento auténtico que has escrito, ábrelo y léelo, porque el quirógrafo está a tu nombre. Y el documento era aquel cuyo texto permanecía oculto bajo pliego, y que los magos no se habían atrevido a abrir, y menos aún a dar a los judíos y a sus sacerdotes, por cuanto éstos no eran dignos de llegar a ser hijos del reino de Dios, destinados como estaban a renegar del Salvador, y a crucificarlo.

23. Dicho documento había sido regalado por Dios a Adán, del cual, después de su expulsión del Paraíso, se había apoderado un gran dolor, a raíz del homicidio perpetrado por Caín en la persona de su hermano Abel. Mas, cuando hubo visto al primero castigado por Dios, y a él mismo arrojado del edén glorioso por su desobediencia, se encontró también atormentado en sus hijos, por la aflicción del espectáculo de Abel muerto y Caín condenado a siete penas. Adán más entristecido todavía y sumido en un duelo más profundo, no mantuvo ya relaciones conyugales con Eva. Y, al cabo de doscientos cuarenta años de haber salido del Paraíso, Dios, en su misericordia, le envió un ángel, y le ordenó que entrase a Eva. E hizo nacer a Seth, nombre que significa hijo de la consolación. Y, por haber querido Adán hacerse Dios, éste resolvió hacerse hombre, en el exceso de su piedad y de su amor a nuestra desdichada especie. Y prometió a nuestro primer padre que, conforme a su plegaria, escribiría y sellaría con su propio dedo un pergamino en letras de oro, que llevaría la siguiente portada: En el año seis mil, el día sexto de la semana, el mismo en que te creé, y a la hora sexta, enviaré a mi hijo único, el Verbo divino, que tomará carne en tu raza, y que se convertirá en hijo del hombre, y que te res-

tablecerá de nuevo en tu dignidad original, por los supremos tormentos de su cruz. Y entonces tú, Adán, unido a mí con un alma pura y un cuerpo inmortal, quedarás deificado, y podrás, como yo, discernir el bien y el mal.

24. Y este documento, que Adán dio a Seth, Seth a Enoch, Enoch a sus hijos, y que de tal suerte pasó de unos descendientes a otros, hasta Noé; que Noé dio a Sem, Sem a sus hijos, y sus hijos a sus hijos hasta Abraham; que Abraham dio Melquisedec el pontífice; que Melquisedec dio a otro, y éstos a otros todavía, hasta que llegó a manos de Ciro, quien lo guardó cuidadosamente en un salón especial, donde se conservó hasta el tiempo de la natividad del Cristo: ese documento era el mismo que los magos ofrecieron al niño Jesús. Y, como los reyes y todo su acompañamiento hubiesen cumplido sus votos y sus plegarias, después de tres días de permanencia en la gruta, deliberaron entre sí, y se dijeron: No hay que olvidar lo prometido. Vamos por última vez a la caverna, para adorar al niño, y después reanudaremos nuestro viaje en paz. Y, de común acuerdo, entraron en el establo, y de nuevo tuvieron exactamente sus visiones respectivas. Y, conmovidos por gran temor, se prosternaron ante el recién nacido, y rindieron testimonio de fe en él, diciéndole: Eres Dios e hijo de Dios. Y, salidos de la gruta, continuaron en sus alrededores el día entero hasta el siguiente. Y, con júbilo y alegría, bendecían y alababan a Dios.

25. Y, por la mañana, al despuntar la aurora, el día primero de la semana, el 25 de tébeth y de enero el 12, se dispusieron a partir para su país. Y, cuando deliberaban sobre si volverían a entrevistarse con Herodes, he aquí que una voz les habló, diciendo: No tornéis a Herodes, el tirano impío, porque quiere matar a ese tierno infante. Y, habiendo oído esto, los magos renunciaron a pasar por la ciudad de Jerusalén, y regresaron a su tierra por otro camino. Y, glorificando al Cristo, Dios del universo, marcharon a su patria, poseídos de gozo y siguiendo la ruta por donde el Señor los conducía.

XII. De cómo José y María circuncidaron a Jesús, y lo llevaron al templo de Jerusalén con presentes

1. Después de todos los acontecimientos ocurridos, José y su esposa permanecieron secretamente en la caverna, teniéndolo oculto, para que persona alguna supiese nada. Y, tomando todos los tesoros aportados por los magos,

José los escondió cuidadosamente en la gruta. Y, siempre a hurto de la gente, salía y circulaba a diario por la villa, por la aldea y por la campiña. Las necesidades materiales de todos estaban provistas y nadie los inquietaba, ni los amenazaba, por voluntad de Dios, pues, aunque de Bethlehem a la ciudad de Jerusalén, apenas hay doce millas, todo el territorio de las inmediaciones está desierto e inhabitado. Y, cada vez que José iba a algún menester a cualquier lugar, dejaba de guardián, al servicio de María, a su hijo menor, que lo había seguido a Bethlehem.

2. Y, cuando el niño tuvo ocho días de edad, José dijo a María: ¿Cómo obraremos con esta criatura, puesto que la ley ordena hacer la circuncisión a los ocho días del nacimiento? Y María le dijo: Procede como te plazca en este asunto. Y José marchó con sigilo a Jerusalén, y trajo de allí un hombre sabio, misericordioso y temeroso del Señor, que se llamaba Joel, y que conocía a fondo las leyes divinas. Y llegó a la gruta, donde encontró al niño. Y, al aplicarle el cuchillo no resultó de ello ningún corte en el cuerpo de aquél. Ante este prodigio, quedó estupefacto, y exclamó: He aquí que la sangre de este niño ha corrido sin incisión alguna. Y recibió el nombre de Jesús, que le había sido impuesto de antemano por el ángel.

3. Y la sagrada familia continuó en la gruta. Y el niño Jesús crecía y progresaba en gracia y en sabiduría. Y, hasta los cuarenta días, los esposos siguieron ocultándolo, para que nadie lo viese.

4. Y, cuando Herodes vio que los magos habían regresado a su país sin visitarlo, se hizo la reflexión siguiente: Si los magos que aquí llegaron no han vuelto es que son traficantes familiares de los reyes. Por eso, no quisieron descubrirme sus secretos. Mas, temiendo que les exigiese rescate, se me escaparon falazmente y con falsos pretextos, para que yo no los perjudicase. Y, habiendo hablado así, Herodes abandonó la ciudad de Jerusalén, y fue a residir temporalmente a Achaía. Por el momento, no pensó más en su proyecto de buscar al niño Jesús, para hacerle una mala partida. Y, como los sacerdotes y el pueblo tampoco prosiguiesen el asunto, éste cayó en el olvido.

5. Y José, tomando en secreto a María y a Jesús, con numerosos dones y ofrendas provenientes de la liberalidad de los magos, subió a la ciudad de Jerusalén. Y, después de haber presentado el niño Jesús a los sacerdotes, ofrecieron al templo, según el uso consagrado, un par de tórtolas, o dos palo-

minos. Y el viejo Simeón, habiendo tomado y recibido al Mesías en sus brazos, pidió al Señor que lo despidiese en paz, antes que su alma quedase en libertad de volver a Él. Y, poseído de espíritu profético, Simeón dijo de Jesús: He aquí que es puesto para caída y para levantamiento de muchos en Israel.

6. Y, después de haber rendido el tributo de sus presentes y de sus sacrificios, José volvió, con María y con Jesús, a Bethlehem. Recogidos en la gruta, permanecieron allí largos días, hasta el año nuevo, sin aparecer en público, por miedo al impío rey Herodes. Y, a los nueve meses, Jesús dejó espontáneamente de amamantarse en los pechos de su madre. Y, al notarlo ésta y José, se admiraron en gran manera, y se preguntaron el uno al otro: ¿Cómo es que no come, ni bebe, ni duerme, sino que está siempre alerta y despierto? Y no podían comprender el imperio de voluntad que ejercía sobre sí mismo.

XIII. De la cólera de Herodes, y de cómo degolló a los niños de Bethlehem

1. Y continuaron los tres viviendo hasta el comienzo de otro año en Bethlehem, cuando un hombre impío de esta localidad, llamado Begor o Fegor, fue a prevenir al perverso rey Herodes, y le hizo el siguiente relato: Los magos que enviaste a Bethlehem, y a quienes ordenaste que pasasen a verte antes de abandonar Judea, no han vuelto, sino que, habiendo ido allá abajo, y habiendo encontrado a un niño recién nacido, del que se decía que era hijo de rey, le han ofrecido profusión de presentes que consigo llevaban, y han regresado a su tierra por otro camino.

2. Al saber que había sido engañado por los magos, Herodes convocó a los príncipes y a los grandes señores de su reino, y les dijo: ¿Qué hacer? Esos hombres, después de habernos burlado y escarnecido pérfidamente, han huido, y se nos han escapado. ¿Qué ha sido de ese niño, y en qué retiro tan oculto se esconde de mí, que nadie lo ha visto hasta ahora? Ea, pues, mandemos soldados a Bethlehem, para que lo busquen, lo capturen, y maten a su padre y a su madre.

3. Mas los príncipes dijeron: ¡Oh rey, escúchanos! Bethlehem es una ciudad en ruinas, y los hechos que conciernen a ese niño, largos días ha que pasaron, por lo cual es casi seguro que no esté ya en ese sitio, y que haya huido a un país lejano. Y los príncipes, que no se cuidaron más del asunto, y que no lo

revelaron a nadie, hablaron así por disposición divina del Espíritu Santo, dado que Jesús y los suyos habitaban allí todavía.

4. Y el malvado impío, en la rabia de su corazón no sabía qué determinación tomar. Y los príncipes dijeron: ¡Oh rey, no te aflijas de ese modo, ni dejes que tu alma se turbe por el arrebato! Manda todo lo que quieras y te obedeceremos. El rey repuso: Sí, yo sé cómo he de obrar. Cuanto a vosotros, básteos estar prestos a cumplir mis órdenes. Y convocó a los comandantes del ejército y a los jefes de los distritos, y los envió por toda la extensión de su reino, para buscar a Jesús. Pero el resultado fue infructuoso y, a su retorno, manifestaron al rey: Hemos recorrido todos los cantones de Judea, y no lo hemos encontrado. En vista de ello, Herodes mandó a dieciocho ciliarcas de sus tropas que recorriesen todo el territorio sometido a su dominio, y les dio la consigna siguiente: No tengáis piedad alguna de los niños pequeños, ni de las lamentaciones de sus padres y de sus madres, y no os dejéis persuadir por gratificaciones fuertes, ni por juramentos engañosos. Mas doquiera halléis niños menores de dos años, pasadlos a cuchillo.

5. Entonces todos los comandantes del ejército se congregaron en torno suyo, con sus espadas y con sus armas. Y, poniéndose en camino, circularon por todos los lugares, y mataron a todos los niños que encontraron en ochenta y tres aldeas, en número de trece mil sesenta. Y el tirano impío, al proceder de tal manera a causa de Jesús, esperaba que éste hubiese quedado incluido entre las víctimas. Pero José y María, que supieron todas esas cosas, y a quienes intimidó el temor al rey y a su ejército, tomaron al niño Jesús, lo envolvieron en sus mantillas, y lo ocultaron en el pesebre de los animales. Después, ganaron las ruinas de la ciudad, y se agazaparon allí en observación. Y nadie los vio, porque los que los divisaban no les prestaban atención alguna, ni los miraban siquiera.

XIV. De cómo Herodes mató, en el templo, a Zacarías, el Gran Sacerdote, a causa de su hijo Juan

1. Mas el tirano impío, no encontrando medio de poner término total a su sangrienta obra, hizo enseguida investigaciones cerca de Zacarías con respecto a Juan, para saber si era su hijo único; y si estaba destinado a reinar sobre Israel. Envió, pues, soldados para que les entregase a su pequeño Juan, y

dijo Zacarías: Varias personas me han informado que tu hijo está destinado a reinar sobre la tierra de Judea. Muéstramelo, para que yo lo conozca. Al oír tal, Zacarías tuvo miedo del escelerato impío, y repuso: Por la vida del Señor, no sé lo que hablas.

2. Y, cuando Isabel supo esto, tomó al pequeño Juan y se fue con él, fugitiva, a un lugar desierto de la montaña, donde buscó sitio en que poner en seguridad al niño. Después, casi sin aliento, lloraba con amargura, y derramaba sus lágrimas ante el Señor, exclamando: Dios de mis padres, Dios de Israel, escucha la plegaria de tu sierva. Trátame conforme a tu piedad y a tu benevolencia para con los hombres, y arráncanos de las manos de Herodes y de la jauría rabiosa y criminal de sus ejércitos. Abrase la tierra, y tráguenos a ambos, antes que mis ojos vean la muerte de mi hijo. Y, apenas pronunciadas estas palabras, en el mismo instante, la montaña se abrió y le dio acceso, y ocultó a Isabel y al pequeño Juan. Una nube luminosa los cubrió, y los guardó sanos y salvos. Y un ángel del Señor, descendiendo a ellos, les sirvió de defensa tutelar.

3. Pero Herodes envió por segunda vez a sus servidores a Zacarías, y le comunicó: Dime dónde se oculta tu hijo y tráemelo, para que lo vea. Zacarías contestó: Yo me hallo consagrado al servicio del templo. Mas, como mi casa no está aquí, sino en la región montañosa de Galilea, ignoro qué se ha hecho de la madre y del niño. Y los servidores volvieron con el recado de Zacarías. De nuevo Herodes remitió un mensaje a sus generales, y les expuso: Id a manifestar esto a Zacarías: He aquí lo que dice el rey de Israel: Has escondido tu hijo a mis miradas, y no has querido presentármelo francamente, porque sé que ese niño ha de reinar en la casa de Israel. ¿Es que pretendes evitarme, y escapar de mis requerimientos, con palabras evasivas y con pretextos vanos? No será así en mis días. Si no me lo traes de buen grado, lo tomaré a la fuerza, y perecerás con él.

4. Y Zacarías respondió: Por la vida del Señor, repito que no sé lo que le ha ocurrido a mi esposa y a mi hijo. Y los servidores fueron a referir al rey las palabras del Gran Sacerdote. Pero el tirano impío y lleno de toda especie de iniquidad mandó nuevamente a sus comisionados, y conminó a Zacarías, diciéndole: Por tercera vez te transmito mis órdenes. No has querido atender-

las y no te han amedrentado mis amenazas. ¿Olvidas que tu sangre está en mi mano y que nadie te salvará, ni aun aquel en quien esperas?

5. Y, como los comisionados llevasen la nueva amonestación a Zacarías, éste replicó: Comprendo que queréis mi sangre, y que estáis decididos a verterla sin razón. Pero, aunque hagáis perecer mi cuerpo con muerte cruel, el Señor, que me ha hecho y que me ha creado, acogerá mi alma. Y ellos marcharon a repetir a Herodes lo que Zacarías había dicho. Pero el impío, en la perversidad creciente de su corazón, no dio respuesta alguna. Y, aquella misma noche, envió soldados, que se introdujeron furtivamente en el templo y mataron a Zacarías cerca del altar, en el tabernáculo de la alianza. Y nadie, ni de los sacerdotes, ni del pueblo, supo nada de lo ocurrido.

6. Pero, a la hora de la plegaria ritual, esperaron a que Zacarías hiciese acto de presencia, como todos los días, y tratando de verlo, no lo encontraron. Y, cuando apareció la aurora, en el momento de entregarse a aquella plegaria, los sacerdotes y el pueblo se reunieron para saludarse mutuamente, y se dijeron: ¿Qué ha sucedido al Gran Sacerdote? ¿Dónde estará? Y, extrañados de su tardanza, pensaron: Sin duda reza su oración privada, o bien ha tenido alguna visión en el templo.

7. Mas uno de los sacerdotes, llamado Felipe, entró audazmente en el Santo de los Santos, y vio la sangre coagulada cerca del altar de Dios. Y he aquí que una voz articulada salió del tabernáculo, diciendo: La sangre inocente ha sido vertida en vano, y no se borrará de encima de los hijos de la casa de Israel, hasta que llegue el día de la completa venganza. Cuando los sacerdotes y toda la multitud popular oyeron esto, rasgaron sus vestiduras y, esparciendo ceniza sobre sus cabezas, exclamaron: ¡Desdichados de nosotros y de nuestros padres, condenados todos a este desastre y a esta ignominia!

8. Y los sacerdotes, penetrando en el tabernáculo, vieron la sangre de Zacarías coagulada, como una piedra, cerca del altar de Dios, mas no vieron su cuerpo. Y, llenos de estupor, se dijeron los unos a los otros que su pérdida estaba consumada. Y se preguntaban, atónitos: ¿Qué se ha hecho de su cuerpo, que no aparece por ninguna parte? Y erraron por doquiera en su busca, y no hallaron rastro de él. Y cada cual sospechaba entre sí que alguien había recogido furtivamente su cuerpo, y lo había llevado a esconder en algún sitio oculto. Y, celebrando gran duelo en honor del Gran Sacerdote muerto,

los hijos de Israel lo lloraron durante treinta días e hicieron pesquisiciones en muchos puntos, sin que lograsen encontrar el cuerpo. Y así tuvo lugar el asesinato de Zacarías.

9. Después de lo acaecido, los sacerdotes y todo el pueblo deliberaron para constituir un nuevo Pontífice en el templo santo. Y, dirigiendo sus plegarias al Señor Dios, le pidieron que diese otro servidor al altar. Y echaron suertes, y la designación recayó sobre el viejo Simeón, el cual fue Pontífice muy poco tiempo y murió confesando fielmente al Cristo. Porque, desde la llegada del Salvador al templo hasta el momento en que Simeón entregó el espíritu, éste vivió cuarenta días en total. Y a continuación de todos aquellos acontecimientos, se estableció otro jefe en la casa de Israel.

XV. De cómo el ángel significó a José que huyese a Egipto

1. Y un ángel del Señor apareció a José, y le dijo: Levántate, y toma a Jesús y a su madre, y huye a Egipto, porque Herodes busca al niño, para matarlo. Y, en efecto, no faltó quien fuese a informar al rey acerca de Jesús, declarándole que aún vivía.

2. Y José, levantándose precipitadamente, tomó al niño y a María, y partió como fugitivo para Ascogon, que se llamaba Ascalón, ciudad situada a orillas del mar, y de allí para Hebrón, donde residieron ocultos, durante medio año. Uno y tres meses tenía Jesús, y ya andaba por sus pies. E iba con sus juguetes a echarse en el seno de su madre, y ésta, en un transporte de ternura, lo levantaba en sus brazos, le prodigaba sus caricias, y alababa a Dios, dándole gracias.

3. Pero, entonces, algunas personas de la ciudad fueron a prevenir a Herodes en estos términos: El niño Jesús vive, y se encuentra actualmente en Hebrón. Y Herodes despachó un correo a los jefes de la ciudad, para ordenarles expresamente que se apoderasen de Jesús con astucia, y lo matasen. Cuando José y María supieron esto, se dispusieron a partir de Hebrón e ir a Egipto Y, abandonando secretamente la ciudad como fugitivos, prosiguieron su ruta. Y recorrieron etapas numerosas y, en los sitios en que hacían alto, Jesús tomaba agua de las fuentes y les daba a beber. Finalmente, entraron en tierra egipcia, por la llanura de Tanís, y se dirigieron a una ciudad, llamada Polpai, donde habitaron seis meses. Y Jesús pasaba ya de los dos años.

4. Y, partidos de allí, llegaron, cerca de las fronteras de Egipto, a una ciudad que se llama Cairo, y moraron en un gran castillo de la residencia real, edificio cubierto, en un vasto espacio, por palacios y por fortalezas. Era un castillo magnífico, muy elevado, adornado espléndidamente y decorado con gran variedad, que Alejandro de Macedonia había levantado otrora, en los días de su mayor poder. Y allí permanecieron cuatro meses, hasta el momento en que el niño Jesús alcanzó la edad de dos años y cuatro meses.

5. Y Jesús salía al exterior, para pasearse con los niños y los párvulos, jugar con ellos y mezclarse en sus conversaciones. Y los llevaba a los sitios altos del castillo, a las lumbreras y a las ventanas, por donde pasaban los rayos del Sol, y les preguntaba: ¿Quién de vosotros podría rodear con sus brazos un rayo de luz, y dejarse deslizar de aquí abajo, sin hacerse el menor daño? Y Jesús dijo: Mirad todos y ved. Y, abrazando los rayos del Sol, formados por minúsculos polvillos, que, desde el amanecer, pasaban por las ventanas, descendió hasta el suelo, sin sufrir mal alguno. Viendo lo cual, los niños y las demás personas que estaban allí fueron a la ciudad a contar el prodigio realizado por Jesús. Y los que oyeron el relato de tamaño espectáculo, se admiraron con estupefacción. Mas José y María, al saberlo, tuvieron miedo y se alejaron de la ciudad, a causa del niño, para que nadie lo conociese. Y salieron furtivamente por la noche, llevando consigo a Jesús, y huyendo de aquellos lugares.

6. Y llegaron a la ciudad de Mesrin, donde se habían congregado multitud de gentes, y que era una población muy grande y rodeada de altos muros. En el barrio por donde penetraron en ella, se habían levantado estatuas mágicas. Cuando se pasaba por la primera puerta, se veía a cada lado una estatua mágica, que los reyes y los filósofos habían colocado en cada una de las puertas de la ciudad, para que suspendiese en admiración a todos los que entraban y salían. Y cuantas veces el enemigo amenazaba al país con un peligro o con un daño, todas aquellas estatuas lanzaban un mismo grito, que resonaba en la ciudad entera. Y los que oían la voz de las numerosas estatuas reconocían ese grito y comprendían que algo funesto iba a acontecer en el país. En la primera puerta del muro, se encontraban emplazadas dos águilas de hierro, con garras de cobre, un macho a la derecha, y otra hembra a la izquierda. En la segunda puerta, se veían animales de presa tallados en arcilla y en tierra cocida, a un lado un oso, al otro un león, y otras bestias feroces,

representadas en piedra y en madera. En la tercera puerta, había un caballo de cobre y, sobre él, la estatua en cobre de un rey, que tenía en la mano un águila también de cobre.

7. Y, cuando Jesús franqueó la puerta, súbitamente todas las estatuas se pusieron a vociferar con estrépito y a coro. Y todas las demás estatuas inanimadas de los falsos dioses gritaban a porfía y los ídolos de los templos lanzaban alaridos, como si la ciudad entera se quebrantase en sus cimientos y como si, en medio de terrores y de espantos, la vida se hiciese imposible para los hombres. Y, en el mismo momento, en tanto que las águilas daban grandes chillidos, el león rugía, el caballo relinchaba, y el rey de cobre clamaba a gran voz: Escuchad, todos los que aquí estáis, y prevenos, porque un monarca, hijo del gran rey, se acerca a nuestra ciudad con un ejército numeroso.

8. Al oír esto, todo el pueblo, formado en batallones, corrió precipitadamente en armas hacia la muralla. Y miraron a todos lados y no vieron cosa alguna. Y, puestos a reflexionar, se dijeron con asombro: ¿Qué voz tan sonora es ésa que nos ha interpelado? ¿Quién ha visto que un hijo de rey haya entrado en nuestra ciudad? Entonces se diseminaron por todas partes, y no descubrieron nada, excepto que, en una casa, encontraron a José, María y Jesús. Y detuvieron a José poniéndolo en la mitad de la plaza pública, le preguntaron: ¿De qué nación eres, viejo, y de dónde has venido? José respondió: Soy de la tierra de Judea, y vengo de la ciudad de Jerusalén. Y ellos insistieron: Dinos la verdad. ¿Cuándo has llegado aquí?

9. José contestó: Hace tres días que he llegado. Y ellos interrogaron: Y, por la ruta que has seguido, ¿no has visto un príncipe, hijo de rey que avanzaba contra este país con sus tropas? José repuso: No lo he visto. Ellos le dijeron: Pero ¿cómo has recorrido un camino tan largo y desprovisto de agua? José dijo: Unas veces iba yo solo, y otras seguía al niño y a su madre. Y la multitud le dijo: Comprendemos que eres un pobre anciano extranjero y un hombre seguro y fidedigno. Solamente quisiéramos informarnos, y saber lo cierto. No nos censures, porque hemos presenciado hoy un prodigio, que nos ha dejado en el mayor estupor. Y, habiendo hablado así, despidieron a José y se fueron.

10. Y sucedió que José, al llegar a otra ciudad de Egipto, se albergó cerca de un templo idolátrico, consagrado a Apolo, y permaneció allí varios días. Y uno de ellos, Jesús consideraba atentamente el palacio de los ídolos, que, por

su altura y por su longitud, era como una ciudad pequeña. Y Jesús dijo a su madre: Respóndeme sobre lo que voy a preguntarte. María le dijo: Habla, hijo mío: ¿Qué quieres? Jesús dijo: ¿Qué es esta construcción tan elevada y cuya extensión es tan considerable? María dijo: Es el templo de los ídolos, dedicado al culto de los altares ilegítimos y a la imagen del falso dios Apolo. Jesús dijo: Voy a ver qué aspecto presenta y a qué se parece. María dijo: Si quieres ir a él, sé prudente, para que no te suceda ningún mal.

11. Y Jesús se dirigió por aquel lado y entró en el templo de los ídolos. Y lo miraba todo en derredor y consideraba el esplendor del edificio, lleno de dibujos y de relieves de una decoración variada. Y lo admiró mucho, y salió prontamente. De nuevo las estatuas mágicas de la ciudad se pusieron a aullar, como la primera vez, y exclamaron: ¡Escuchad todos los presentes! He aquí que el hijo del gran rey ha entrado en el templo de Apolo. Al oír esto, toda la población se lanzó, corriendo, hacia el sitio indicado. Y las gentes se interrogaban las unas a las otras, diciendo: ¿Qué voz ha lanzado ese grito que se nos ha dirigido? Y recorrieron la ciudad, y a nadie hallaron, sino solo a Jesús. Y le preguntaron: Niño, ¿de quién eres hijo? Jesús respondió: Soy hijo de un viejo de cabellos blancos, pobre y extranjero en este país. ¿Qué me queréis? Y ellos lo dejaron ir, y pasaron.

12. Los ciudadanos se interrogaban unos a otros, diciéndose: ¿Qué significa este nuevo prodigio de que somos testigos? Oímos distintamente una voz que grita, y no comprendemos lo que anuncia. Es de temer que nos advenga súbitamente un desastre por donde menos sospechemos. Y, cuando aquellas gentes hubieron hablado así, toda la ciudad quedó perpleja y llena de inquietud. Cuanto a Jesús, marchó silenciosamente a su albergue, y cantó todo lo que había oído decir en la calle. Y María y José se sorprendieron y asombraron vivamente.

13. Y Jesús tenía entonces tres años y cuatro meses. Y, como el año nuevo se aproximase, celebróse un día de fiesta de Apolo. Toda la multitud se apretaba a las puertas del templo de los ídolos con numerosos dones y presentes para ofrecer en sacrificio a los grandes dioses animales y toda especie de cuadrúpedos. Y aderezaron una larga mesa cubierta de enseres, para comer y beber. Y toda la multitud del pueblo que había llegado, se mantenía a las puertas. Y los falsos sacerdotes celebraban la fiesta, para honrar al ídolo de

Apolo. Y Jesús, habiendo sobrevenido, entró secretamente, y se sentó. Todos los sacerdotes estaban congregados y, con ellos, los servidores del templo.

14. Y las águilas y las bestias feroces, es decir, las estatuas de estos animales, cuando vieron a Jesús entrar en el templo de los ídolos, se pusieron de nuevo a gritar y clamaron: ¡Mirad todos! He aquí que el hijo del gran rey ha entrado en el templo de Apolo. Al oír estas palabras, toda la multitud que se encontraba allí, fue presa de turbación y de cólera. Y, precipitándose los unos sobre los otros, querían acuchillarse mutuamente. Y se preguntaban: ¿Qué haremos con ese viejo? Porque todos estos prodigios se han producido desde que llegó a nuestra ciudad. Y el niño ¿será por acaso un hijo de rey, que haya robado, y con el que haya huido a nuestro país? Ea, apoderémonos de él y matémoslo.

15. Y, en tanto que ellos se entregaban a estos pensamientos homicidas, Jesús continuaba sentado en el templo de Apolo. Y consideraba atentamente aquella imagen incrustada en oro y en plata, por encima de la cual estaba escrito: Éste es Apolo, el dios creador del cielo y de la tierra, y el que ha dado vida a todo el género humano. Al ver esto, Jesús se indignó en su alma y, levantando los ojos al cielo, dijo: Padre, glorifica a tu hijo, para que tu hijo te glorifique. Y he aquí que una voz salió de los cielos, que decía: Lo he glorificado, y lo glorificaré de nuevo.

16. Y, en el mismo instante en que habló Jesús, el suelo tembló, y toda la armazón del templo se desplomó de arriba abajo. Y el ídolo de Apolo, los sacerdotes del santuario y los pontífices de los falsos dioses, quedaron sepultados en el interior del edificio, y perecieron. El resto de la población que se encontraba allí huyó de aquel lugar. Todos los ídolos y todos los altares de los demonios que había en la ciudad se abatieron en ruinas. Y todos los edificios religiosos y todas las estatuas mágicas que rodeaban la ciudad, imágenes inanimadas de hombres, de fieras y de animales, cayeron a tierra con gran destrozo. Entonces los demonios lanzaron un grito, y dijeron: Mirad todos, y compadeceos de nosotros, porque un niño muy pequeño nos ha destruido, con ser lo que somos, arruinando nuestra morada, exterminando a nuestros servidores, y haciéndolos perecer con mala muerte. Apoderaos, pues, de él y matadlo sin piedad.

17. Al oír esta queja y esta lamentación de los demonios, y al sonido de su grito, toda la multitud de las gentes de la ciudad se precipitó a una hacia el emplazamiento del templo arruinado y, con grandes manifestaciones de duelo, lloraba cada cual a sus difuntos. Y Jesús marchó en silencio a su casa y se sentó en un rincón. Y aquellas gentes, habiendo apresado a José, lo hicieron comparecer ante el tribunal, y le preguntaron: ¿Qué significa este desastre, que se ha anidado en nosotros, desde antes que nos refirieses lo que habías visto y oído en tu camino? Sin embargo, has callado esto, y nos lo has ocultado. Vamos, por tanto, a haceros perecer con mala muerte, a ti, a tu hijo, y a la mujer que te acompaña, puesto que, por tu traición, has provocado la pérdida de esta ciudad. Dinos dónde está tu hijo, y muéstranoslo, para que veamos al que ha destruido a nuestros dioses, anonadado a los ministros de nuestro culto, enterrado a nuestros sacerdotes bajo los escombros del templo, y causado tantas muertes prematuras. Y no escaparás de nuestras manos sino después de que nos hayas devuelto a nuestros parientes y a nuestros prójimos.

18. Y proferían muchas otras invectivas de este género contra él. Empero María cayó a los pies de Jesús y, llorando, lo invocaba, y decía: Jesús, hijo mío, escucha a tu sierva. No te irrites así contra nosotros, y no amotines a esta ciudad, no sea que, por odio, nos detengan y nos hagan perecer con mala muerte. Jesús repuso: ¡Oh madre mía!, no sabes lo que dices. Todas las tropas del ejército celestial de los espíritu angélicos tiemblan y se estremecen de temor ante el glorioso poder de mi divinidad, que ha concedido el don de la vida a todos los seres animados. Y él, Sadaiel mi enemigo y el de mis criaturas, hechas a mi imagen y semejanza, osa, a mi ejemplo, tomar el nombre de Dios y recibir el culto y las adoraciones del género humano.

19. Y María suplicó a Jesús: Hijo mío, aunque sea verdad lo que dices, te ruego que me escuches y que, por la intercesión de tu madre y sierva, resucites a esos muertos, cuya pérdida has producido. Y todos los que vean el milagro que hagas creerán en tu nombre. Porque bien sabes los numerosos tormentos con que afligen a ese viejo, que han detenido por causa tuya. Y Jesús respondió: Madre mía, no me aflijas de tal modo, porque aún no ha venido para mí la hora de hacer eso. Pero María insistió: De nuevo te ruego que me escuches, hijo mío. Considera nuestra angustia y nuestra situación, puesto que, por causa tuya, emigrados y desterrados, erramos, como desconocidos

por país extranjero. Y Jesús dijo: Por consideración a tu plegaria, haré lo que me pides, a fin de que esas gentes reconozcan que soy hijo de Dios.

20. Y, luego que hubo hablado así. Jesús se levantó, y atravesó por entre la multitud del pueblo. Y, cuando los concurrentes vieron a aquel niño de tan tierna edad, pues solo tenía tres años y cuatro meses, se dijeron los unos a los otros: ¿Es éste el que ha derribado el templo de los ídolos, y hecho pedazos la estatua de Apolo? Algunos contestaron: este es. Y, al oír tal, todos admiraron, con estupor, la obra prodigiosa que había cumplido. Y lo miraron fijamente, preguntándose: ¿Qué va a hacer? Y Jesús, nuevamente indignado en su alma, avanzó por encima de los cadáveres y, tomando polvo del suelo, lo vertió sobre ellos, y clamó a gran voz: Yo os conmino a todos, sacerdotes, que yacéis aquí, heridos de muerte por el desastre que os ha anonadado, que os incorporéis enseguida, y que salgáis fuera.

21. Y en el mismo momento en que pronunciaba estas palabras, tembló de pronto el lugar en que se encontraban los difuntos. Y se levantó el polvo, haciendo remolinear las piedras, y cerca de ciento ochenta y dos personas se levantaron de entre los muertos y se irguieron sobre sus pies. Pero otros ministros y arciprestes de Apolo, en número de ciento nueve no se levantaron. Y el temor y el terror se apoderaron de todo el mundo y, poseídos de pánico, dijeron: este, y no Apolo, es el Dios del cielo y de la tierra, que da la vida a todo el género humano. Y todos los sacerdotes resucitados de entre los muertos fueron a prosternarse ante él, y confesaban sus faltas, y decían: Verdaderamente, éste es el hijo de Dios y el salvador del mundo, que ha venido a darnos la vida. Y el ruido de sus milagros se esparció por toda la región, y los que de él oían hablar, venían de lejos, en gran número, para verlo. Y, por razón de su cortísima edad, se asombraban más aún.

22. Después, toda la muchedumbre reunida cayó a los pies de Jesús, y le rogaron que resucitase también de los muertos a los que habían sido servidores del templo. Mas Jesús no quiso hacerlo. Y, llevando a José ante la multitud agrupada, imploraban, y decían: Perdónanos las faltas que hemos cometido contigo, y ruega a tu hijo que resucite a los muertos que estaban en el templo. Y José dijo: Hacedme gracia de esto, porque no puedo violentarlo. Mas, si él quiere obrar espontáneamente, cúmplase la voluntad del Señor, que tiene poder sobre toda cosa.

23. Y sobrevino un hombre de gran familia, que fue a prosternarse ante Jesús y José, diciendo: Os suplico que vengáis a la casa de vuestro siervo y, una vez entráis bajo mi techo, quedad allí el tiempo que os plazca. Y los llevó a su morada, y todo el pueblo de la ciudad iba a visitar a Jesús, y los servía de sus haciendas con mucha simpatía. Y los que estaban atormentados por espíritus inmundos, por los demonios o por sus enfermedades, se arrodillaban ante Jesús, y él los curaba. Y hubo gran alegría en aquella ciudad, y las gentes del país de los alrededores, al saber todo esto, glorificaban a Dios en voz alta.

24. Y José permaneció en aquella ciudad largo tiempo, en la mansión de un príncipe, que era de raza hebraica. Eléazar había por nombre y tenía un hijo, llamado Lázaro, y dos hijas, llamadas Marta y María. Y acogió a José y a los suyos con gran consideración y deferencia. Y José prolongó allí su estancia y cantó a Eléazar todos los tratos de que le habían hecho objeto los hijos de Israel: opresiones, persecuciones, vejaciones, y por remate, el destierro en que se veían. Y, al oír estas cosas, Eléazar se llenó de tristeza. José le dijo: Bendito seas, por habernos recibido de buena voluntad, habernos sustentado, y habernos hecho todo el bien posible, desde que aquí estamos. Eléazar dijo a José: Venerable anciano, establece tu residencia en esta localidad, y no dudes que más tarde encontrarás el reposo y el cesamiento de tu angustia.

25. Y, luego de haber hablado así, ambos se sintieron poseídos de una alegría serena y cordial. Y el príncipe reveló a su huésped: Yo también soy de la tierra de Judea y de la ciudad de Jerusalén. Y he sufrido muchas penas y muchas aflicciones, por obra de mis enemigos. Me he visto expoliado y privado de todos mis bienes, y, por miedo al impío Herodes, me he expatriado, y he venido a este lugar con mi familia y con mis compañeros. Hace quince años que me he fijado en esta ciudad, y no he sufrido violencia alguna de parte de sus moradores, antes al contrario, he encontrado simpatía, benevolencia y respeto. No temas a nadie, y establece tu estada en el sitio que te parezca mejor, hasta el momento en que el Señor te visite, y tome en cuenta tu mucha edad. Después, volverás a la tierra de Judea, y tu alma vivirá por la esperanza en el Señor.

26. Dichas estas palabras, guardaron silencio. Y la sagrada familia permaneció tres meses completos en aquella población. José y Eléazar se trataban como dos hermanos, unidos por una afección y una bondad recíprocas. Marta

y María recibieron a la Virgen y al niño en su casa, con una caridad perfecta, como si no hubiesen tenido más que un corazón y un alma. Marta cuidaba especialmente de su hermano Lázaro, y María, que era de la misma edad que Jesús, acariciaba a éste, como si fuese su propio hermano.

27. Y Jesús, viendo todo lo que había sucedido, se indignó en su espíritu, y dijo a su madre: Mi espíritu está turbado por lo que he hecho en esta ciudad. Porque yo no quería manifestarme, para que nadie me conociese, y he aquí que escuché tus súplicas, y cumplí tu voluntad. Y la Virgen repuso: ¿Por qué me diriges ese reproche, hijo mío? En verdad, has ocasionado la ruina de los ídolos, y nos has librado a todos de la perdición y de la muerte, y esto es lo que yo te había rogado. En adelante, sea tu voluntad la que se cumpla, en cuanto dispongas o resuelvas hacer.

28. Y, a la noche siguiente, el ángel del Señor dijo a José, en una visión: Levántate, y toma a Jesús y a su madre, y vete a tierra de Israel, porque muertos son los que procuraban la muerte del niño. Y José, despertándose de su sueño, contó a María aquella visión, y ambos se regocijaron en gran manera. Pero, pocos días más tarde, oyendo que Arquelao reinaba en Judea en lugar de su padre Herodes, temió ir allá. Y, levantándose de noche, tomó a Jesús y a su madre, partió en dirección al sur, hacia el pie del monte Sinaí, por el desierto de Horeb, cerca del territorio donde, en otro tiempo el pueblo de Israel se había establecido y había morado.

XVI. De cómo la Sagrada Familia volvió a la tierra de Israel, y habitó en el país de Galilea, en el pueblo de Nazareth

1. Y, levantándose muy de mañana, fueron a ganar el país de Moab, frente a Mambré, y recorrieron numerosas etapas en su ruta. Y llegaron a una ciudad de los árabes llamada Malla gpir mtín, que quiere decir «gran ciudad de Dios». Cuando Jesús pasó por el territorio de la ciudad, se encontraban allí altares. Junto al camino, había una montaña de gran elevación, y en su cima un templo, espléndidamente adornado con toda especie de imágenes y consagrado al culto de los demonios. Y éstos, congregados cerca del camino, deliberaban entre sí, y decían: Nos encontramos bien aquí, en nuestra morada, y estamos en reposo. Pero hemos oído decir que ha aparecido en el mundo el hijo de un pobre viejo, que conoce y que discierne todas nuestras prácticas, y que es un

perseguidor y un enemigo de nuestra estirpe. Con él en la tierra, ¿qué va a ser de nosotros en adelante?

2. Algunos demonios dijeron: ¿Cómo os habéis arreglado para saber y conocer lo que es? Un demonio dijo: Vosotros no sabéis lo que es, mas yo lo sé, y lo conozco de antemano. Los otros demonios dijeron: Si lo conoces, instrúyenos. El demonio dijo: Es el mismo que nos precipitó de lo alto de los cielos, nuestra mansión prístina, y nos redujo a la perdición. Y ahora ha venido a la tierra, para expulsarnos del género humano. Los demonios dijeron: ¿Y cómo podrías saber lo que hará? El demonio dijo: Yo estaba en Egipto, en el templo de Apolo, cuando destruyó el sagrado edificio por completo, pulverizó las estatuas de los dioses, y lo arruinó todo de arriba abajo. Los demonios dijeron: ¡Desventurados de nosotros! Si viene aquí, ¿qué nos ocurrirá?

3. Y, en tanto que deliberaban entre sí en tal forma, divisaron de repente al niño Jesús, que avanzaba. Y, lanzando un grito, exclamaron, medrosos: ¡He aquí que el niño Jesús viene a la ciudad! Abandonemos este sitio, no sea que dejemos nuestra vida entre sus manos. Y otros demonios advirtieron: Lancemos un grito de alarma a la ciudad. Quizá se apoderen del niño y lo maten, con que quedaremos tranquilos en nuestro albergue. Y, habiendo hablado así, se esparcieron por diversos lados, y lanzaron este grito: ¡Mirad, todos, y escuchad! El hijo de un gran rey llega, y se dirige hacia esta ciudad con un ejército numeroso. Y, al oír esto, todos los habitantes de la localidad se armaron, y se reunieron en orden de combate, y fueron a patrullar por doquiera, mas no encontraron nada.

4. Y, como Jesús penetrase por la puerta de la ciudad, todas las edificaciones de los templos se desplomaron de súbito, desfondándose en ruinas, y no quedando una sola en pie. Cuanto a los sacerdotes y a los ministros del culto, fueron invadidos por la demencia de un furor demoníaco. Y se golpeaban a sí mismos y clamaban a gran voz: ¡Desventurados e infortunados de nosotros, que hemos sido expulsados de nuestros templos! ¿Quién es el autor de esta catástrofe? Y no podían explicarse aquel hecho y la destrucción de la ciudad.

5. José permaneció allí varios días. Y Jesús tenía entonces cuatro años. Y, llegado a esta edad, no quedaba ya confinado en su casa, sino que salía con otros niños y tomaba parte en sus conversaciones y en sus juegos. Y éstos acudían de buen grado a su encuentro y se prestaban a sus deseos

más mínimos. Por su amenidad afectuosa, los ponía a todos de acuerdo con él, y merced al encanto de su palabra, se convirtió en conductor y en jefe de todos los niños. Y, cualquier cosa que les mandaba hacer, la cumplían ellos con gusto. No dejaba a ninguno abandonarse a la ociosidad y, si ocurría que algunos se pegasen y se maltratasen entre sí, Jesús les pasaba la mano por encima, los curaba, y los exhortaba a todos amistosamente. Y reconciliaba a los descontentos y les hacía recobrar su buen humor. Empero, si surgía entre ellos algún motivo de disputa, iban a casa de sus padres y colgaban a Jesús la causa de las faltas que habían cometido. Entonces los padres se dirigían en busca de Jesús, y no lo encontraban. E interrogaban, diciendo: ¿Dónde está? Y los niños respondían: No lo sabemos, porque es hijo de un anciano extranjero, que reside aquí como transeúnte. Y, ante este informe, los padres regresaban a sus domicilios respectivos.

6. Y ocurrió un día que Jesús fue a reunirse con los niños, en el lugar en que acostumbraban a juntarse. Y, habiéndose puesto a jugar, se divertían, conversaban y discutían los unos con los otros. Jesús admiraba su inocencia. Y, en tanto que platicaban y se entretenían, sucedió que empezaron a pegarse unos a otros. Y de la refriega salió uno de ellos con un ojo reventado. Y el niño, lanzando un grito, se puso a llorar amargamente. Mas Jesús le dijo: No llores, y levántate sin temor. Y se aproximó a él y, en el mismo instante, la luz volvió a sus ojos, y recobró la vista. Cuanto a los demás niños que allí se encontraban, marcharon presurosos a la ciudad, y contaron lo que Jesús había hecho. Y los que los oían fueron al lugar en que éste estaba, para verlo. Mas no lo encontraron, porque Jesús había huido y estaba escondido a sus miradas.

7. Más tarde, Jesús fue un día al sitio en que los niños se habían reunido, y que estaba situado en lo alto de una casa, cuya elevación no era inferior a un tiro de piedra. Uno de los niños, que tenía tres años y cuatro meses, dormía sobre la balaustrada del muro, al borde del alero, y cayó de cabeza al suelo de aquella altura, rompiéndose el cráneo. Y su sangre saltó con sus sesos sobre la piedra y, en el mismo instante, su alma se separó de su cuerpo. Ante tal espectáculo, los niños que allí se encontraban, huyeron, despavoridos. Y los habitantes de la ciudad, congregándose en diferentes lugares y lanzando gritos, decían: ¿Quién ha producido la muerte de ese pequeñuelo, arrojándolo de tamaña altura? Los niños respondieron: Lo ignoramos. Y los padres del

niño, advertidos de lo que ocurriera, llegaron al siniestro paraje, e hicieron grandes demostraciones de duelo sobre el cadáver de su hijo. Después, se pusieron a indagar, y a intentar saber cuál era el autor de tan mal golpe. Y los niños repitieron con juramento: Lo ignoramos.

8. Mas los padres respondieron: No creemos en lo que decís. Luego, reunieron a viva fuerza a los niños, y los llevaron ante el tribunal donde comenzaron a interrogarlos, diciendo: Informadnos sobre el matador de nuestro hijo y sobre su caída de sitio tan elevado. Los niños, bajo la amenaza de muerte, se dijeron entre sí: ¿Qué hacer? Todo sabemos, por nuestro mutuo testimonio, que somos inocentes, y que nadie es el causante de esa catástrofe. Y se da crédito a nuestra palabra sincera. ¿Consentiremos que se nos condene a muerte a pesar de no ser culpables? Uno de ellos dijo: No lo somos, en efecto, mas no tenemos testigo de nuestra inculpabilidad, y nuestras declaraciones se juzgan mentirosas. Echemos, pues, la culpa a Jesús, puesto que con nosotros estaba. No es de los nuestros, sino un extranjero, hijo de un anciano transeúnte. Se lo condenará a muerte y nosotros seremos absueltos. Y sus compañeros gritaron a coro: ¡Bravo! ¡Bien dicho!

9. Entonces la asamblea del pueblo hizo detener a los niños, les planteó la cuestión y les dijo: Declarad quién es el autor de tan mal golpe y el causante de la muerte prematura de este niño inocente. Y ellos contestaron, unánimes: Es un muchacho extranjero, llamado Jesús e hijo de cierto viejo. Y los jueces ordenaron que se lo citase. Mas cuando fueron en su busca, no lo encontraron, y, apoderándose de José, lo condujeron ante el tribunal, y le dijeron: ¿Dónde está tu hijo? José repuso: ¿Para qué lo queréis? Y ellos respondieron a una: ¿Es que no sabes lo que tu hijo ha hecho? Ha precipitado desde lo alto de una casa a uno de nuestros niños y lo ha matado. José dijo: Por la vida del Señor, que no sé nada de eso.

10. Y llevaron a José ante el juez, que le preguntó de dónde venía y de qué país era. A lo que José respondió: Vengo de Judea y soy de la ciudad de Jerusalén. El juez añadió: Dinos dónde está tu hijo, que ha rematado con muerte cruel a uno de nuestros niños. José repuso: ¡Oh juez!, no me incriminéis con semejante injusticia, porque no soy responsable de la sangre de esa criatura. El juez dijo: Si no eres responsable, ¿por qué temes la muerte? José

dijo: Ese niño que buscas es mi hijo según el espíritu, no según la carne. Si él quiere, tiene el poder de responderte.

11. Y, aún no había acabado José de hablar así, cuando Jesús se presentó delante de las gentes que habían ido buscarlo y les dijo: ¿A quién buscáis? Le respondieron: Al hijo de José. Les dijo Jesús: Yo soy. El juez entonces le dijo: Cuéntame cómo has dado tan mal golpe. Y Jesús repuso: ¡Oh juez, no pronuncies tu juicio con tal parcialidad, porque es un pecado y una sinrazón que haces a tu alma! Mas el juez le contestó: Yo no te condeno sin motivo, sino con buen derecho, ya que los compañeros de ese niño, que estaban contigo, han prestado testimonio contra ti. Jesús replicó: Y a ellos ¿quién les presta testimonio de que son sinceros? El juez dijo: Ellos han prestado entre sí testimonio mutuo de ser inocentes y tú digno de muerte. Jesús dijo: Si algún otro hubiese prestado testimonio en el asunto, habría merecido fe. Pero el testimonio mutuo que entre sí han prestado no cuenta, porque han procedido así por temor a la muerte, y tú dictarás sentencia de modo contrario a la justicia. El juez dijo: ¿Quién ha de prestar testimonio en favor tuyo, siendo como eres, digno de muerte? Jesús dijo: ¡Oh juez, no hay nada de lo que piensas! Ellos, y tú también, a lo que se me alcanza, consideráis tan solo que yo no soy compatriota vuestro, sino extranjero e hijo de un pobre. He aquí por qué ellos han lanzado sobre mí un testimonio de mortales resultas. Y tú para complacerlos, supones que tienen razón, y me la quitas.

12. El juez preguntó: ¿Qué debo hacer, pues? Jesús respondió: ¿Quieres obrar con justicia? Oye, de una y de otra parte, a testigos extraños al asunto y entonces se manifestará la verdad, y la mentira aparecerá al descubierto. El juez opuso: No entiendo lo que hablas. Yo pido testimonio lo mismo a ti que a ellos. Jesús repuso: Si yo doy testimonio de mí mismo, ¿me creerás? El juez dijo: Si juras sincera o engañosamente, no lo sé. Y los niños clamaron a gran voz: Nosotros sí sabemos quién es, pues ha ejercido todo género de vejaciones y de sevicias sobre nosotros y sobre los demás niños de la ciudad. Pero nosotros nada hemos hecho. El juez dijo: Notando estás cuántos testigos te desmienten, y no nos respondes. Jesús dijo: Repetidas veces he satisfecho a tus preguntas, y no has dado crédito a mis palabras. Pero ahora vas a presenciar algo que te sumirá en la admiración y en el estupor. Y el juez repuso: Veamos lo que quieres decir.

13. Entonces Jesús, acercándose al muerto, clamó a gran voz: Abias, hijo de Thamar, levántate, abre los ojos, y cuéntanos cuál fue la causa de tu muerte. Y, en el mismo instante, el muerto se incorporó, como quien sale de un sueño y, sentándose, miró en derredor suyo, reconoció a cada uno de los presentes, y lo llamó por su nombre. Ante lo cual, sus padres lo tomaron en sus brazos, y lo apretaron contra su pecho, preguntándole: ¿Cómo te encuentras? ¿Qué te ha ocurrido? Y el niño respondió: Nada. Jesús repitió: Cuéntanos cuál fue la causa de tu muerte. Y el niño repuso: Señor, tú no eres responsable de mi sangre, ni tampoco los niños que estaban contigo. Pero éstos tuvieron miedo a la muerte y te cargaron la culpa. En realidad, me dormí, caí de lo alto de la casa y me maté.

14. El juez y la multitud del pueblo, que tal vieron, exclamaron: Puesto que niño tan pequeño ha hecho tamaño prodigio, no es hijo de un hombre, sino que es un dios encarnado, que se muestra a la tierra. Y Jesús preguntó al juez: ¿Crees ya que soy inocente? Mas el juez, en su confusión, no respondía. Y todos se maravillaron de la tierna edad de Jesús y de las obras que realizaba. Y los que oían hablar de los milagros operados por él se llenaban de temor.

15. Y el niño permaneció con vida durante tres horas, al cabo de las cuales, Jesús le dijo: Abias, duerme ahora, y descansa hasta el día de la. resurrección general. Y, apenas acabó de hablar así, el niño inclinó su cabeza, y se adormeció. Ante cuyo espectáculo, los niños, presa de un miedo vivísimo, empezaron a temblar. Y el juez y toda la multitud, cayeron a los pies de Jesús y le suplicaron, diciéndole: Vuelve a ese muerto a la vida. Mas Jesús no consintió en ello y replicó al juez: Magistrado indigno e intérprete infiel de las leyes, ¿cómo pretendes imponerme la equidad y la justicia, cuando tú y toda esta ciudad, de común acuerdo, me condenabais sin razón, os negabais a dar crédito a mis palabras, y estimabais verdad las mentiras que sobre mí os decían? Puesto que no me habéis escuchado, yo tampoco atenderé a vuestro ruego. Y, esto dicho, Jesús se apartó de ellos precipitadamente, y se ocultó a sus miradas. Y, por mucho que lo buscaron, no consiguieron encontrarlo. Y, yendo a postrarse de hinojos ante José, le dijeron: ¿Dónde está Jesús, tu hijo, para que venga a resucitar a nuestro muerto? Mas José repuso: Lo ignoro, porque circula por donde bien le parece y sin mi permiso.

XVII. De cómo la Sagrada Familia abandonó Egipto y fue al país de Siria

Otros milagros y resurrecciones de muertos

1. Y, aquella misma noche, José se levantó, tomó al niño y a su madre, y fue al país de Siria, llegando a una ciudad llamada Sahaprau. Y Jesús tenía entonces cinco años y tres meses. Y, como penetrase por la puerta de la ciudad, donde había estatuas de dioses, los demonios, al ver pasar a Jesús, lanzaron un grito, y dijeron: Llega un niño, hijo de un rey, de un gran monarca y que va a trastornar nuestra ciudad y a expulsarnos de nuestra mansión. Poneos en guardia, para que no se acerque a nosotros, y nos haga perecer. Huyamos de él hacia otro lugar lejano, y ocultémonos en algún desierto, o en las cavernas y en los antros de las rocas. Al oír tal, los jefes de los sacerdotes y los servidores de los ídolos se reunieron en el templo de éstos y exclamaron: ¿Qué voz ha lanzado ese grito que nos aterra? Y, en el mismo instante, las estatuas de los falsos dioses se quebraron y cayeron al suelo hechas añicos.

2. Luego de haber entrado en la ciudad, Jesús encontró en ella un albergue. Y Jesús deambulaba por todos los sitios de la población. Y llegó a un sitio en que los niños estaban reunidos, y se sentó orillas del agua, cerca de las fuentes. Y, recogiendo polvo, lo arrojó al agua. Y, cuando los niños fueron allí a beber, vieron el agua convertida en sangre corrompida. Y, atormentados por la sed, lloraban con amargura. Mas Jesús tomó un cántaro, lo metió en la fuente, lo llenó de agua, y les dio de beber. Empero, habiendo sacado de nuevo agua de la fuente, la echó sobre ellos y los vestidos de todos quedaron teñidos de sangre. Y los niños se pusieron a llorar otra vez. Mas Jesús los llamó con amabilidad, y, poniendo la mano sobre ellos, les dijo: No lloréis, porque ya no hay ninguna tintura sanguínea en vuestros trajes. Y los niños se llenaron de alegría, al ver el prodigio operado por Jesús.

3. Otro día, Jesús fue a encontrarse con los niños, en el sitio en que estaban reunidos, y les propuso: Vayamos a cualquier lugar distante y allí cazaremos pájaros. Ellos dijeron: Sí. Y marcharon a un paraje célebre, situado en la llanura, donde permanecieron el día entero, mas no consiguieron cazar pájaro alguno. Era un día de verano, y el calor sofocante de la atmósfera les

incomodaba en extremo. Visto lo cual, Jesús tuvo piedad de ellos, y, tendiéndoles la mano, les dijo: No temáis, e incorporaos. Iremos hacia aquella roca que está ante nosotros, y a su sombra reposaremos. Mas, cuando llegaron a ella, seguían sin poder soportar la violencia de la temperatura, y algunos caían como muertos. Y, con el aliento entrecortado y los ojos fijos, miraban a Jesús.

4. Mas éste, levantándose, se colocó en medio de ellos y, con su vara, hirió la roca, de la que brotó una fuente de agua abundante y deliciosa, que existe hoy todavía, en la que todos abrevaron. Y, cuando hubieron bebido y se hubieron reanimado, adoraron a Jesús, el cual extendió la mano sobre el agua, e hizo aparecer en ella profusión de peces. Y ordenó a los niños que los agarrasen, y ellos lo agarraron en gran número. Y que recogiesen leña, que ardió, sin que nadie le pusiese fuego. Y asaron los peces, los comieron, y quedaron hartos. Luego agarraron más peces aún y marcharon alegres a sus casas, donde, mostrando lo peces de su pesca milagrosa, contaron los prodigios que había hecho Jesús. Y muchos de los habitantes de aquella ciudad creyeron en él.

5. Y, entre los compañeros de Jesús, los había de cierta edad, que, contando con su fuerza y con su vigor, llegaron a tiempo a su destino. Otros, empero, menores en edad, no podían, y, siguiendo detrás a los primeros, sin vestido, ni calzado, llegaron más tarde a sus hogares. Y uno de ellos, muchachito de tres años, se extravió en la llanura, se vio sin alientos, cayó al suelo, y se durmió. Muy de noche ya se despertó y, abriendo los ojos, miró a todos lados, y no vio a nadie. Entonces le faltaron los ánimos, y prorrumpió en amargo lloro. Y erró a la ventura durante la noche entera y, perdiendo su ruta, se alejó de la comarca. Y pasó tres días fuera de ella, sin que ninguno de los niños supiese lo que le había ocurrido. Después, el hambre, la sed y el ardor de los rayos solares le separaron el alma del cuerpo.

6. Y los padres del pequeño interrogaron a los niños, diciéndoles: ¿Dónde está nuestro hijito, que os ha seguido? ¿Qué ha sido de él? Los niños contestaron: No lo sabemos. Los padres dijeron: ¿Cómo no lo sabéis, si os ha seguido? Los niños dijeron: Sabemos que nos ha seguido, pero luego no pudimos averiguar su paradero. Los padres dijeron: ¿A qué hora habéis visto que estaba todavía con vosotros? Los niños dijeron: Hasta mediodía, todos lo vimos. Pero, cuando empezó a incomodarnos el calor del Sol, y nos pusimos

en fuga, lo perdimos de vista. Y, cuando Jesús nos reunió, y nos dio a beber agua sacada de la roca, no lo vimos ya en aquel sitio y supusimos que habría vuelto a casa.

7. Entonces los padres del niño fueron a ver al juez de la ciudad y le contaron toda la historia. Y el juez ordenó que compareciesen los niños ante él y les preguntó: Decidme la verdad, hijos míos, ¿qué se hizo del pequeño? Y ellos respondieron: ¡Oh juez, escúchanos! Ayer por la mañana, estando juntos, de común acuerdo, para ir a jugar, Jesús, el hijo de José, llegó en compañía de otros niños y les advertimos que nos disponíamos a marchar para un lugar distante. Y, como ese niño no quería volver de él, lo dejamos allí, y partimos. El juez dijo: Cuando os congregasteis en el mismo sitio, ¿lo vio alguno de vosotros? Y ellos dijeron: Sí, y con nosotros estuvo toda la jornada, hasta mediodía. Pero, cuando empezó a incomodarnos el calor del Sol, nos dispersamos del sitio y lo perdimos de vista.

8. Mas el juez ordenó, severo: Id en su busca, y traédmelo muerto o vivo. Y ellos recorrieron todos los alrededores de la urbe, sin lograr encontrarlo. Y así se lo manifestaron al juez, a su regreso. Y él dijo: ¿Qué idea se os ha puesto en la cabeza? ¿Pensáis que conseguiréis escapar al castigo por la astucia? No, en mis días. Decidme, pues: ¿Cuál era el fin de vuestra expedición? ¿Quién invitó a ella al párvulo, y lo llevó consigo? Los niños observaron: Nadie lo invitó, ni lo llevé, y él mismo fue por su cuenta. Mas el juez repuso: No decís la verdad y os haré perecer a todos.

9. Enseguida mandó que se los desnudase y se los azotase con varas de leña verde. Y, cuando se vieron despojados de sus vestidos, los niños consultaron entre sí, preguntándose: ¿Qué hacer, puesto que todos tenemos conciencia de ser inocentes, y no se cree en nuestras protestas de inculpabilidad? Uno de ellos dijo: ¿Por qué, a base de una suposición tan injusta, hemos de ser condenados a muerte? Y le dijeron: ¿Y qué se te ocurre hacer? Él dijo: ¿Conocéis a Jesús, el hijo del viejo José? Él estaba con nosotros, él se encontraba al frente nuestro, él nos llevó consigo, y él, por consiguiente, es quien nos puso en este peligro mortal. Mas sus compañeros objetaron: ¿Y qué mal nos hizo? Cuando nos moríamos de sed, bajo un calor sofocante, él fue quien nos la apagó, sacando agua de la roca, y él quien nos dio peces que comiéramos, y luego pudimos volver a tiempo a nuestras casas. Pero el niño

de opuesta opinión dijo: Y nosotros ¿qué delito hemos cometido, para ser condenados a muerte? Los niños dijeron: Demasiado sabes que no hablaremos mal de él. El niño opuso: Pero nosotros, repito, ¿de qué crimen castigable con la muerte podemos acusarnos? ¡No! Vayamos al juez, y echemos sobre él toda la acusación, puesto que es desconocido y extranjero en nuestra ciudad. Y, además, ¿no comprendéis que, por su causa, estamos bajo la amenaza de esta angustia y de estos tormentos? Si a él se lo condena, a nosotros se nos absolverá. Todos clamaron a una: Toma sobre ti la responsabilidad de su sangre. Y el juez, viendo que no le respondían, ordenó a los verdugos que les infligiesen la pena de azotes. Y, cuando los primeros golpes comenzaron a caer sobre sus espaldas, el niño enemigo de Jesús dijo al juez: ¿Por qué nos condenas, a pesar de nuestra inocencia? Y el juez repuso: Si sois inocentes, designad al que es digno de muerte. Los niños dijeron: El hijo de un viejo extranjero llevó a ese niño consigo, y no sabemos lo que le habrá hecho. El juez les preguntó: ¿Por qué no me habéis hablado de él antes? Y los niños respondieron: Creímos que hubiera sido una falta obrar así, porque es muy pobre, y está reducido a la mendicidad.

10. Y el juez mandó que le trajesen a Jesús, mas no se lo encontró. Entonces detuvieron a José, a viva fuerza, y lo hicieron comparecer ante el tribunal. Y el juez lo interrogó: ¿De dónde eres, anciano, y adónde vas? José respondió: Soy de una comarca lejana, y recorro este país como extranjero desterrado. El juez añadió: ¿Dónde está tu hijo? José replicó: ¿Para qué lo quieres? El juez dijo: Tu hijo ha ido a jugar, llevando consigo a todos los niños de la ciudad, y uno de ellos no ha vuelto. Dime, pues, dónde está tu hijo, y qué se ha hecho de él. José dijo: Cuanto a eso, lo ignoro. El juez dijo: No te escaparás de mis manos con semejantes excusas, como no me traigas al niño, muerto o vivo. José dijo: Soy viejo, y ¿cómo podré ir y venir, sin fatigarme, la jornada entera? El juez dijo: Tal vez lo encuentres enseguida en cualquier lugar. José dijo: ¡Oh juez, ordena a estos niños que me sigan en esta pesquisición, pues quizá saben dónde está el pequeño! El juez dijo: Sí, lo haré, pero los padres del niño también te seguirán. A estas palabras del juez, José lo saludó profundamente y marchó muy triste a su casa a contar a María lo que había ocurrido. Y ambos a dos se afligieron en extremo.

11. Y, al día siguiente, muy temprano, José, haciéndose preceder del niño Jesús, caminó unas doce millas fuera de la ciudad, y ambos encontraron en la llanura al niño, que había sucumbido al ardor de los rayos solares, como si hubiese sido quemado por el fuego. Su cuerpo estaba ennegrecido, sus ropas grasientas, y desunidas sus articulaciones. Habiendo visto esto, volvieron a la ciudad, e informaron del hecho a los padres del niño. Y éstos, al marchar al lugar que se les indicó, y ver el estado en que su hijo se encontraba, lanzaron un grito y golpearon el pecho con piedras. Y, llorando, envolvieron en un lienzo al difunto, lo incorporaron, y lo condujeron hasta la puerta de la ciudad. Y todos los habitantes de la ciudad lo acogieron con gran duelo y se apiadaban de la catástrofe que le había ocurrido. Y, al cabo de una hora, los padres dijeron al juez: No lo llevaremos a la tumba, antes que hayas hecho perecer en el suplicio al hijo de ese viejo y condenado a su padre y a su madre a tormentos crueles y a la muerte. Y el juez dijo: Tenéis razón.

12. Entonces ordenó que Jesús compareciese ante el tribunal y le preguntó: ¿Por qué has provocado lance tan funesto, y atraído esta desgracia sobre nuestra ciudad? Y Jesús respondió: ¡Oh juez!, no cometas este acto de iniquidad, que a nadie es lícito enunciar o conocer. El juez dijo: ¿Qué debo, pues, hacer entre dos derechos contrarios? Jesús dijo: Si obras lealmente, tus juicios serán justos. Donde no, incurrirás en pecado gravísimo. El juez dijo: No me respondas de esa suerte, para darme una lección ante todo el mundo. Yo no obro de mala fe, sino en justicia. Jesús dijo: Si procedieses con sinceridad, habrías de antemano hecho tu información cuidadosamente con arreglo a los testimonios, y después habrías juzgado conforme a las leyes. El juez dijo: ¿Cómo puedo hacer una información cuidadosa sobre tu declaración particular de que eres inocente? ¿Quién entonces ha ocasionado caso tan triste? Jesús dijo: Recibiste el testimonio de los que me imputan una cosa calumniosa, y no crees en la verdad de mis palabras. Pero muy pronto quedarás confundido. El juez dijo: Haz lo que quieras.

13. Y Jesús, colocándose frente al muerto, clamó a gran voz: Moni, hijo de Sahuri, levántate sobre tus pies, abre tus ojos, y di cuál ha sido la causa de tu muerte. Y el niño se incorporó enseguida. Y sus padres y sus conocidos lanzaron un grito y lo apretaron contra su corazón, diciéndole: Hijo mío, ¿quién te ha devuelto la vida? Y él dijo: El pequeño Jesús, el hijo del viejo. Y el juez,

los sacerdotes de los ídolos y toda la multitud del pueblo se prosternaron ante Jesús, e interrogaron al niño, diciéndole: Hijo mío, ¿quién ha causado tu pérdida?

14. Y el niño repuso: Nadie, pues son inocentes todos. No lo condenéis, que no es responsable de mi muerte. Yo me había extraviado y, por efecto del hambre y de la sed, mi alma desfalleció. Cuanto a lo que me sucedió después, todo lo que sé es que me veis y que os veo. Y Jesús exclamó: Juez inicuo, ¿por qué querías condenarme al último suplicio injustamente? Y el juez, confundido, no sabía qué contestar. Y el niño permaneció con vida cerca de tres días, hasta el momento en que, admirados hasta la estupefacción, pudieron verlo todos los habitantes de la ciudad. Y de nuevo Jesús ordenó al niño: Duerme ahora, y reposa. Y, en el mismo instante, el niño se entregó otra vez al sueño. Y, luego de haber hablado y obrado como lo hizo, Jesús desapareció de la vista de cuantos sus dichos y sus hechos habían presenciado.

XVIII. De cómo la Sagrada Familia marchó a la tierra de Canaán

Travesuras infantiles de Jesús

1. Al despuntar el día, José, con María y con Jesús, marchó a la tierra de Canaán, deteniéndose en una ciudad que había por nombre Mathiam o Madiam. Y Jesús tenía entonces seis años y tres meses. Y sucedió que, circulando por la ciudad, vio, en cierto lugar, un grupo de niños, y se dirigió hacia ellos. Y algunos, al ver que se acercaba, dijeron: He aquí que llega un niño extranjero. Pongámoslo en fuga. Mas otros dijeron: ¿Y qué mal puede hacernos, puesto que es un niño como nosotros?

2. Y Jesús fue a sentarse junto a ellos, y les preguntó: ¿Por qué permanecéis en silencio, y qué os proponéis hacer? Respondieron los niños: Nada. Mas Jesús insistió: ¿Quién de vosotros conoce algún juego? Los niños replicaron: No conocemos ninguno. Jesús exclamó: Mirad, pues, todos, y ved. Y, tomando barro de la tierra, amasó con él una figura de gorrión, sopló sobre su cabeza y el pájaro, como animado por un hálito de vida, echó a volar. Y Jesús dijo: Ea, id y atrapad a ese gorrión. Y ellos lo contemplaban embaídos y se maravillaban del milagro realizado por Jesús.

3. Y, amasando otra vez polvo del suelo, lo esparció por el aire hacia el cielo. Y el polvo se trocó en gran cantidad de moscas y de mosquitos, de los que toda la ciudad quedó llena y que molestaban en extremo a hombres y a animales. Y de nuevo tomó barro, con el que formó abejas y avispas, que echó sobre los niños, conmoviéndolos y alarmándolos en grado sumo. Porque aquellos insectos, cayendo sobre la cabeza y sobre el cuello de los niños, se deslizaban por dentro de su ropa hasta su pecho y los picaban. Y ellos lloraban y se movían de un lado para otro, dando chillidos. Mas Jesús, para apaciguarlos, los llamaba con dulce acento y, pasando su mano por las picaduras, les decía: No lloréis, pues vuestros miembros no sufren ya ningún daño. Y los niños se callaban. Y los habitantes de la ciudad y de la región, viendo tales prodigios, se decían los unos a los otros: ¿De dónde nos viene esta invasión de moscas y de mosquitos, que ha infestado nuestra población? Los niños dijeron: Viene de un muchacho, hijo de un viejo extranjero de cabellos blancos, que ha obrado este prodigio. Y todos clamaron a una: ¿Dónde está? Los niños dijeron. No lo sabemos. (Porque Jesús había huido de allí y se había ocultado a sus miradas.) Y los que oían hablar de todas las obras de Jesús, deseaban verlo y exclamaban: Esto es cosa de Dios y no de un hombre.

4. Y, a los tres días, ocurrió que Jesús fue a circular secretamente por la ciudad. Y prestaba oído a los discursos de las gentes, que murmuraban entre sí: ¿Quién ha visto, en esta ciudad, al hijo de un anciano canoso, de quien todo el mundo atestigua que hace milagros que nuestros dioses no saben hacer? Otros comentaban: Decís verdad, pues ese niño sabe hacer todo lo que quiere. Y Jesús, habiendo oído esto, volvió silenciosamente a su casa y se escondió en ella, para que nadie supiese nada. Empero, varios días después, Jesús marchó a reunirse con los nenes de su edad, en el sitio en que estaban. Y, habiéndolo divisado, todos fueron alegremente al encuentro suyo. Y se prosternaron ante él, diciéndole: Bienvenido seas, Jesús, hijo de un anciano venerable. ¿Por qué has desaparecido, privándonos de tu presencia, durante los muchos días que no has venido a este lugar? Todos nosotros... (Aquí hay, en el manuscrito, una laguna, después de la cual el texto vuelve a tomar el hilo de la narración por el tenor siguiente:)... Y llegaron allí llorando y le hicieron gran duelo. Y el niño tenía siete años. Y, pasada una hora, los padres del pequeño preguntaron: ¿Dónde está ese muchacho, que ha mata-

do de una pedrada a nuestro hijo? Todos respondieron: Lo ignoramos. Y los padres, levantando el cadáver, lo llevaron a su casa. Y fueron a ver al juez de la ciudad, a quien contaron toda la historia. Y el juez ordenó que se detuviese a los muchachos y que se los trajese a su presencia. Cuando hubieron llegado, los interrogó, y les dijo: ¡Mozos y niños, grandes y pequeños, que estáis congregados aquí, en la sala de audiencia, considerad vuestra juventud! No imagináis que vuestros lloros y vuestras lágrimas me decidirán a absolveros por escrúpulo de conciencia, o que voy a poneros en libertad, mediante una intercesión o un regalo, como creéis, sin duda. No habrá nada de ello, sino que os haré desgarrar muchas veces en tormentos crueles, y perecer de mala muerte. No os hagáis ilusiones al respecto, diciéndoos unos que sois hijos de familia, y otros hijos de pobre, y pensando que el juez se apiadará de quien guste. ¡No! Yo os juro por el poder de mis dioses y por la gloria de mi soberano el Emperador, que todos tantos como seáis, seréis condenados en este mismo día. Decidme, pues, quién, de entre vosotros, ha matado a ese niño, ya que todos los que estabais allí, lo conocéis. Ellos contestaron a una: ¡Oh juez, escúchanos, y advierte que, unos respecto de otros, atestiguamos, bajo juramento, que somos inocentes! El juez repuso: Os dije ya, y os repito ahora, que os hablo así, no en tono de amenaza, sino de benevolencia. No encubráis vuestro delito, si no queréis perecer como ese niño, sin que nada, ni nadie, os sirva de ayuda. Los muchachos replicaron: ¡Oh juez, te decimos exactamente la verdad, tal como la conocemos! Y, no pudiendo saber quién es el culpable, ¿por qué, mediante una mentira, entregaríamos un inocente a la muerte? El juez refrendó: Os hará castigar severamente, y luego os haré perecer con muerte cruel, si no me descubrís la verdad. Los muchachos insistieron, repitiendo: Juntos estamos ante ti. Todo lo que nos mandes decir, y que sepamos, lo diremos. En vista de esta persistencia en la negativa, el juez, lleno de cólera, mandó que se los desnudase y se los azotase con correhuelas crudas. Y el que era el matador del niño, intimidado por el juez, lanzó un grito, y exclamó: ¡Oh juez!, líbrame de estas ligaduras y te indicaré quién es el matador del niño. El juez ordenó que se lo desligase, y, llamándolo a su vera, con caricias y con buenas palabras, le dijo: Explícame puntualmente y por orden todo lo que sepas. Y el muchacho expuso: ¡Escúchame, oh juez! Yo me encontraba allí, separado y alejado de todos, y vi al pequeño Jesús, el hijo del viejo José el extranjero, que, jugando, hirió mortalmente a ese niño de una pedrada y huyó, acto seguido. El juez indagó: ¿Y había contigo otros, cuando murió el niño, y son testigos de que Jesús es el autor del hecho? Todos contestaron a una: Sí, él es. El juez dijo: ¿Y por qué no me lo denunciasteis, tan pronto vinisteis aquí? Los muchachos dijeron: Creíamos que hubiéramos procedido mal traicionándolo por ser hijo de un pobre extranjero. El juez dijo: ¿Y os parecería preferible condenar a un inocente en forma legal, a dejar libre al que era digno de muerte? Seguidamente, hizo arrestar a José, lo interrogó y ordenó emprender pesquisiciones inútiles para hallar a Jesús. Empero, cuando sometía a José a nuevo interrogatorio, Jesús entró súbitamente en el tribunal. Muchas palabras de discusión y muchos altercados pasaron entre Jesús y el magistrado, quien, finalmente, lleno de furia, mandó llamar a los muchachos y les dijo: Reveladme la verdad de una vez, a fin de que quede yo bien informado. ¿Sois vosotros los que habéis causado esta muerte, o es el pequeño Jesús? Ellos dijeron que éste era el causante. Entonces Jesús resucitó al muerto y lo obligó a designar al verdadero matador, como así lo hizo. Y descubierto por la misma víctima la realidad del caso, Jesús colmó de reproches al juez. Y el niño conservó su vida hasta la hora de nona del día, de suerte que todos tuvieron tiempo de ir a verlo resucitado de entre los muertos. Después, Jesús, tomando la palabra, dijo al niño: Saul, hijo de Saivur, duerme ahora y descansa, hasta que llegue el juez universal, que pronunciará un juicio equitativo. Y, pronunciadas estas palabras, el niño, inclinando la cabeza, quedó dormido. Al ver lo cual, todos los que habían sido testigos de tamaños prodigios se llenaron de pánico y se dejaron caer como muertos. Y no se atrevían a mirar a Jesús. En la violencia de su espanto, temblaban ante él y su sorpresa redoblaba en razón de la tierna edad del taumaturgo. Jesús quiso retirarse, pero aquellas gentes le imploraban y decían: Vuelve de nuevo la vida al muerto que has resucitado. Mas Jesús se negó a hacerlo y dijo: Si, desde un principio, hubieseis creído en mi palabra, y aceptado mi testimonio, poder no me faltaba para acceder al ruego que ahora me dirigís. Pero, puesto que habéis conspirado para condenarme injustamente, y os habéis encarnizado y ensañado indignamente contra mí, por medio de testimonios calumniosos, he resucitado a ese niño, para oponerlo como testigo a vuestras imputaciones, y así he escapado a la muerte. Y, esto hablado, Jesús desapareció de su vista. Y sacaron a José de su prisión y lo pusieron en libertad. Y varias personas que, habiendo ido a buscar a Jesús, no habían conseguido encontrarlo, suplicaban a José, y le decían: ¿Dónde está tu hijo, para que vaya a resucitar otra vez al pequeñuelo? Mas José repuso: Lo ignoro. Y, al día siguiente, al amanecer, se levantó, tomó al niño y a su madre, y, saliendo de la ciudad, se puso en camino. Y Jesús tenía entonces seis años y once meses. Y llegaron a una aldea llamada laiel, donde habitaron una buena temporada.

5. Y, un día, José y María tuvieron consejo con respecto a Jesús, y dijeron: ¿Qué haremos con él, puesto que por su causa tenemos que soportar tantas molestias e inquietudes de las gentes, en todas las poblaciones por que pasamos? Es de temer que cualquier día se lo aprese a viva fuerza o a escondidas, y que nosotros perezcamos con él. José dijo: Puesto que me interrogas, ¿has pensado tomar alguna resolución en el asunto? María dijo: Bien ves que va siendo ya un niño mayor y que, sin embargo, anda siempre por donde le parece, y no para un momento en casa. Si te parece, podríamos dedicarlo a la profesión de escriba, para que quede bajo la dependencia de un maestro, para que se ejercite en toda clase de estudios y en el conocimiento de las leyes divinas, y para que nosotros vivamos en paz.

6. José dijo: Razón llevas. Cúmplase tu voluntad. María dijo: Si no se fija en parte alguna para estudiar, siendo ya muy hábil y capaz de comprenderlo todo, no se someterá a un maestro. José dijo: No temas por él, porque su aspecto está lleno de misterio, y maravillosas, prodigiosas, sorprendentes son sus obras. Y he aquí por qué vamos por toda la tierra, como nómadas sin patria, esperando que el señor nos signifique su voluntad, y satisfaga, en beneficio nuestro el deseo de nuestros corazones. María observó: Muy ansiosa estoy por lo que a eso respecta, y no sé lo que sucederá más tarde. José repuso: Más tarde, en la hora de la prueba, el Señor nos sacará de angustias. No te entristezcas. Y, después de estas palabras confidenciales, calláronse ambos esposos.

XIX. De cómo la Sagrada Familia volvió a la tierra de Israel y aplicó a Jesús al estudio de las letras

1. Y José, levantándose, tomó a Jesús y a María y los llevó a tierra de Israel. Y llegó a una ciudad llamada Bothosoron o Bodosoron, donde había un rey,

de raza hebraica, que tenía por nombre Baresu, y que era hombre piadoso, misericordioso y caritativo. Y, como José hubiese oído hablar de él con grandes loores, pensó en ir a verlo y preguntó a los habitantes de la ciudad: ¿Qué carácter es el de vuestro rey? Y ellos contestaron: Muy bueno. Entonces José fue al palacio real, y declaró su deseo al portero, a quien dijo: Hombre respetable, quiero pedirte una cosa. El portero repuso: Habla.

2. Y José expuso: He oído decir que vuestro rey es justo para los súbditos, benéfico para los pobres y solícito para los extranjeros. Y extranjero soy, por lo cual me sería muy grato verlo, y escuchar de su boca alguna palabra. El portero indicó: Déjame unos momentos para anunciarme, entrar y luego introducirte. Porque bien sabes cuál es el uso y la voluntad de los reyes y de los magistrados. La consigna es prevenirlos primero y, después, ejecutar sus órdenes. Y el portero, habiéndose anunciado, fue admitido cerca del rey, y éste mandó que se introdujese a José. El cual fue a presentarse al monarca e, inclinándose, se prosternó ante él.

3. Y el rey lo recibió, diciéndole: Bienvenido seas a esta corte, venerable anciano. Ten la bondad de tomar asiento. Y José, después de sentarse, se encerró en el silencio, y nada dijo. Y el rey lo trató con cuidado, ordenando que se les trajese una mesa ricamente provista, ambos comieron, bebieron y se regocijaron. Y el rey preguntó a José: ¿De qué país vienes, venerable anciano, y adónde te diriges? José contestó: Vengo de una tierra lejana. El rey dijo: Te repito mi bienvenida, y te aseguro que haré en tu obsequio cuanto me pidas. José dijo: Viejo y extranjero, he llegado y me placería habitar en esta ciudad, en un lugar cualquiera. Poseo alguna habilidad en los trabajos de carpintería, y lo que fuese necesario en el palacio real lo cumpliría en todo tiempo. Entonces el rey prohibió que nadie lo molestase por su calidad de extranjero.

4. Y José, levantándose, se prosternó ante el soberano, y le dijo: ¡Oh rey, si en ello no ves inconveniente, dedica a mi hijo al estudio! He sabido que hay en esta ciudad un doctor, que educa a los niños, y que está dotado de mucho talento y de mucha sabiduría. Confíale el cuidado de enseñar a mi hijo las letras, para que se instruya a fondo en la ciencia de las Escrituras, de la Ley augusta y de los mandamientos de Dios. El rey dijo: Sí, haré lo que me pides y cumpliré tu deseo. Pero, antes, es necesario que traigas a tu hijo a mi presencia, para que yo juzgue si se halla capacitado para abordar el estudio

y el aprendizaje de las letras y de la ciencia, después de lo cual lo entregaré y lo recomendaré a su profesor. Y José dio las gracias, y fue a llevar la buena nueva a María, a quien hizo un vivo elogio del rey. Pero, en vez de regocijarse, María se afligió y se espantó. Porque desconfiando de las buenas intenciones del rey, temía que no hubiese pedido por traición ver al niño, para reducirlo a esclavitud. Y, llorando, dijo a José: ¿Por qué declaraste al rey la existencia, el nombre y las buenas cualidades de un hijo tuyo? Mas José replicó: ¡Por la vida del Señor, no tengas miedo! El rey no me mandó llevarle al niño por felonía, sino por querer que, bajo sus auspicios, un maestro le dé enseñanza e instrucción. María dijo: A ti te toca acabar de cerciorarte de ello. Ahora, te entrego a mi hijo y más tarde te lo reclamaré! José dijo: Llevas razón. María dijo: Si quieres presentar el niño al rey, llévalo a palacio, conforme a tu gusto. Pero infórmate de antemano de cuanto toca a la seguridad del niño y solo entonces debes conducirlo a la presencia del rey. José dijo: Obraré según tu voluntad. Y, tomando a Jesús, lo llevó ante el rey, que lo saludó con estas palabras: Bienvenido seas, niño, hijo del Padre y descendiente de un gran rey. Y mandó llamar al doctor supremo, encargado de adoctrinar a los niños, y que había por nombre Gamaliel. Y, cuando hubo llegado, el rey lo recibió con mucho afecto, y le dijo: Maestro, quiero que te encargues de enseñar las letras a este niño, y todo lo necesario para su sustento y demás gastos materiales lo recibirás del real tesoro. Y Gamaliel preguntó: ¿De quién es este hermoso niño? Respondióle el rey: Es hijo de un hombre de elevada familia y descendiente de real estirpe, y el viejo que aquí ves es su tutor. Gamaliel dijo: Hágase tu voluntad. Entonces José, levantándose, se prosternó, tomó al niño, y volvió con él a su casa, lleno de júbilo. Y contó todo lo ocurrido a María, y, regocijándose, bendecía al Señor.

XX. De cómo Jesús fue confiado a Gamaliel para aprender las letras

Nuevos prodigios realizados por Jesús
1. Y, al día siguiente, José fue con Jesús a casa de Gamaliel. Y, cuando el niño vio al maestro, se inclinó y se prosternó ante él. Y Gamaliel dijo: Bienvenido seas, planta nueva, fruto suave, racimo florido. Después, preguntó a José:

Dime, venerable anciano: ¿Este hijo es tuyo o de otro? Y José respondió: Dios me lo ha dado por hijo, no según la carne, sino según el espíritu. Gamaliel interrogó: ¿Cuántos años tiene? José contestó: Siete. Añadió Gamaliel: ¿Lo has llevado, antes que a mí, a otro maestro, para instruirlo, o para hacerle aprender alguna otra profesión? Y repuso José: No lo he llevado a nadie. Gamaliel dijo: Y ahora, ¿qué quieres hacer de él? José dijo: Por orden del rey y con tu aquiescencia, he venido aquí, atraído por la fama de sabio que te circunda. Y Gamaliel replicó: Bienvenido seas, venerable anciano. Guardo hacia ti las mayores consideraciones, y siento mi ánimo sobrecogido y confuso, al conversar contigo, y al hablar en tu presencia. Sin embargo, escúchame y te expondré la verdad. Cuando miro a tu hijo, veo claramente en la hermosa expresión de sus rasgos y en la bella semejanza de su imagen, que no necesita estudiar, quiero decir, que no necesita oír o comprender las lecciones de nadie. Porque está lleno de toda gracia y de toda ciencia, y el Espíritu Santo habita en él, y no puede de él separarse. José objetó: Pero ¿qué haré de él, sin la ayuda de un maestro que le enseñe una sola palabra de escritura? Gamaliel le aconsejó: Dedícalo a un oficio manual, que coincida con tu interés a una que con su inclinación. Al oír estas palabras, José se amohinó profundamente, y, con lágrimas en los ojos, cayó a los pies de Gamaliel, y exclamó, suplicante: ¡Buen maestro, sé paciente con mi hijo, y longánime conmigo! No me trates como a un extranjero sin patria, y no me desdeñes. Encárgate con benevolencia de este niño. Todo lo que Dios se digne concederle del don de ciencia, se lo concederá. Cuanto a mí, te pagaré en cantidad doble el precio de tus desvelos. Y Gamaliel dijo: ¡Basta! Haré lo que deseas.

2. Entonces el maestro tomó las tablillas que había traído consigo Jesús, y dijo: Escribiré doce letras, y, si el niño es capaz de ajustarse y ordenarse las demás en la cabeza, escribiré estas últimas hasta completarlas todas. José dijo: Haz como gustes. Y el maestro se puso a escribir doce letras. Y Jesús, colocándose ante su maestro, comenzó a observar primero las particularidades de la escritura, y después las letras. Cuando el maestro las hubo escrito, entregó las tablillas a Jesús. Y éste, inclinándose, se prosternó ante él, y recibió de su mano las tablillas.

3. Gamaliel expuso: Escúchame, hijo mío, y lee tal como yo te indique. Y comenzó a nombrar las letras. Mas Jesús lo hizo observar: Maestro, hablas

de tal suerte, que no entiendo lo que dices. Esa palabra que acabas de pronunciar, me parece un término de otro idioma, y no lo comprendo. Gamaliel repuso: Es el nombre de la letra. Jesús objetó: Conozco la letra, pero dame su explicación. Gamaliel replicó: ¿Y qué interpretación soportaría esta letra por sí misma? Jesús preguntó: ¿Por qué la primera letra tiene otro aspecto, otra forma y hasta otra figura que las demás? Respondió Gamaliel: Es para que, merced a esa circunstancia, hable a nuestros ojos, de modo que la veamos bien, la reconozcamos bien, la discernamos bien, y luego podamos determinar adecuadamente su sentido. Y Jesús dijo: Hablas con cordura y con acierto, pero explícame lo que te pido. Yo sé que toda letra tiene un rango definido, en que se manifiesta su sentido misterioso, que es único y determinado para cada letra. Y Gamaliel advirtió: Los antiguos doctores y sabios no han parado su atención en otra cosa que en la forma de la letra y en su nombre. Jesús dijo: Lo sé perfectamente, y lo que quisiera que me procurases es la explicación de la letra. El maestro interrogó: ¿Qué quieres significar con esa petición, que no comprendo? El niño contestó a esta interrogación con otras tres: ¿Qué es la letra? ¿Y qué es la palabra? ¿Y qué es la frase? Y Gamaliel se humilló, diciendo: Dejo a tu cargo la respuesta, porque yo la ignoro. Al oír esto, José se indignó en su alma, y dijo a Jesús: Hijo mío, no repliques así a tu maestro. Comienza por aprender, después de lo cual, sabrás. Y, hecha esta recomendación, se fue silenciosamente a su casa, y contó a María lo que había oído decir, y visto hacer a Jesús. Y ella se entristeció mucho, y le dijo: Ya te advertí de antemano que no se dejaría instruir por nadie. Mas José la tranquilizó, diciendo: No te aflijas, que todo ocurrirá como Dios disponga. Y, al salir de casa del maestro, José había dejado al niño en el mismo lugar que ocupaba. Y Jesús, tomando la tableta, sin decir nada, se puso a leer, primero las letras, luego las palabras, y finalmente las frases. Y depositó la tablilla ante Gamaliel, y dijo: Maestro, conozco las letras que has escrito. Ahora escribe por su orden las demás letras hasta completarlas todas. Y, prosternándose ante Gamaliel, tomó otra vez la tablilla, y leyó de la misma manera primero las letras, luego las palabras, y finalmente las frases. Y nuevamente depositó la tablilla ante Gamaliel, y dijo: Maestro, ¿has acabado la serie de las letras que habías comenzado a formar? Gamaliel repuso. Sí, hijo mío. He aquí sus nombres reunidos ordenada e íntegramente. Y Jesús dijo: Maestro, todo lo que me has escrito, lo he aprendido y lo sé perfectamente. Ahora, para mi instrucción, escríbeme otra cosa, a fin de que la aprenda y la sepa. Y Gamaliel replicó: Pero dame antes la interpretación de las letras, para que la conozca. Respondió Jesús, y dijo: ¿Tú eres maestro en Israel, y no sabes esto? Respondió Gamaliel, y dijo: Todo lo que sé es lo que he aprendido de mis padres. Y Jesús expuso: La letra simple significa por sí misma el nombre de Dios. La palabra que nace de la letra, y que toma cuerpo en ella, es el Verbo encarnado. Y la frase que se expresa por la letra y por la palabra, es el Espíritu Santo. De suerte que, en esta Trinidad, la letra simple o Dios engendra la palabra o Verbo, que se incorpora al Espíritu, el cual, al manifestarse, se afirma en la palabra enunciada.

4. Al oír estas cosas, Gamaliel lo miró, estupefacto ante el saber de que estaba dotado, y le preguntó: ¿Dónde has adquirido la ciencia que posees? Yo pienso que todos los dones del Espíritu Santo se han reunido en ti. Mas Jesús repuso: Maestro, vuelvo a rogarte que me enseñes alguna otra cosa de aquellas que has prometido enseñarme. Y Gamaliel dijo: Hijo mío, a mí es a quien toca convertirme en discípulo tuyo, pues has aparecido en medio de nosotros como un prodigio, hasta el punto de que, poco ha, tus compañeros de enseñanza me han pedido que te restituya a tu hogar, por ser demasiado sabio para continuar entre ellos. Soy yo, repito, quien vuelve a rogarte que me des una explicación de la escritura. Y Jesús dijo: Te la daré, mas tú no podrás comprender este misterio, que está oculto a las intuiciones de la razón humana, hasta que el Señor, que escruta los pensamientos en todo lugar y en todo tiempo, lo revele a todos los nacidos, y reparta con profusión los dones del Espíritu Santo. Porque ahora, por lo poco que has visto de mí, y escuchado de mis palabras, puedes conocerme, y saber quién soy. Empero más tarde, oyendo hablar de mí, me verás y me conocerás. Y Gamaliel murmuró entre sí: Verdaderamente, hijo de Dios es éste. Yo creo que es el Mesías, cuyo advenimiento los profetas han anunciado.

5. Y Gamaliel llamó a José, y le dijo: Venerable anciano, razón tenías al manifestarme que este niño no era hijo tuyo según la carne, sino según el espíritu. Y José preguntó a Jesús: ¿Qué haré de ti, puesto que no te sometes al maestro? Respondió Jesús: ¿Por qué te irritas contra mí? Lo que me ha enseñado lo sabía ya, y a las cuestiones que me ha planteado no les ha dado solución. José repuso: Te he puesto a instruir, para recibir lecciones, y para

adquirir sabiduría, y resulta que eres tú quien enseña al maestro. Jesús dijo: Lo que no sabía lo he aprendido, y lo que sé no necesito aprenderlo. Y Gamaliel exclamó: ¡No hables más, porque me afrentas! Levántate, ve en paz, y que el Señor te sea próspero.

6. Y Jesús se levantó sin demora, tomó las tablillas, se prosternó ante Gamaliel, y le dijo: Maestro bueno, otórguete Dios tu recompensa. Y Gamaliel contestó: Ve en paz, y realice el Señor tus deseos en bien tuyo. Y Jesús marchó a reunirse a su madre, la cual lo interrogó: Hijo mío, ¿cómo has podido aprenderlo todo, en un solo día? Y Jesús afirmó: Todo lo he aprendido, en efecto, y el maestro no ha sabido responder satisfactoriamente a nada de cuanto le propuse.

7. Y José, que estaba muy entristecido por causa de Jesús, consultó a Gamaliel, preguntándole: Dime, maestro, ¿qué haré de mi hijo? Y Gamaliel repuso: Enséñale todo lo que concierne a tu oficio de carpintero. Y José fue a su casa, y, viendo a Jesús sentado con las tablillas en la mano, lo interrogó: ¿Lo has aprendido todo? Jesús replicó: Todo lo he aprendido, y quisiera ser profesor de niños. Mas José dijo: Como sé que no quieres estudiar, aprenderás conmigo el oficio de carpintero. Y Jesús dijo: Lo aprenderé también.

8. Y José había empezado a fabricar para el rey un trono magníficamente esculpido. Y una de las gradas era muy corta, y no podía unirse proporcionalmente a la otra grada. Y Jesús preguntó: ¿Cómo piensas arreglar esto? Y José dijo: ¿Qué te importa este asunto? Toma el hacha, corta esta grada perpendicularmente, de arriba abajo, y encuádrala regularmente en sus cuatro ángulos. Jesús observó: Sí, haré lo que me mandes. Pero explícame lo que quieres hacer de esta madera que pules con tanto arte por medio de cuerda, de compás y de medida. José replicó: Tres veces ya me has interrogado sobre este trabajo, que no puedes conocer y comprender. Jesús insinuó: Precisamente por ello, te interrogo y me informo, a fin de saber la verdad. Y José explicó: Quiero construir un trono real para el soberano, y la madera de una de las gradas resulta insuficiente. Jesús dijo: Házmela ver. Dijo José: Es este trozo de madera que ves ante ti. Preguntó Jesús: ¿Cuántos palmos tiene de largo? José contestó: Uno de los lados debe tener doce palmos, y el otro lo mismo. Y Jesús tornó a preguntar: ¿Y cuál es la longitud de esta pieza? José contestó: Quince palmos. Y Jesús dijo: Está bien. Ve en silencio a ocuparte en

tu obra, y no temas nada. Y, tomando el hacha, Jesús partió en tres la madera que medía quince palmos. Y, cortándola por la mitad, la dividió en dos troncos, puso el hierro sobre la madera, y se sentó. Y sobrevino María, y le dijo: Hijo mío, ¿has terminado la obra que comenzaste? Y Jesús no sin indignación, repuso: Sí, la terminé. Mas ¿por qué me forzáis a aprender todo género de labores? Verdaderamente, ¿necesito yo aprender nada? Y a ti, ¿qué cuidado te aprieta a ocuparte de mí a costa de tanta agitación e inquietud? Y, después de hablar así, Jesús se calló.

9. Y llegó José, y, viendo la madera dividida en dos partes, exclamó: Hijo mío, ¿qué estropicio es éste, que tan grave perjuicio me causa? Jesús replicó: ¿Quieres decirme qué he hecho que te perjudique? José repuso: Una de las dos maderas es demasiado pequeña, y la otra demasiado grande. ¿Por qué las has cortado de tal modo que no se adapten apropiadamente en sus dos lados? Y Jesús dijo: Las he cortado de ese modo para que queden simétricas. Dijo José: ¿Cómo puede ser eso? Mas Jesús dijo: No te disgustes. Agarra las piezas por sus dos lados, mide separadamente cada una de ellas, y entonces comprenderás. Y José, tomando una de las dos piezas de madera, la midió, y era doce palmos de larga. Luego, midió la otra pieza, y comprobó que daba la misma longitud. Y la madera no era corta, en verdad, pero, en vez de quince palmos, tenía veinticuatro, divididos en dos piezas de doce pies. Tal fue el milagro que Jesús realizó delante de María y de José y enseguida, saliendo presuroso de la casa, fue a juntarse con los niños de la población, en el lugar en que se encontraban reunidos. A su vista, todos se acercaron alegremente a su encuentro. Y, puestos ante él de hinojos, lo interrogaron, diciendo: ¿Qué haremos hoy, Jesusito? Y éste contestó: Si me escucháis, y si os sometéis a mis órdenes, ejecutad exactamente cuanto os mande. Y ellos clamaron a una: Sí, todos te somos afectos, y estamos sometidos a tu voluntad, en todo lo que te plazca. Y Jesús les habló así: No violentáis a nadie, no devolváis mal por mal, sed caritativos, y conducíos entre vosotros como amigos y como hermanos. Y entonces yo también viviré entre vosotros con un corazón siempre presto a serviros. Y los niños le besaban y le abrazaban con júbilo. Y había allí un muchacho de doce años, que, a consecuencia de violentísimos males de cabeza, había perdido la luz de sus ojos, y no podía andar con soltura, a menos que alguien lo guiase, llevándolo por la mano. Y Jesús se apiadó de él, y, ponién-

dole la mano sobre la cabeza, le sopló en un oído. Y, en el mismo momento, se abrieron los ojos del niño, que recobró su visión normal. Y los muchachos que a tal milagro asistieron, lanzaron un grito, y marcharon a la ciudad a contar el prodigio insigne de un ciego a quien había devuelto la vista Jesús. Y multitud de gentes acudieron de la ciudad a verlo, mas no lo encontraron. Porque Jesús había desaparecido, y se escondió, para no ser notado del público.

10. Algunos días después, José llevó al rey, ante quien se prosternó, el trono que había construido. Y el rey lo vio, y quedó regocijado y satisfecho. Y ordenó que se diesen a José, en abundancia, los recursos necesarios a su subsistencia. Y, recibiéndolos, José marchó jubiloso a su casa.

11. Un día, el rey invitó a José a un banquete, al cual asistieron también príncipes del más alto rango. Y comieron, bebieron y se regocijaron todos en la mayor medida. Y el rey dijo a José: Anciano, voy a hacerte una petición, para que la ejecutes. José dijo: Ordena, señor. Y el rey dijo: Quiero que me construyas un palacio espléndido, con un salón muy elevado y de puertas a dos batientes. Le darás las mismas dimensiones a lo largo que a lo ancho; pondrás, alrededor, lámparas y asientos; lo adornarás con formas, contornos, figuras y dibujos elegantemente esculpidos; representarás, sobre los capiteles, toda especie de animales; con el escoplo pulirás las superficies, y con el cincel formarás ornamentos entrelazados; lo harás accesible por una escalera sólidamente enclavijada; derrocharás todos los recursos del arte decorativo; emplearás profusión de maderas macizas de todas clases; y, por encima, colocarás una cúpula cimbrada, que establecerás sobre el plano de un templo, lo que sabes hacer a maravilla. Y por tu trabajo, te daré el doble de lo que necesitas para tu subsistencia. José dijo: Sí, rey, ejecutaré tus órdenes. Pero manda que me traigan maderas incorruptibles, para que las examine. Y el rey dijo: Se hará como quieres.

12. Y el rey, con los príncipes de alto rango y con José, se dirigió a un sitio pintoresco, en que había hermosas praderas, numerosas fuentes, un estanque en forma de anfiteatro y una elevada colina al borde del agua. Y el rey ordenó a José que midiese el emplazamiento. Y José lo midió a lo largo y a lo ancho, como el rey le había mandado, y se puso a construir.

13. Mas, cuando quiso rematar la labor de la cúpula, halló que una pieza de madera no se ajustaba a ella, por ser demasiado corta. Y José, contraria-

do, no sabía qué hacer. Y, en aquel instante, el rey sobrevino, y, advirtiendo la turbación de José, le preguntó: ¿Por qué estás preocupado y sin trabajar? Respondióle José: He laborado en este maderamen con gran esfuerzo, y salió fallida mi obra. Y el rey dijo: Mandaré que te traigan madera más larga.

14. Y, estando en esta conversación, he aquí que se les acercó Jesús, el cual, inclinándose, se prosternó ante el rey, que le dijo: Bienvenido seas, hermoso niño, hijo único de tu padre. Y Jesús preguntó: ¿Por qué estáis aquí tristemente sentados, desocupados y silenciosos? Y el monarca repuso: Todo está acabado, como ves, y, sin embargo, falta algo. Jesús dijo: ¿De qué se trata? El rey dijo: Mira esta madera esculpida, y comprobarás que es demasiado corta, y que no encaja en la otra bien. Y Jesús dijo a José: Toma el extremo de esta madera, y tenlo fuertemente asido. El rey, fijando su mirada en Jesús, lo interrogó: ¿Qué vas a hacer? Y Jesús, tomando el otro extremo de la madera, dijo a José: Tira en línea recta, para que no se note que esta madera es demasiado corta. Y los allí presentes creyeron que el niño bromeaba. Mas José tuvo fe en la voluntad de Jesús, y, extendiendo la mano, se apoderó de la madera, y ésta se alargó en tres palmos.

15. Y, cuando el rey vio el prodigio que había hecho Jesús, temió a éste, se prosternó ante él, y lo abrazó. Y lo cubrió con un vestido real, le ciñó la cabeza con una diadema, y lo envié a su madre. Y José terminó todo el trabajo de la construcción. Y el rey, a quien contento en extremo, gratificó a José con mucho oro y con mucha plata, y lo remitió a su casa lleno de alegría.

16. Cuanto a Jesús, andaba siempre yendo y viniendo por los lugares que frecuentaban sus amigos infantiles. Y éstos lo saludaban con mucho afecto, y se apresuraban a cumplir cuanto él les mandaba.

17. Y, un día, Jesús, que había salido de su casa, recorría la ciudad silenciosamente y a escondidas, para que nadie lo viese. Y he aquí que un muchachuelo, que lo divisó y lo reconoció, lo sorprendió por la espalda, y agarrándolo, y zarandeándolo, se puso a gritar: Mirad todos, y ved al niño Jesús, al hijo del viejo, al que hace tantos milagros y tantos prodigios. Inmediatamente fue asaltado por el demonio, y cayó sin sentido al suelo. Y Jesús desapareció, y él se vio tan maltratado por los malos espíritus, que yació en tierra como muerto, durante tres horas. Y sobrevinieron sus padres, llenos de susto y deshechos en lágrimas. Y lo levantaron, y discurrieron por toda la población en busca de

Jesús, mas no lo hallaron. Entonces fueron, llorando, al encuentro del viejo José, para rogarle que Jesús librase a su hijo de los malos espíritus. Y, cuando Jesús conoció su pensamiento, y supo que el niño clamaba también por su propio alivio, se presentó a éste aquel mismo día, de súbito. Y el niño, cayendo a los pies de Jesús, le pidió el perdón de sus faltas. Y Jesús le puso la mano sobre la cabeza y lo curó.

18. Y, días más tarde, Jesús, saliendo, se fue, como solía, al lugar en que los niños se reunían para jugar. Y, al verlo, todos lo acogieron con mucha alegría, y lo recibieron con gran honor. Jesús les preguntó: ¿Qué habéis deliberado y decidido que hagamos hoy? Respondieron los niños: Pondremos como jefes nuestros a ti y a Zenón, el hijo del rey. Nos dividiremos en dos campos, y uno de los bandos será tuyo, y del hijo del rey el otro. E iremos a jugar a la pelota, y veremos cuál de los dos equipos triunfa en la contienda. Jesús dijo: Bien pensado. Y todos, de una y de otra parte, se pusieron de común acuerdo.

19. Y, en aquel paraje, había una vieja torre muy grande y de muros muy elevados, delante de la cual se citaban siempre los niños de la ciudad para verificar sus juegos. Y Jesús dijo a Zenón: ¿Qué te propones hacer ahora? Lo dejo a tu albedrío. Zenón repuso: Dividámonos, de nuevo, y de común acuerdo, menores y mozalbetes, en dos campos, y luego iremos juntos a jugar a la pelota. Jesús dijo: Haz como gustes. Y Zenón, congregando a sus compañeros, los repartió en dos grupos, que avanzaron para lanzar la pelota. Y Zenón, que tenía el primer turno, lanzó la pelota con tal brío, que, remontándola a enorme altura, la hizo caer sobre la torre, a la que era muy difícil subir y bajar. Mas, queriendo recuperar la pelota, emprendió el penoso ascenso, y Saul, hijo del aristócrata Zacarías, se lanzó en pos suyo. Y, tomando la cesta del juego con sus dos manos, le asestó por detrás un golpe en la nuca. Y Zenón cayó a tierra, desde todo lo alto de la torre, y murió. Y Zacarías escapó con todos los muchachos que había allí, y Jesús se ocultó a sus miradas, y desapareció también.

20. Entonces, un gran clamor se elevó en la ciudad, y por todas partes se propalaba que los niños habían matado al hijo del rey, que con ellos jugaba. Al oír esto, todos los habitantes se reunieron, y se dirigieron a la torre. Y el rey, los príncipes, los grandes, los jefes, los dignatarios, los oficiales del ejército, el ejército entero, los parientes, los amigos, los esclavos, los siervos, hombres,

mujeres, íntimos, familiares y extranjeros, todos los que sabían la noticia, se apresuraron a ir a la torre, llorando y dándose golpes de pecho. Y, con gran duelo, se lamentaban sobre el niño, que tenía nueve años y tres meses.

21. Después de pasar tres horas en llantos y en gemidos, el rey y su séquito abrieron una información, y se interrogaban los unos a los otros, a fin de saber quién había cometido el criminal atentado. Y todos dijeron a una: Nadie sabe lo que ha ocurrido más que los niños que en este sitio se hallaban jugando. Entonces el rey ordenó que se levantase el cadáver de su hijo, y que se lo llevase al palacio. Y mandó juntar a todos los niños de la ciudad, desde el mayor hasta el menor, y los llevaron a su presencia. Cuando hubieron llegado, el rey comenzó por dirigirles palabras bondadosas, y les dijo: Hijos míos, declarad quién de entre vosotros ha causado esta desgracia. Sé que no habéis obrado adrede, y que esto ha ocurrido muy a vuestro pesar, y quizá sin vuestra noticia: Los niños respondieron unánimes: ¡Oh rey, la razón te asiste! Pero ¿quién de entre nosotros hubiera osado cometer esa acción homicida de matar al hijo del rey, entregándose él mismo a la perdición y a una muerte inevitable? El rey repuso: Os dije que escucharíais de mí frases benévolas. Pero ahora os repito que procuréis no exasperarme, y no encender en mi corazón la furia. Por el momento nada tenéis que temer. Pero descubridme la verdad. ¿Quién es el autor del golpe que ha hecho perecer a mi hijo con una muerte cruel y prematura? Si alguno me lo manifiesta, lo haré compañero de mi trono, lo asociaré a mi grandeza, y a sus padres les daré poder y rango. Los niños dijeron: ¡Oh rey, justo es tu mandato! Pero a la pregunta que nos haces, contestamos, con toda veracidad, que ignoramos cuál de nosotros es el autor del hecho. No tenéis más que dos salidas ante vosotros, y, si espontáneamente preferís la vida a la muerte, evitaréis perder la primera en vuestra tierna edad. Temed los tormentos y las sevicias que estoy decidido a ejercer sobre vosotros y sobre vuestros padres. Descubridme la verdad sin ambages, y así escaparéis a una muerte cierta. Y ellos contestaron: Henos aquí delante de ti. Lo que hayas de hacer, hazlo presto.

22. Entonces el rey hizo que se llevase a los niños a la puerta del palacio, y que se colocasen entre ellos cantidades muy crecidas de oro y de plata. Y ordenó al jefe de los verdugos que agarrase una espada de acero, y que la hiciese brillar sobre la cabeza de los niños que se acercasen a tomar su parte

del tesoro. Y, luego que todos los niños, uno a uno, fueron recogiendo su parte valientemente, y se retiraron sin miedo alguno, se aproximó el matador del hijo del rey. Y, cuando vio relucir la espada en la mano del verdugo, le entró repentino temor y temblor. Y, en el espanto que el arma le producía, no pudiendo sostenerse ya sobre sus piernas, cayó al suelo de bruces. Y le preguntaron: ¿Por qué temes y tiemblas? El niño repuso: Dejadme un instante, para que me recobre, y recupere mis ánimos. Consintieron en ello, y lo interrogaron de nuevo: ¿Te causa pavor la vista de esta espada? Y él asintió, diciendo: Sí, me atemoriza mucho que me hagáis morir. Y el monarca indicó al verdugo: Mete tu espada en la vaina, para no provocar pánico en el niño. Y éste después de un intervalo de una hora, se levantó, y dijo: ¡Oh rey!, yo sabía quién es el asesino de tu hijo, pero sentía escrúpulo de darte su nombre. El rey replicó: Dámelo, hijo mío, que vale más que perezca el que es digno de muerte que no un inocente. Y el niño dijo: ¡Oh rey, tu hijo ha sido muerto por el niño Jesús, el hijo del viejo! El rey, que tal oyó, quedó estupefacto, y mandó que se requiriese a Jesús, y que se lo intimase a comparecer ante él. Mas no se encontró a Jesús, sino solo a José, a quien se detuvo, y se lo llevó al tribunal. Y, habiéndose inclinado, y prosternado delante del rey, éste le dijo: ¡Bien me has tratado hoy, anciano, en pago de los beneficios que te he hecho! ¡Por duplicado acabas de pagarme mi benévola acogida! José repuso: ¡Oh rey, te ruego que no creas en toda vana palabra que a tus oídos llegue! No te irrites contra mí, a pesar de mi inocencia, ni a la ligera y temerariamente me juzgues, pues no soy responsable de la sangre de tu hijo. El rey replicó: Ya conocía yo tu espíritu de independencia y el natural indómito del niño Jesús. Viniste aquí a tomar órdenes de acuerdo con tus preparativos, y yo ejecuté cuanto fue de tu gusto. José suplicó de nuevo: Te repito, oh rey, que no des crédito a mentirosas especies, ni me hagas reproches sin testigos en su apoyo, porque no entiendo nada de lo que me hablas. El rey cortó el diálogo exclamando: ¿Dónde está tu hijo, para que yo lo vea? José juró, diciendo: Por la vida del Señor, ignoro dónde está mi hijo. Y el rey exclamó: ¡Muy bien! ¡Primero se comete el homicidio, y después se busca la impunidad en la fuga! Y ordenó que se guardase estrechamente a José, y dijo a los suyos: Id a recorrer toda la ciudad, hasta que encontréis al niño Jesús; arrestadlo, y conducidlo aquí bien custodiado. Y discurrieron por todas las calles y por todas las afueras de la población, en busca de Jesús, mas no lo hallaron, y volvieron a comunicar al rey el resultado negativo de su pesquisición. Y el rey dijo a sus grandes: ¿Qué haremos de ese viejo? Porque ha facilitado la huida de la madre y del hijo, y no se da con el paradero de este último. Los príncipes manifestaron: Manda que ante nosotros comparezca el viejo, y sometámoslo a otro interrogatorio, puesto que él sabe dónde están el hijo y su madre. Y el rey dijo: Tenéis razón. No llevaré a mí la tumba, ni probaré bocado, ni beberé, ni dormiré, antes de que la sangre de ese niño no haya compensado la del mío.

23. Y, cuando hablaba de esta suerte, y deliberaba con respecto a José, preguntándose a sí mismo con qué género de muerte lo haría perecer, he aquí que el mismo Jesús en persona vino a presentársele, e, inclinándose, se prosternó ante él. Y el rey clamó, furioso: A tiempo llegas, niño Jesús, verdugo y matador de mi hijo. Mas Jesús repuso: ¿Por qué, oh rey, estás tan enojado? ¿Por qué tu corazón parece henchido de turbación, de cólera y de furia? ¿Por qué me muestras un semblante tan descompuesto? No emplees conmigo un lenguaje tan injusto: que no es digno de reyes, y de monarcas poderosos, condenar a alguien sin testigos de cargo. El rey replicó: Si te declaro digno de muerte, es sobre la fe de numerosos testigos. Jesús opuso: No basta. Ante todo, infórmate, interroga, razona, y luego juzga en verdad y en derecho. Y, si soy digno de muerte, haz lo que los jueces con poder legítimo hacen en estos casos. Pero el rey contestó: No nos aturdas con vanos discursos, y dinos claramente lo que ha causado la pérdida de mi hijo. Jesús redarguyó: Si crees en mi palabra, y, si aceptas el testimonio que enuncio, sabe que soy inocente de ese hecho. Pero, si quieres condenarme ligeramente y con temeridad, llama a tu testigo, y ponlo en mi presencia, para que yo lo vea. El rey dijo: Tienes razón. Y, acto seguido, hizo comparecer al matador de su hijo, a quien preguntó: Niño, ¿depones contra Jesús? El culpable respondió: Sí, depongo formalmente contra él. Escúchame y te lo revelaré todo. Pero permíteme hablar ante ti libremente. El rey dijo: Habla: Y el culpable se enfrentó con Jesús, diciéndole: ¿No te vi ayer en el juego de pelota? Tú tenías la cesta en la mano; tú subiste con Zenón a lo alto del muro, para recoger la pelota; tú le descargaste a dos manos un golpe por detrás de la nuca; tú lo mataste, precipitándolo a tierra; y tú huiste de allí enseguida. Jesús repuso: Está bien. Y, al oír esto, el rey, los príncipes, los grandes, que estaban con él, y todo el resto de la multitud

popular, dijeron: ¿Qué tienes que responder a esta acusación? Contestando a la pregunta con otra, Jesús dijo: Y, en vuestra ley, ¿qué hay escrito a este propósito? Y todos clamaron a una: En nuestra ley está escrito: El que derramare sangre de hombre, por el hombre su sangre será derramada. Y Jesús asintió, diciendo: Tenés razón.

24. Entonces el rey dijo: Indica cómo debo tratarte y con qué género de muerte te haré perecer. Y Jesús dijo Siendo, como eres, juez de todos, ¿por qué me pides eso a mí? El rey contestó: Sí, lo sé muy bien, puesto que puedo hacer lo que me plazca. Mas yo exijo que se me descubra la verdad, para juzgar con rectitud, a fin de no ser yo mismo juzgado. Jesús insinuó: Si quieres interrogarme sobre el hecho, dentro de las formas legales, emitirás un juicio inicuo, sin saberlo. El rey exclamó: ¿Cómo así? Jesús dijo: ¿Ignoras que todo hombre que ha perpetrado un crimen jura en falso, por temor a la muerte? Y los que, bajo juramento, atestiguan y deponen los unos por los otros, saben muy bien quién es el culpable. El rey arguyó: Si el culpable no eres tú, ¿por qué respondes siempre con un aluvión de palabras, declarándote inocente, y desmintiendo a los demás? Y Jesús declaró: Yo también sé algo acerca de la causa de este crimen. Pero todo el que ha cometido una maldad, se apresura a protestar de que no es digno de muerte. Y el rey replicó: No entiendo lo que dices. Si quieres que crea en la verdad de tus palabras, preséntame un testigo que responda de ti, y serás absuelto. Y Jesús observó: ¡Si ellos hablasen con sinceridad! Ninguno de ellos ignora y cualquiera puede, por ende, atestiguar, que soy inocente. El rey repuso: A ellos, y no a ti, corresponde rendir ese testimonio. Jesús replicó: Su testimonio es falso y perjuro, porque son amigos los unos de los otros, y yo soy un extranjero transeúnte y desconocido en la ciudad. ¿Dónde hallaré el amigo benévolo que examine mi causa con equidad, y que piense en hacerme justicia?

25. Y el rey dijo: Me atacas y contradices sin descanso, cabalmente en momentos de tribulación, en que no puedo más que llorar, lamentarme y darme golpes de pecho. Respondió Jesús: ¿Y qué quieres que haga? Heme aquí traicionado por numerosos testigos, y puesto en tus manos. Haz lo que hayas resuelto hacer de mí. El rey dijo: ¿Por qué sigues enfrentado conmigo? Yo solo te pido que me expliques la exacta verdad, y solo quiero oír de tu boca la razón de que me hayas devuelto con tamaño mal la benevolencia que usé

contigo. Y Jesús dijo: Si te decides a abrir una información seria, y enterarte a fondo de las cosas, tu juicio será verdaderamente justo. Mas el rey interrumpió: ¿De quién es el juicio justo? ¿Del que tiene un testimonio en su apoyo o del que no lo tiene? Respondió Jesús: Del que tiene un testimonio sincero, y sobre él juzga. Y el rey observó: Y cuando alguien depone en favor suyo, ¿puede juzgárselo, sí o no? Jesús dijo: No. Y el rey añadió: Entonces, ¿por qué, deponiendo en tu propia causa, pretendes ser inocente? Jesús replicó: ¡Oh rey, si reclamas de mí un testimonio, opónme otro de la parte adversa, único modo de que se compruebe quién es el bueno, y quién el perverso! El rey contradijo, diciendo: La ley ordena a los jueces no juzgar a nadie más que sobre testimonio. Trae aquí tu testigo, como todos hacen, y te creeré. Y Gamaliel, que estaba presente allí, tomó la palabra, y exclamó: ¡Oh rey, te suplico que me escuches! En verdad, este niño es inocente. No lo condenes por las apariencias, con menosprecio de la justicia.

26. Y toda la multitud clamó a gran voz: Ha sido discípulo tuyo. He aquí por qué hablas de él en esos términos. Y de nuevo el rey dijo a Jesús: ¿Qué sentencia debo pronunciar contra ti con justicia? ¿A qué suplicios te entregaré? ¿Con qué muerte te haré perecer? Jesús contestó: ¿Por qué quieres intimidarme con semejantes amenazas? ¿Qué te propones, repitiéndome siempre lo mismo? ¿Y qué he de alegar en descargo de mi persona? Si me juzgas conforme al uso legal, quedarás exento de toda falta. Pero, si me entregas a la muerte de un modo arbitrario y tiránico, sin curarte de los procedimientos de derecho, caerá sobre ti el terrible juicio de Dios. Y el rey dijo: Varias veces te he perdonado con paciencia. Pero tú no sientes ningún temor de mí, ni te espantan en modo alguno mis amenazas, ni te haces cargo de la inmensa tristeza que me abruma. Respóndeme dándome un testimonio y escaparas a la muerte. Jesús le respondió: Dime lo que debo hacer, y lo haré. El rey repuso: Ahora me apiado de ti, considerando tu tierna edad, y me inspiras respeto, porque eres hijo de una gran familia. Pero, de otra parte, no puedo soportar el dolor de la desgracia recaída sobre mi hijo. Descúbreme, pues, al verdadero culpable, seas tú o sea otro. Y Jesús contestó: Me he esforzado en vano en convencerte, puesto que no has dado crédito a mis palabras. Y, aunque sé quién es el que merece la muerte, me he limitado a dar testimonio de mí mismo, con exclusión de testimonio ajeno. Mas, ya que tanto insistes

en que te presente un testigo, voy a presentártelo. Llévame a la habitación en que yace tu hijo.

27. Y, una vez ante el cadáver, Jesús clamó a gran voz: Zenón, abre los ojos, y ve cuál es el niño que te ha matado. Y súbitamente, como si hubiese sido sacado de su sueño, Zenón se despertó e incorporó. Y, con una mirada circular, contemplaba a todo el mundo, y se admiraba de la multitud de pueblo, que se hallaba allí. A cuya vista, todos, padres y parientes, hombres y mujeres, grandes y chicos, lanzaron un grito, y, con lágrimas y transportes de júbilo, lo abrazaban y lo besaban, preguntándole: Hijo, ¿qué te ha sucedido, y cómo te encuentras? El niño respondió: Me encuentro bien. Y Jesús, a su vez, lo interrogó en esta guisa: Dinos quién ha causado tu muerte violenta. Zenón respondió: Señor, no eres tú el responsable de mi sangre, sino Apión, el hijo del noble Zacarías. Él fue quien, con su cesta, me asestó un golpe por detrás, y me hizo caer a tierra desde aquella altura. Al oír esto, el rey y toda la multitud del pueblo, fueron agitados por un vivo terror, y todos, llenos de miedo hacia Jesús, estaban espantados, y decían: Bendito sea el Señor Dios de Israel, que obra con los hombres según sus méritos y su derecho, y que procede como juez justo. En verdad, este niño es Dios o su enviado. Y Jesús dijo al monarca: Detestable rey de Israel, ¿crees ahora sobre mi palabra que soy inocente? Ya ves cómo me he procurado a mí mismo el testimonio de que no soy responsable de la sangre de tu hijo, lo que te parecía una mentira de mi parte. ¡Ah, mira a tu hijo, vuelto a la vida, sirviéndome de testigo, y cubriéndote de confusión! Sin embargo, yo te había prevenido, y repetido una y otra vez la advertencia de que abrieses los ojos, que no te dejases engañar por falsos discursos, y que no creyeses en muchachos indignos de fe. No me escuchaste, y ahora, tú y todos tus conciudadanos, lamentáis no haber sacado partido alguno de mi auxilio testifical. Y Gamaliel intervino, para decir lo mismo que Jesús, y para echar en cara al rey que no hubiese creído en sus palabras.

28. Y el hijo del rey permaneció con vida el día entero. Y, sentado en medio de aquellos personajes, conversaba con los grandes y con los príncipes y les contaba alguna visión sorprendente u otras maravillas prodigiosas. Todos, desde el más grande hasta el más chico, fueron a prosternarse ante el hijo del rey, y a ofrecerle sus servicios, hasta la hora en que, finada la tarde, cubrió la noche la tierra con sus sombras. Entonces Jesús interpelando de nuevo

al resucitado, le dijo: Zenón, hijo del rey Baresu, vuelve a tu lecho, duerme y reposa, hasta el advenimiento del juez justo. Y, apenas Jesús hubo así hablado, Zenón se levantó de su asiento, se acostó en su cama, y quedó otra vez dormido. Y toda la multitud de gentes que vieron el milagro operado por Jesús, presa de temor y de espanto, cayó al suelo, y todos permanecieron, durante una hora, sin respiración y como muertos. Después, levantándose, cayeron todos a los pies de Jesús, y, entre lágrimas, le rogaban que devolviese de nuevo la vida al resucitado. Mas Jesús exclamó: Rey, el mismo caso que tú hiciste de mis palabras dulces y benévolas, haré yo de tus intercesiones suplicantes y egoístas. Porque, en esta ciudad, nadie ha pronunciado una sola frase en mi favor, antes al contrario, todos se han concitado y reunido contra mí, y me han condenado a la última pena. Pero yo bien te previne, advirtiéndote que mirases lo que hacías, y que más tarde te arrepentirías, y no ganarías nada. Y el rey dijo: ¿Cómo hubiera podido reconocer en ti a un Dios encarnado y aparecido sobre la tierra, para mandar en la vida y en la muerte como dueño soberano? Y Jesús dijo: No es por tu causa, ni por mi propia vanagloria, por lo que he devuelto a tu hijo la existencia, sino como respuesta a todas las vejaciones y a todos los ultrajes que de ti he recibido. Mas el rey imploró otra vez: Escucha mi plegaria y la de toda la multitud de mi pueblo, y haz que Zenón de nuevo resucite. Jesús repuso: No temo a nadie, ni jamás inferí mal a hombre alguno. Y no efectué el milagro en concepto de beneficio, sino para procurarme un testimonio que te diese a conocer e identificase al matador de tu hijo. El rey insistió, lloroso: No te encolerices contra mí, y no devuelvas con un mal el que yo te causé. Jesús contestó: Tus ruegos son inútiles. Si hubieses atendido a mis palabras, yo tenía el poder de hacer este milagro en favor tuyo, y en consideración a la bondad que habías usado conmigo. Empero tú olvidaste, y no tomaste en cuenta el prodigio que ante ti realicé, cuando la construcción de tu palacio, aumentando una pieza de madera en la medida que faltaba. Así, pues, no te soy deudor de gratitud alguna, puesto que no has creído en mí, y has anulado, con una manifestación de hostilidad, toda la benevolencia espontánea y todos los obsequios amistosos con que me habías gratificado anteriormente. Y el rey dijo todavía: Óyeme, Jesús. En el exceso de mi turbación y de mi duelo, no era verdaderamente capaz de prever nada. Completamente aturdido y enloquecido, en fuerza de llorar y a causa del tumulto, perdí la cabeza y el recuerdo de todo. Mas Jesús respondió, diciendo: Que yo hubiese producido la pérdida de tu hijo, nadie de la ciudad lo había visto, y nadie podía atestiguar, por tanto, que yo merecía la muerte. Y, aunque efectivamente hubiera causado la pérdida de tu hijo, tampoco lo habría visto nadie. Pero todos sabían quién era el matador, y no lo han denunciado hasta el momento en que, resucitando al muerto, a todos los he confundido. Y, habiendo así hablado, Jesús salió vivamente de entre la multitud, y se ocultó a las miradas de los asistentes.

29. Y José fue sacado de la prisión, y puesto en libertad. Y varias personas fueron en busca de Jesús, y no lo encontraron. Y se interrogaban los unos a los otros, y decían: ¿Quién ha visto al niño Jesús, el hijo de José? Lo buscamos, para que venga a resucitar al hijo del rey. Y recorrieron todas las afueras de la ciudad, sin encontrarlo. Y muchos creyeron en su nombre, y decían: Un gran profeta se ha levantado entre nosotros. Y el rey, todos los príncipes y los habitantes de la ciudad redoblaron su duelo sobre el niño fenecido, y se afligieron aún más, después de la partida de Jesús.

30. Y el viejo José y su esposa María desconfiaban del rey y de su ejército, que podían detenerlos a viva fuerza, y encarcelarlos. Y, aquella misma noche, salieron de su casa, y huyeron de la ciudad, a escondidas y sin que nadie supiese nada. Al despuntar el día, sin dejar de caminar, buscaban con la mirada al niño. Y aconteció que, yendo hablando entre sí, y preguntándose el uno al otro, el mismo Jesús se llegó, e iba con ellos juntamente y en silencio. Y, reconociéndolo, su madre le dijo, entre lágrimas: Hijo mío, bien ves las pruebas que pasamos, cómo nos has puesto en mortal peligro, y cómo tu inocencia te ha salvado. ¡Cuántas veces no te encarecí que no te reunieses con desconocidos, ni con gentes de otra nacionalidad, que no saben quién eres! Jesús repuso: No te aflijas, madre, porque cuando os persiguieren en una ciudad, huiréis a otra.

31. Y, así dialogando, prosiguieron en paz su camino. Y llegaron a una ciudad llamada Bosra o Bosora, y en ella residieron largo tiempo. Y Jesús, que tenía ahora ocho años y dos meses, recorría la comarca, y los niños de esta edad se congregaban a su alrededor. Y él les hablaba, y les daba consejos, con amable dulzura. Y los llamaba a él familiarmente, y les decía: No disputéis, ni riñáis entre vosotros. No os irritéis los unos contra los otros, ni, encolerizados,

os peguéis. Y, al oír esto, los inocentes pequeñuelos querían estar siempre al lado suyo, y seguir sus pasos.

32. Y, un día, como se hubiesen reunido, partió con ellos para un sitio lejano. Y un muchacho de seis años que los acompañaba, y que tenía bello semblante y agradable presencia, estaba impotente, estropeadísimo y tullido de un costado. Y Jesús, al mirarlo, vio que no podía seguir los pasos de los demás niños. Y se apiadó de él, lo llamó a sí, y le preguntó: Niño, ¿quieres curarte? Y él, contemplando a Jesús, rompió en llanto, y le respondió: ¿No he de quererlo? Pero ¿quién me curará? Jesús dijo: No llores. Y llamó a todos los niños de la expedición, y les ordenó: Tomad este niño, extendedlo sobre el suelo, agarradlo unos por las piernas y otros por las manos, y tirad con fuerza. Y se colocó delante del niño durante un tiempo muy corto, y alejándose un poco de allí, dijo a sus compañeros: Dejadlo marchar. Y el niño se levantó con lentitud, y regresó a su casa muy alegre. Y los otros niños lo siguieron, y contaron a todos el prodigio operado por Jesús. Y éste se ocultó a sus miradas, para que nadie lo conociese. Y se restituyó junto a su madre a escondidas, y sin querer mostrarse en público. Y muchos habitantes de la ciudad fueron a preguntarle, y a examinarlo. Mas él desapareció de los ojos de ellos.

XXI. De cómo la Sagrada Familia fue a la villa de Tiberíades y aplicó a Jesús al oficio de la tintorería

Milagros que allí pasaron

1. Y José, levantándose al despuntar el día, tomó a Jesús y a su madre, y se dirigió a la villa de Tiberíades. Allí estableció provisionalmente su equipo a la puerta de un hombre llamado Israel, tintorero de profesión, y que había monopolizado en su taller todo lo que había que teñir en la villa. Y, viendo a su puerta a José, al niño Jesús y a su madre, se regocijó en grado sumo, y preguntó al primero: ¿De dónde vienes, anciano, y adónde vas? Y José respondió: Soy de una comarca lejana, y ando errante por doquiera, extranjero y desterrado.

2. Israel dijo: Si quieres vivir aquí, establécete en esta villa, y yo te acogeré en mi casa, donde harás lo que bien te parezca. José repuso: Cúmplase tu voluntad, y dispón a tu grado de mi persona. Israel lo interrogó: ¿Cómo subsistes de tu oficio? José contestó: Fácilmente, porque soy muy experto

en el arte de construir aradas y yugos de bueyes, y todo lo hago conforme a la conveniencia de cada cliente. Israel dijo: Quédate en mi casa, y no tendrás que sufrir de nadie importunidad alguna. Yo te respetaré como a un padre. Y, si quieres confiarme a tu pequeño, para que aprenda mi oficio, lo trataré con honra, como si fuese mi hijo legítimo. José dijo: Bien has hablado. Toma al niño, procede con él a tu albedrío, y oblígalo a acatar tus mandatos, porque hace tiempo que estoy vivamente contrariado al respecto suyo.

3. E Israel preguntóle: ¿Acaso no obedece con sumisión tus órdenes? Respondió José: No va la cosa por ahí. Es que ha comenzado el aprendizaje de varios oficios, y, por falta de perseverancia, no ha terminado ninguno. Israel dijo: ¿Qué edad tiene? José dijo: Nueve años y dos meses. Israel repuso: Está bien. Y, tomando al niño Jesús, entró con él en casa. Y, mostrándole por orden todo el detalle del taller, le advirtió: Mira bien todo esto, hijo mío, compréndelo, y lo que yo te indique, retenlo en la memoria. Y Jesús se prestaba a sus voluntades, y escuchaba con atención sus avisos.

4. Un día, Israel fue a hacer por la villa su recorrido profesional. Y recogió numerosas piezas de tejido, y aportándolo todo, con una lista, lo depositó en su taller. Y, llamando a Jesús, le manifestó: De todo lo que aquí ves, debemos, hijo mío, dar cuenta a sus respectivos propietarios. Vela con cuidado por todos los efectos que están en nuestra casa, no sea que nos sobrevenga algún accidente súbito, porque seríamos deudores del daño al tesoro real, al cual tendríamos que abonar cinco mil dineros, en concepto de multa. Jesús preguntó: ¿Dónde vas ahora? E Israel dijo: He aquí que yo he recogido todo lo que había para teñir en la villa. Te lo confío, pues voy a darme una vuelta por los pueblos y por las aldeas de los contornos, a fin de devolver cada cosa a su respectivo destinatario, y toda obra que se me dé a hacer, la haré. Jesús dijo: ¿Qué obra? E Israel repuso: La de teñir y colorear, a veces con dibujos de flores, en escarlata, verde, azul púrpura, amarillo, leonado, negro y otros matices variados, que no puedo detallarte en este momento.

5. Al oír esto, Jesús admiró el poder del espíritu humano, e interrogó a Israel: Maestro, ¿conoces por su nombre cada uno de esos colores? Respondióle Israel: Sí, puedo retenerlos, con la ayuda de una lista escrita. Y Jesús añadió: Te ruego, maestro, que me enseñes a hacer todo eso. Israel dijo: Sí, te lo enseñaré, si obedeces con sumisión mis órdenes. Y Jesús, inclinán-

dose, se prosternó ante él, y le dijo: Maestro, me prestaré a tus voluntades, pero antes, muéstrame esa obra, para que la vea. Israel dijo: Bien hablado, pero no hagas por ti mismo nada que no conozcas, y aguarda a que yo esté de regreso. No abras la puerta de la casa, que dejé cerrada y sellada con mi anillo. Permanece firme en tu puesto y no sufras inquietud. Preguntó Jesús: ¿Para qué día esperaré tu retorno? Israel repuso: ¿Qué necesidad tienes de interrogarme sobre ello, puesto que mi trabajo seguirá su curso cotidiano, conforme a la voluntad del Señor? Jesús dijo: Ve en paz. Entonces Israel se alejó de la villa.

6. Y Jesús, levantándose, fue a abrir la puerta de la casa. Y tomó todo el tejido para teñir de la villa, y llenó con él una tina de tintura azul. Y calentó la tina, abrió otra vez la puerta de la casa y, según su costumbre, marchó al lugar en que jugaban los niños.

7. Y, poniéndose a luchar con ellos, les descoyuntaba el sitio del encaje del muslo, y el nervio del tendón se contraía, y los niños caían de bruces a tierra, y cojeaban de sus ancas. Después, les imponía las manos, y les restituía su posición erecta y la soltura de sus piernas. Otras veces, soplaba sobre el rostro de los niños, y los cegaba. Luego, les imponía las manos, y devolvía la luz a sus ojos. O bien, tomaba un trozo de madera, y lo echaba en medio de los niños. Y el trozo se trocaba en serpiente, y los ponía en fuga a todos. Y, a los que habían sido mordidos por el reptil, Jesús les imponía las manos, y los curaba. E introducía su dedo en las orejas de los niños, y los tornaba sordos. A poco, soplaba sobre ellos, y restablecía su oído. Y tomaba una piedra, le echaba el aliento por encima, y la tornaba ardiente como fuego. Y la arrojaba ante los niños, y la piedra abrasaba el polvo, dejándolo como un zarzal desecado. Enseguida se apoderaba otra vez de la piedra, y ésta, transformándose, volvía a su primer estado.

8. Y llevaba a los niños a orillas del mar, y allí, cogía una pelota y una cayada, avanzaba, marchando erguido con sus juguetes, sobre las olas, como sobre la superficie de un agua congelada. Y, ante este espectáculo, todos los niños lanzaban gritos, y exclamaban: ¡Ved lo que hace el pequeño Jesús sobre las olas del mar! Y, al oír esto, el pueblo de la ciudad iba a la playa, y miraba aquel prodigio con estupefacción.

9. Empero José, que tal supo, sobrevino y reprendió a Jesús, diciendo: Hijo mío, ¿qué es lo que haces? He aquí que tu maestro ha reunido en su casa toda clase de objetos, cuya guarda te ha confiado, y tú no tienes cuidado de ellos, y vienes a este lugar para divertirte. Te ruego que vuelvas a casa de tu maestro sin demora. Y Jesús repuso: Bien hablas, sin duda. Pero es el caso que yo he realizado y concluido mi tarea. Lo que mi maestro me prescribió hacer, lo hice, y, por el momento, solo espero su retorno, contando con que vendrá a ver el producto de mi arte, que le enseñaré. Pero a ti, ¿en qué te conciernen estas cosas? Y, al oír estas palabras, José no comprendió lo que decía su hijo.

10. Y cuando Jesús llegó cerca de su madre, María le preguntó: Hijo mío, ¿has terminado lo que te mandó hacer tu maestro? Y Jesús respondió: Lo acabé, y nada falta. ¿Qué quieres de mí? María contestó: Noto que hace tres días que no has pasado por la casa, para cuidar del taller. ¿Por qué nos expones a un riesgo mortal? Jesús replicó: Deja de hablar así. He estudiado todos los preceptos que me dio el maestro, y sé lo que me compete y lo que me cumple en toda ocasión. Y María dijo: Está bien. Tú eres dueño y juez de tus actos.

11. Y, mientras así hablaban, Jesús, habiendo mirado hacia fuera, vio a su amo, que llegaba. Y, levantándose, fue a su encuentro, y se inclinó y se prosternó ante él, que le preguntó: ¿Cómo estás, hijo mío? Respondió Jesús: Estoy bien. Después, interrogó a su vez al maestro, diciéndole: ¿Cómo te ha ido en tu viaje? Israel contestó: Como el Señor lo ha querido. Jesús añadió: Celebro que hayas vuelto en la prosperidad y en la paz. Dios recompensa tus trabajos en la medida de lo que has hecho por mí. Porque yo he aprendido a fondo tu arte, y he estudiado, y poseo todos los preceptos que me has dado. Por ende, todo el trabajo que pensabas hacer lo he comprendido, y lo he acabado. Israel murmuró: ¿Qué trabajo? Y Jesús repuso: El que me has enseñado, y yo he cumplido.

12. Pero Israel no comprendió el sentido de las palabras de Jesús. Y cuando fue hacia la puerta advirtió que la cerradura y el sello estaban abiertos. Y, muy agitado, penetró en el interior, inspeccionó los rincones del taller, y no vio nada. Y, lanzando un grito, preguntó: ¿Dónde está el tejido para teñir que había reunido aquí yo? Respondió Jesús: ¿No te dije, cuando fui a tu encuentro, que había acabado todo el trabajo que pensabas hacer? Israel exclamó: ¡Bonito trabajo el que acabaste, acumulando, en una cubeta llena de azul,

todo el tejido para teñir de la ciudad! Jesús repuso: ¿Y qué mal te he causado, para que así te pongas furioso contra mí, que te he librado de una multitud de cuidados y de labores? E Israel dijo: ¿Y el reposo que me procuras es ocasionarme este grave daño, esta pérdida y multas que pagar? ¡Razón tenía el viejo al advertirme que no conseguiría reducirte a la obediencia! ¿Qué haré de ti, puesto que me has irrogado un perjuicio tal, que no es mío solo, sino de la ciudad entera? ¡Ay, qué desgracia tan grande ha caído sobre mí!

13. Y lloraba, y se golpeaba el pecho. Después, preguntó a Jesús: ¿Por qué has atraído sobre mi casa tamaño desastre? Y Jesús dijo: A mi vez te pregunto por qué estás tan furioso. ¿Qué pérdida he producido en tu casa, supuesto que he escuchado con inteligencia tus explicaciones, comprendido la lección recibida, aprendido todo lo que me has enseñado, y yo soy capaz de hacer? E Israel objetó: ¿No te advertí que no hicieses por ti mismo nada de lo que no supieses hacer? Jesús dijo: ¡Maestro, mira y ve! ¿Qué desdicha notable he traído sobre tu hacienda e industria? Respondió Israel: ¡Bueno está eso! ¿Es que podré justificar el color y la tintura que mis clientes me exigen? Mas Jesús insistió: Cuando volviste en paz de tu excursión, y entraste en tu taller, ¿has encontrado que faltase algo? Israel repuso: Y eso ¿qué tiene que ver con lo que digo? Yo lo que te pregunto es qué haré, si cada parroquiano me reclama la obra particular que me encomendó. Dijo Jesús: Trae a mi presencia a los propietarios de estos objetos, y les daré el color especial que cada cual desee. E Israel objetó: ¿Cómo podrás reconocer todos los efectos de cada uno? Y Jesús replicó: Maestro, ¿qué colores variados quieres que haga aparecer en esta cubeta única?

14. Israel, que tal oyó, se amohinó en extremo ante las palabras de Jesús, y creyó que éste se mofaba de él. Mas Jesús dijo: ¡Mira y ve! Y se puso a retirar de la cubeta el tejido para teñir, brillante e iluminado de hermosos colores de matices diversos. Mas Israel, al ver lo que hacía Jesús, no comprendió el prodigio que había operado. Y llamó a María y a José, a quienes dijo: ¿Ignoráis que vuestro hijo ha producido en mi taller una avería irreparable? ¿Qué os hice yo, para que el niño Jesús me pague así? Trataros como un padre, con honra y con grande afecto. Y he aquí ahora que soy deudor al tesoro real de una multa de cinco mil denarios. Y lloraba, y se golpeaba el pecho. Y María dijo a Jesús: ¿Qué has hecho, para ocasionar en esta villa semejante destrozo? ¡Reducirte

a ti mismo a esclavitud, y ponernos a nosotros en peligro de muerte! Jesús dijo: ¿Qué mal os he causado, para que os concitéis todos contra mí, y me condenéis injustamente? Venid y ved el trabajo que llevé a cabo. Y María y José fueron a ver las obras que había hecho, y, oyéndolo hablar, abrían los ojos con asombro.

15. Mas Israel no comprendió el prodigio. Y rechinaba los dientes con rabia, y, gruñendo como una bestia feroz, quiso pegar a Jesús, que le dijo: ¿Por qué estás lleno de tamaña furia? ¿Qué encuentras que sea digno de tachar en mí? Empero Israel, tomando un celemín, se precipitó contra Jesús. Viendo lo cual, éste huyó, e Israel lanzó sobre él el celemín, que no pudo alcanzarlo, y que se estrelló en el suelo. Y, en el mismo instante, el celemín echó raíces en tierra, se convirtió en un árbol (que existe todavía hoy), floreció, y dio fruto. Y Jesús, habiendo escapado, franqueó la puerta de la villa, y, en su carrera, llegó al mar. Y marchó sobre sus aguas, como sobre terreno firme.

16. E Israel, gritando por toda la villa, clamaba a gran voz: Consideradme y compadecedme, porque el niño Jesús ha huido, llevando consigo cuanto había en mi taller. Perseguidlo y capturadlo. Y él mismo siguió a la multitud. Y, apostándose en los desfiladeros de los caminos, buscaron al niño Jesús, mas no lo encontraron. Y algunas personas dieron a Israel la siguiente información: Cuando atravesó la puerta de la villa, lo vimos avanzar hacia el mar. Pero no sabemos lo que ha sido de él. Entonces aquel tropel de gente se dirigió a la ribera. Y, no hallando a nadie, volvieron sobre sus pasos. Y, cuando regresaban, Jesús había salido del mar, y estaba sentado sobre una peña, bajo la figura de un niño pequeñito. Y las gentes lo interrogaron, diciendo: Muchacho, ¿sabes por dónde anda el hijo del viejo? Jesús repuso: No lo sé. Tomó enseguida la forma de un joven, y se le preguntó: ¿Has tropezado por ahí con el hijo del anciano extranjero? Jesús respondió: No. Después adquirió el aspecto de un viejo, y le dijeron: ¿Has visto al hijo de José? Y Jesús contestó: No lo he visto.

17. No dando con Jesús, regresaron a la villa, y, apoderándose de José, lo condujeron al tribunal, y le dijeron: ¿Dónde está tu hijo, que nos ha engañado, y que se ha escondido de nosotros, llevando consigo nuestros efectos, que retenía el hombre que lo había tomado de aprendiz? Mas José permaneció silencioso, y no murmuró palabra alguna.

18. E Israel tomó tristemente a su taller. Y quiso recoger el celemín en el sitio a que lo había lanzado. Y, cuando vio que había tomado raíz, llenándose de fruto, se maravilló en sumo grado, y se dijo entre sí: ¡Verdaderamente, éste es el Hijo de Dios, o algo semejante! Y penetró en su casa, y encontró todos los efectos preparados para teñir reunidos en la cubeta, que estaba llena de color azul. Y, al sacarlos, notó, estupefacto, que nada faltaba en cuenta, y, sobre cada uno de aquellos efectos, halló el nombre marcado, en signos y en letras, y todos tenían respectivamente el tinte y el brillo con que sus propietarios le habían mandado que los tiñese. Y, a la vista de prodigio tamaño, alabó y glorificó a Dios. Enseguida, levantándose aquella misma noche, fue a sentarse a orillas del mar, frente a las rocas, y lloró con amargura, durante la noche entera. Y, entre golpes de pecho, suspiros y lamentaciones, exclamaba: Niño Jesús, hijo del gran rey tu Padre, ten piedad de mí, miserable que soy, y no me abandones. Porque, si pequé contra ti, ha sido por efecto de mi ignorancia, y por no haber comprendido de antemano que eras el Dios salvador de nuestras almas. Ahora, Señor, manifiéstate a mí, porque mi alma desea oír las palabras de tu boca.

19. Y, en el mismo instante, Jesús le apareció, y le dijo: Maestro, ¿por qué no has dejado de quejarte y de gemir, durante la noche entera? E Israel repuso: Señor, compadécete de tu ignorante siervo, escucha mis plegarias, perdóname todos los pecados que he cometido contra ti por torpeza, y bendíceme. Y Jesús exclamó: Bendito seas, tú y todo lo que hay en tu casa. Tu fe te ha hecho salvo, y tus pecados te son perdonados. Ve en paz, y que el Señor permanezca contigo. Dicho esto, Jesús desapareció.

20. E Israel se prosternó en el suelo, y tomando de él polvo, lo esparció por su cabeza. Y se golpeaba el pecho con una piedra, y no sabía qué partido tomar. Y volvió a su casa, y, al día siguiente por la mañana, salió de ella, se dirigió a la plaza pública, y dijo a las gentes allí reunidas: Oíd todos la sorpresa que se ha apoderado de mí, y los milagros que Jesús ha hecho en mi casa. Y todos clamaron a una: Cuéntanos eso. E Israel expuso: Un día, estando en mi casa, hallé a un viejo canoso sentado a mi puerta, y acompañado de un niño y de su madre. Y los interrogué, y él me descubrió su pensamiento, diciéndome que quería fijar su residencia aquí. Y lo recibí, y lo traté con honra, en mi hogar, y tomé a su hijo por aprendiz en mi taller. Y había acopiado en éste el

tejido para teñir de toda la villa. Y, cerrando la puerta, la sellé, y encomendé al niño la comisión de quedar como guardián de todo hasta mi regreso, porque, según mi costumbre, iba a buscar por los alrededores tejido para teñir. Y, al volver, encontré la puerta de mi morada abierta, y el tejido colocado en una tina de tintura azul. A cuya vista, monté violentamente en cólera, y, tomando un celemín, lo arrojé, furioso, contra Jesús, para castigar su fechoría. Pero el celemín no alcanzó al niño, sino que cayó a tierra, e inmediatamente, tomó raíz y se llenó de fruto. Y, ante tal espectáculo, salí con premura, fui en busca del niño, y no lo encontré. Y retorné a mi casa, y vi, en la tina de tintura azul, tejidos de diferentes colores. Venid a ser testigos de esta maravilla.

21. Y el juez de la villa y todos los notables, en gran número, fueron a presenciar prodigio tamaño. Y hallaron todo el tejido para teñir reunido en la tina. Y, mientras Israel los iba sacando, ellos leían la lista de los nombres y comprobaban el color correspondiente a cada uno. Y él entonces tomaba el color pedido, y lo mostraba a todos en su específica brillantez. Y se decían los unos a los otros: ¿Quién ha visto jamás salir de una misma tina esta variedad de resplandecientes tinturas? Y de esta suerte, tomando cada cual sus efectos, volvieron a sus casas, y dijeron: En verdad, esto es un milagro de Jesús y una obra divina, no una obra humana. Y muchos creyeron en su nombre.

22. Luego Israel les mostró el celemín convertido en árbol arraigado y fructificado. Y, a su vista, algunos confesaron: No hay duda sino que ese niño es el hijo de Dios. Y el juez ordenó que sacasen a José de la prisión, y que se lo trajesen. Y, cuando llegó, le interrogó diciendo: Anciano, ¿dónde está ese niño, por quien se cumplen estos prodigios y estos beneficios? José repuso: ¡Por la vida del Señor! Dios me ha dado este hijo, no según la carne, sino según el espíritu. Y la multitud exclamó: ¡Bienaventurados sus padres, que han obtenido este fruto de bendición! Y José regresó en silencio a su casa, y refirió a María los milagros de Jesús, de que había oído hablar, y que había visto. Y María dijo: ¿Qué va a ser de nuestro Jesús, por cuya causa tenemos que soportar tantas cuitas? Mas José respondió: No te aflijas, que Dios proveerá, conforme a su voluntad suprema. Y, cuando pronunciaba estas palabras, sobrevino Israel, y, puesto de hinojos ante José y María, les pidió el perdón de sus faltas. Y José le dijo: Ve en paz, y que el Señor te guíe hacia el bien. Empero José y María,

desconfiando del juez y de todos los demás, cerraron la puerta de su casa, y permanecieron en observación hasta la mañana siguiente.

XXII. De cómo la Sagrada Familia fue a Arimatea, donde Jesús hizo milagros y resucitó muertos

1. Y José se levantó, tomó a María y saliendo de la villa, ambos marcharon camino adelante. Y buscaban con la mirada a Jesús. Y éste se les apareció de súbito, y los siguió hasta el país de Galilea, a una villa llamada Arimatea, donde tomaron albergue en una casa. Y Jesús tenía diez años entonces, y circulaba por la villa, para ir al sitio en que los niños se congregaban. Y, cuando divisaron a Jesús, lo interrogaron, diciendo: ¿De dónde has venido? Y Jesús contestó: De un país desconocido. Los niños inquirieron: ¿Dónde está situada la casa de tu padre? Y Jesús repuso: No podrías comprenderlo. Los niños agregaron: Dinos algo, para que lo sepamos de ti. Y Jesús replicó: ¿Para qué me lo preguntáis, si lo que yo os dijera, no lo entenderíais? Los niños insistieron: Háblanos, porque nosotros somos ignorantes, y tú pareces instruido en todas las cosas. Jesús dijo: Todas las cosas conozco, en efecto, pero soy extranjero, y no aceptaríais ninguna de mis palabras. Y los niños dijeron: Te acogemos con amistad, como a un hermano, y nos someteremos a tus órdenes, conforme a tu albedrío.

2. Y Jesús dijo: Levantaos, vamos. Y los niños obedecieron, y llegaron todos juntos a cierto sitio, en el que había una roca muy alta. Y, colocándose enfrente, ordenó a la roca que inclinase su cima y se sentó en ella, y la roca recobró su posición. Y los niños lanzaron gritos de sorpresa y, formando círculo alrededor de la roca, miraban a Jesús. Y, después de haber ordenado a la roca que inclinase otra vez su cima, Jesús descendió de ella.

3. Y los niños fueron a la villa, para contar el prodigio hecho por Jesús, el cual huyó. Y uno de los niños, que lo divisó, le detuvo por sorpresa y se apoderó de él. Y Jesús, volviéndose, le sopló en el rostro y, en el mismo instante, el niño perdió la vista. Y clamó a gran voz: Jesús, ten piedad de mí. Y Jesús le puso la mano sobre los ojos, y éstos se abrieron de nuevo a la luz.

4. Y, un día, los niños se habían congregado cerca de un pozo, y Jesús fue a reunírseles. Y ellos, al verlo, se regocijaron. Y Jesús les preguntó: ¿Qué hacéis al borde de este pozo? Y los niños respondieron: Ven a juntarte con nosotros.

Y Jesús dijo: Heme aquí. ¿Qué deseáis? Y, en el mismo momento en que hablaba así, dos niños jugaban al borde del pozo. Y sucedió que, disputando, uno de ellos pegó al otro, y lo lanzó al pozo. Y los demás huyeron de allí, y Jesús, levantándose, marchó a su casa.

5. Y, como algunas personas llegasen para sacar agua, al meter sus cántaros, vieron en medio del pozo a un niño muerto, y fueron a anunciarlo a la villa. Y los padres llegaron, y vieron a su hijo ahogado encima del agua. Y lloraban amargamente, y se golpeaban el pecho. Y era un niño muy hermoso, y de cinco años de edad. Y los padres, deshechos en llanto, preguntaban: ¿Quién ha causado esta desgracia terrible? Mas, no encontrando al matador, se dirigieron al juez, para darle cuenta del suceso nefasto.

6. Y el juez ordenó que le trajesen a los niños, a quienes preguntó: Hijos míos, ¿quién de vosotros mató a ese niño, arrojándolo al agua? Los niños respondieron: Lo ignoramos. Y el juez dijo: Si lo sabéis, no contéis engañarme con pretextos y con subterfugios. No hagáis tal, porque moriréis, y pagaréis inocentes por culpables. Los príncipes y los grandes les dijeron: No mintáis, y hablad sinceramente. Y los niños clamaron a una: Si creéis en nuestras palabras, tened entendido que no nos cabe parte alguna en su muerte. Cayó al agua por accidente, y no pudimos sacarlo del pozo. Y el juez opuso: Cuando cayó al agua, ¿por qué no gritasteis inmediatamente, elevando la voz, para que los habitantes de la villa fuesen a salvar al niño, que respiraba aún? Los niños dijeron: Porque ninguno de nosotros había quedado allí. Todos lo habían abandonado, y habían huido. Y el juez acrecentó: Si cayó inadvertidamente y por descuido, habríais gritado y avisado a todos. Pero, siendo los autores del hecho, habéis huido de allí por temor, y pensáis escapar a la muerte por vanas excusas. Los niños dijeron: Si quieres condenarnos injustamente, hágase tu voluntad. Porque cada cual se halla convencido de su propia inocencia y el que merece la muerte, es el que la realidad del hecho conoce. Y el juez repuso: Si conociese al culpable, no condenaría al inocente.

7. Los niños dijeron: A nosotros no nos toca culpa alguna. Nos hallábamos distraídos en el juego, y de nada nos enteramos hasta que algunos niños huyeron, dando gritos. Nada más sabemos. Y el juez repuso: Si queréis, yo os diré la verdad. Miraos bien, poned atención, y compadeceos de vosotros mismos. Y los niños replicaron: Lo hemos revelado todo, y no nos has oído. Y el juez

exclamó: ¡Desconfío del artificio de vuestras palabras! Los niños repitieron: Si nos condenas injustamente, eso será a cargo tuyo. Y el juez contestó, furioso: Si no me decís la verdad, os conduciré al pozo, y os haré perecer ahogados en el agua. Y el niño que era el matador, repuso: Por mucho que nos atormentes, no podremos confesar una falsedad.

8. Entonces el juez marchó con ellos al borde del pozo. Y ordenó que desnudasen a los niños, y que los encadenasen en presencia suya. Y el matador dijo: ¡Oh juez, presenta un testigo, y, entonces solamente, condénanos. ¿Por qué se nos condenaría a muerte, sin estar convencido por un testigo? Y el juez dijo: ¿Qué testigo voy a presentar, si todos los testigos estáis aquí? No saldréis de mis manos, ni a fuerza de lamentaciones, ni a fuerza de presentes. Y los padres de los niños viéndolos desnudos ante el juez, en medio de aquel lugar, se quejaban con amargura. Y el juez dijo: No me conmueven vuestras lágrimas. Y mandó que arrojasen a los niños al pozo. Mas el que era el matador, se expresó en estos términos: No me arrojes al pozo, y te indicaré quién es el culpable. ¿Dónde está Jesús, el hijo del viejo? Él es el autor del hecho. Y el juez exclamó: Siendo así, ¿por qué os dejabais matar, a pesar de vuestra inocencia? Y los niños replicaron: A ti te toca saberlo, puesto que lo has querido.

9. Entonces el juez hizo citar a Jesús ante él. Pero, como los que mandó en busca del niño no lo encontraran, apoderáronse de José, y llevaron a presencia del magistrado, el cual lo interrogó, diciéndole: Viejo, ¿de dónde has venido a esta villa? Y José contestó: Soy de un país lejano. El juez inquirió: ¿Dónde está tu hijo, que ha cometido este delito de homicidio? José repuso: Lo ignoro. El juez dijo: ¿Y no sabes que ha cometido ese crimen? José dijo: ¡Por la vida del Señor, no lo sé! El juez aseveró: Sí, lo sabes. ¿Y crees que vas a escapar a la muerte? José exclamó: ¡Oh juez, no condenes injustamente a una inocente criatura! El juez rearguyó: Si es inocente, ¿por qué ha huido? José replicó: No puedo explicártelo. Y el juez dijo: No saldrán de la prisión, si no te apresuras a procurar que comparezca aquí tu hijo.

10. Y, cuando el juez acabó de pronunciar estas palabras, Jesús se presentó al tribunal de improviso, y preguntó: ¿A quién buscáis? Respondieron: A Jesús, el hijo de José. Jesús dijo: Yo soy. Interrogó el juez: ¿Cuándo llegaste a esta villa? Jesús contestó: Hace largos años que resido en ella. El juez ordenó: Manifiéstame, pues, cuál ha sido la causa de la muerte violenta de ese niño.

Y Jesús afirmó: No lo sé. Mas los padres del niño clamaron: ¿Pretendes no saberlo, habiendo ahogado a nuestro hijo en el pozo? Y Jesús repuso: Si es a otro a quien hay que pedir cuenta de su vida, ¿por qué me calumniáis tan pérfidamente? El juez replicó: No digas falsedad, porque reo eres de muerte. Mas Jesús aseguró: El testimonio de ellos es falso y verdadero el mío. Y el juez le dijo: Júralo por la ley del Señor. Jesús repuso: ¿Por qué mientes ante Dios, y no lo temes? Mas el juez, respondiendo, dijo: ¿Y qué mal hay en prestar juramento, cuando se es inocente, y no queda otro recurso para escapar a la muerte? Jesús le contestó: ¿De modo que crees legítimo pronunciar un juicio injusto? El juez le respondió: Dime lo que debo hacer. Y Jesús repuso: Demasiado lo sabes, puesto que en juez estás constituido. Mas el juez repitió: ¿Qué debo hacer? Respóndeme. Y Jesús le advirtió: Si obrases de buena fe, observarías la justicia. Pero no hay que esperar de ti eso. Y el juez insistió: Obro conforme a lo que se alcanza. Jesús dijo: En esto, hablas verdad, mas no aceptas el testimonio que doy de mí mismo. El juez dijo: Yo no te condeno injustamente. Y Jesús remachó: Si escuchases la voz de tu conciencia, no condenarías con ligereza a nadie.

11. Empero los niños interrumpieron, clamando a coro: ¡Oh juez, tú no sabes qué contestarle! Préstanos oído, y te informaremos de lo que le concierne. ¿O es que no podemos nosotros responderle una palabra? Jesús les respondió: ¿Qué es lo que vosotros tenéis que decir de mí? Los niños replicaron: Desde que llegaste a esta ciudad, nos has causado muchas contrariedades y muchas vejaciones, que hemos perdonado, porque eres pobre y extranjero. Pero ahora que has ocasionado tal catástrofe, y que nos has expuesto a la muerte, es justo que te hagamos perecer. Entonces el juez preguntó: ¿Es éste el niño de quien afirmáis que engaña a los ojos por prestigios? Los niños respondieron a una: Sí. Mas Jesús observó: Sé que os habéis ligado todos contra mí, y que queréis condenarme a muerte injustamente. Y el juez dijo: ¿Cómo puedes pretender que no tienes testigos contrarios, y que te estimas inocente? Jesús dijo: Si me doy a mí mismo un testimonio verdadero, ¿me creerás? El juez dijo: Sí, te creeré. Y Jesús añadió: Espera un instante, que voy a darte la prueba.

12. Y, esto dicho, Jesús, profundamente indignado, se aproximó al muerto, y clamó a voz: Jonathan, hijo de Beria, yérguete sobre tus pies, abre los ojos, y descubre a quien te precipitó al pozo. Y, en el mismo instante, el muerto

se levantó, abrió los ojos, miró a todos los allí presentes, y los reconoció, llamándolos por sus nombres. Sus padres lanzaron un grito y, muy gozosos, lo estrecharon entre sus brazos, y lo cubrieron de besos. Y lo interrogaron, diciéndole: Hijo mío, ¿qué te devolvió a la vida? Y él mostró con el dedo a Jesús, el cual le preguntó: ¿Quién fue el causante de tu pérdida? Y Jonathan repuso: No fuiste tú, señor, sino mi primo Saraka. Él fue quien, después de golpearme, me hizo caer al pozo. Entonces Jesús dijo: Oíd todos vosotros cómo el muerto acaba de dar testimonio de mí. Cuando tal vieron, los asistentes al prodigio exclamaron, acometidos de espanto: En verdad este niño es Dios e hijo del Padre, venido a la tierra. Y Jesús dijo: Juez inicuo, ¿crees ahora en mi testimonio y en mi inocencia? ¿Has visto cómo mis actos engañan las miradas, y cuál ha sido mi conducta junto al pozo? Mas el juez, en su confusión, no le respondió palabra.

13. Y el niño continuó con vida hasta el atardecer, tiempo bastante para que multitud de personas fuesen a comprobar el milagro hecho por Jesús, a cuyos pies se arrojaban todos, confesando sus pecados. Luego Jesús dijo al muchachito: Ea, duerme ya, y descansa, en espera de que el juez de todos los hombres venga a pautar las recompensas, y a imponer sus justos decretos. Y, cuando Jesús hubo pronunciado estas palabras, el niño reclinó su cabeza sobre el lecho, y quedó dormido. Ante cuyo espectáculo, todos fueron poseídos de pánico, y temieron a Jesús. Y, cuando éste quiso salir, se pusieron de hinojos ante él, y le suplicaron: ¡Devuelve la vida al muerto! Mas Jesús no consintió en ello, y les dijo: Injustamente, y a pesar de mi inocencia, quisisteis condenarme, mas mi justicia me ha librado de la muerte. Y, después de responderles así, desapareció de sus ojos. Y José, sacado de la prisión, volvió en silencio a su casa, y contó a María los prodigios realizados por su hijo. Y los padres del niño muerto fueron, deshechos en lágrimas, a buscar a Jesús, y, no encontrándolo, rogaron a José: ¿Dónde está tu hijo, para que venga a resucitar a nuestro difunto? Mas José dijo: Lo ignoro.

XXIII. De cómo la Sagrada Familia fue al país de Galilea vio que hizo Jesús con los niños de los hebreos

Un milagro

1. Y José se levantó al despuntar el día, tomó al niño y a su madre, y, saliendo de la villa, caminaron en silencio. Y María preguntó a Jesús: Hijo mío, ¿por qué te has escondido así de esas gentes? Respondió Jesús: Madre mía, guarda silencio, y prosigue tu camino en paz. Yo haré siempre lo que convenga. Y permanecieron allí seis meses. Y Jesús circulaba por el territorio de la villa. E iba a sentarse cerca de los niños, en el lugar en que se reunían los niños, con los cuales mantenía largas conversaciones. Pero ellos no podían comprender lo que les decía.

2. Después, Jesús conducía a los niños al borde de un pozo, adonde toda la villa iba a buscar agua. Y, tomando de manos de los niños sus cántaros, los entrechocaba, o los rompía contra la piedra, y los echaba al pozo. Y los niños no se atrevían a volver a su casa, por temor al castigo de sus padres. Y Jesús, al verlos llorar, los llamaba a sí, y les decía: No lloréis, porque os devolverá vuestros cántaros. E, inclinándose sobre el pozo, daba órdenes al agua, y ésta sacaba los cántaros intactos a su superficie. Y cada uno de los niños recogía el suyo, y retornaban a sus hogares, y contaban a todos los milagros de Jesús.

3. Un día, Jesús llevó consigo a los niños, y los detuvo cerca de un gran árbol. Y Jesús mandó al árbol que bajase su ramaje, al cual subió, y sobre el cual se sentó. Y mandó al árbol levantarse, y el árbol se elevó, dominando todo aquel paraje, y Jesús permaneció en él una hora. Y, como los niños le gritasen, diciéndole que mandase al árbol bajarse, para subir ellos asimismo, Jesús ordenó al árbol que inclinase sus ramas, y dijo a sus compañeros: Venid junto a mí. Y los niños subieron alegremente, y se colocaron en torno a Jesús. Y éste, después de haber esperado un poco, mandó al árbol bajarse otra vez. Y los niños descendieron con Jesús, y el árbol recobró su posición.

4. Y sucedió también que otro día que los niños se encontraban reunidos en cierto lugar, y Jesús estaba con ellos. Y había allá un muchacho de doce años, atacado, en toda su persona, de dolencias penosísimas. Leproso, epiléptico, mutilado en las extremidades de sus manos y de sus pies, había perdido la forma humana, no podía andar, y yacía a un lado del camino. Cuando Jesús lo vio, se apiadó de él, y le dijo: Niño, muéstrate a mí. Y el muchacho, despojándose de sus vestidos, quedó desnudo. Y Jesús ordenó a los niños que lo extendiesen por tierra, amasó polvo del suelo, lo esparció sobre el paciente, y dijo: Alarga tu mano, porque curado eres de todas tus enfermedades. Y, en

el mismo instante, toda su piel dañada se separó de su cuerpo, sus tendones y las articulaciones de sus huesos se afirmaron, y su carne se volvió como la carne de un recién nacido, y fue limpio. Y se levantó, llorando, se precipitó a los pies de Jesús, y se prosternó ante él. Y Jesús le dijo: Ve en paz. Y marchó alegremente en dirección a su morada, Y, todos los que se hallaban con él, testigos del milagro que Jesús había hecho, quisieron verlo, mas no lo encontraron.

XXIV. De cómo la Sagrada Familia fue a la villa de Emmaús y cómo Jesús curó a los enfermos

Milagros operados por él

1. En vista de lo ocurrido, María y José tomaron a Jesús durante la noche, marcharon a una aldea llamada Emmaús, donde decidieron residir. Y Jesús tenía diez años, y circulaba por la comarca. Y, un día, saliendo de su albergue, fue a otra aldea llamada Epathaíea o Ephaía. Y, en su ruta, encontró a un muchacho de quince años, cuya persona entera era una pura llaga. No podía servirse de sus pies, sino que marchaba arrastrándose, y, cuando alguien discurría por allí, imploraba su misericordia. Jesús lo vio de lejos, y pasó por frente a él. Y el leproso le dijo: ¡Niño, te ruego que me escuches! Por la salud de tus padres, dame una limosna, y Dios te recompensará tu beneficio. Jesús repuso: Soy pobre e indigente, como tú, y, además, hijo de un extranjero. ¿Cómo podría darte una limosna? El leproso replicó: No alegues falsos pretextos. Si te queda en reserva una monedita, un óbolo o un pedazo de pan, préstame algún pequeño socorro, que demuestre tu generosidad, pues bien veo a qué clase perteneces, aunque, por la edad, no seas más que un niño. Yo estimo, en efecto, que eres de elevado linaje, e hijo de un general de los ejércitos reales, probablemente. Porque tus rasgos te denuncian. No te ocultes de mí, que noto una presencia distinguida y una belleza extremada.

2. Preguntó Jesús: ¿A qué raza perteneces? El leproso respondió: A la raza de Israel y a la rama de Judá. Jesús añadió: ¿Tienes padre y madre? ¿Cuidan de ti? El leproso explicó: Mi padre ha muerto y mi madre es la que me sirve conforme al capricho suyo. Y Jesús dijo, extrañado: ¿Cómo así? Y el leproso repuso: Ya ves que estoy enfermo. Al oscurecer, mi madre viene, y me vuelve

a la casa. Al día siguiente, me trae otra vez aquí. Los viandantes me hacen graciosamente limosnas, y, gracias a ellas, subsisto. Preguntó Jesús: ¿Por qué no te has presentado a los médicos, para que te curen? El respondió: Estoy imposibilitado por mi enfermedad, no podría hacerlo y mi madre apenas cuida de mí. Porque, desde que me dio a luz, he crecido entre muchos gemidos y dolores. Y, por la violencia y la atrocidad de mis males, los miembros de mi cuerpo se han relajado y desunido, los tendones de mis huesos se han consumido en la putrefacción, toda mi persona se ha cubierto de úlceras, como bien ves.

3. Y Jesús dijo: Conozco médicos que saben componer un remedio, que da la muerte y la vida. Si quieres aplicártelo, este remedio será tu curación. El leproso replicó: Desde mi infancia hasta hoy día, jamás he consultado con ningún médico, y jamás he oído decir que mi mal haya sido curado por un hombre. Mas Jesús insistió: ¿No te advertí que hay médicos hábiles, que traen de la muerte a la vida? Y el leproso dijo: ¿Y por cuál remedio puede un hombre curar semejante estrago? Jesús repuso: Por una simple palabra, y no por un remedio. Al oír esto, el joven quedó vivamente sorprendido, y exclamó: ¡He aquí cosas asombrosas! ¿Cómo un mal puede ser curado sin el auxilio de remedio alguno? Jesús dijo: Existen médicos que, de una ojeada tan solo, distinguen las enfermedades mortales de las curables. El leproso insinuó: Y tú, que cuentas menos edad que yo, ¿de dónde has sacado tanta ciencia? Jesús repuso: De lecciones oídas y de mi saber propio. Y el leproso objetó: ¿Por ventura has visto con tus propios ojos que un hombre haya sido curado de tamaño mal?

4. Y Jesús replicó: Entiendo algo en este asunto, por ser hijo de médico. El leproso dijo: ¿Afirmas seriamente que entiendes en este asunto? Jesús dijo: Puedo curar todos los males por una simple palabra, cuyos efectos he visto, y que he aprendido de mi padre. El leproso interrogó: ¿De qué país es tu padre, y quién puede ponerme en comunicación con él? Contestó Jesús: Aquel a quien entregues los honorarios de tu curación, te presentará a mi padre, y éste te devolverá la salud. El leproso preguntó: ¿Cuáles son los honorarios que reclamas de mí? Respondió Jesús: Poca cosa: un sextario de monedas, en oro y en plata, piedras preciosas de bella agua y perlas finas de alto valor. El leproso, que tal oyó, se echó a reír con amargura, y dijo: ¡Por la vida del Señor, que ni he oído siquiera el nombre de esas cosas! Pero escucha. Tu edad es la

de un niño, y todo te resulta cómodo, por ser hijo de padre noble y vástago de una casa principal. Yo, pobre como soy, no te parezco más que un objeto de irrisión y de burla. ¿De dónde me vendría esa opulencia de que me hablas? Y Jesús lo reprendió, diciendo: ¿Por qué te enojas así? Todo lo que te dije, fue por pura benevolencia.

5. Y el leproso declaró: Varias veces se me ha puesto a prueba. Y tú también ves perfectamente que no poseo nada excepto el vestido que me cubre, y el alimento diario, que Dios nos dispensa a mi madre y a mí. Jesús preguntó: Entonces, ¿cómo quieres curarte, teniendo las manos vacías? Respondió el leproso: Dios vendrá en mi ayuda. Jesús dijo: Bien sé que Dios puede hacer todo lo que le piden los que lo invocan con fe. Mas, con todo eso, ¿cómo curarte, puesto que eres pobre? El leproso dijo: Mucho me admira que gastes tantas palabras para abrumarme. Jesús indicó: Conozco un tanto las cosas de la ley. Y el leproso dijo: Si has leído a menudo los mandamientos de Dios, sabrás cómo debe tratarse a los pobres y los indigentes. Jesús completó: Hay que usar con ellos de amor y de misericordia. Y el leproso refrendó, con llanto en sus mejillas: Has hablado con verdad y con bondad. Compadécete, pues, de mí, y el que es dispensador de todos los bienes, te lo devolverá.

6. Cuando Jesús lo vio bañado en lágrimas, se enterneció, y le dijo: Sí, me compadezco de ti. Y, en el mismo instante, extendió su mano, y tomó la del leproso, diciendo: Levántate, yérguete sobre tus pies, y ve en paz a tu casa. Y, tan pronto pronunció estas palabras Jesús, el leproso se levantó, e inclinándose, se prosternó ante él, y le dijo: Dios te trate amorosa y misericordiosamente, como tú me has tratado. Y Jesús repuso: Ve en paz, y no digas a nadie nada de lo que te hice. Y el leproso lo consultó, diciendo: Si alguien me pregunta quién me curó, ¿qué he de contestar? Jesús repuso: Que un niño, hijo de un médico, que pasaba por el camino, te vio, se compadeció de ti, y te devolvió la salud. Y el muchacho curado se prosternó de nuevo a los pies de Jesús, y volvió, gozoso, al lado de su madre.

7. Y, cuando su madre lo vio, lanzó un grito de júbilo, y le dijo: ¿Quién te ha curado? Y él dijo: Me ha curado, por una simple palabra, el hijo de un noble médico, que se encontró conmigo. Al oír estas palabras, la madre y todos los que estaban allí, se congregaron alrededor del muchacho, y le preguntaron: ¿Dónde está ese médico? Y él contestó: No lo sé, y, además, me ordenó que

no descubriese a nadie la caridad que usó con mi persona. Y los que oían desde lejos el prodigio que había pasado, se admiraban, y decían: ¿Quién es ese niño, que posee tal don de ciencia, y que opera milagros tan insignes? Y muchos creyeron en su nombre. Y deseaban verlo, mas no podían, porque Jesús se había ocultado a sus ojos.

XXV. De cómo el ángel advirtió a José que fuese al pueblo de Nazareth

1. Y un miércoles, día cuarto de la semana, el ángel del Señor apareció a José, en una visión nocturna, y le dijo: Levántate, toma al niño y a su madre, y ve al pueblo de Nazareth, donde fijarás tu residencia, y de donde no te alejarás. Construirás allí una casa, y habitarás en ella durante largo tiempo, hasta que Dios, en su bondad, te dé otro aviso. Y, habiendo dicho esto, el ángel lo abandonó. Y, al día siguiente, José se levantó temprano, tomó al niño y a su madre, y fue al pueblo de Nazareth, a la casa en que moraban antes, y en la que permanecieron dieciocho años. Y Jesús tenía doce, cuando llegó a Nazareth, lo que da la suma de treinta años.

2. Y el día segundo de la semana, Jesús salió de Nazareth, y fue a sentarse en un paraje del camino. Y divisó a dos muchachos que avanzaban, y que disputaban entre sí violentamente. Y vinieron a las manos, y se pegaron el uno al otro. Mas, cuando vieron a Jesús, cesaron de pelear, y, aproximándose, se prosternaron ante él. Jesús les ordenó que se sentasen, y lo hicieron así. Y Jesús les preguntó: Niños, ¿de qué proviene tamaña cólera? ¿Qué desacuerdo os divide, para que cambiéis golpes con tal violencia? Uno de los dos, que era el más joven, repuso: Es que no hay aquí juez que nos juzgue en derecho. Jesús dijo: ¿Cómo os llamáis? El más joven respondió: Mi nombre es Malaquías, y el de éste Miqueas. Somos dos hermanos, unidos por sentimientos de familia. Y Jesús objetó: ¿Por qué, pues, os tratáis tan animosa e injuriosamente?

3. Malaquías expuso a Jesús: Ruégote, niño, que escuches lo que decirte quiero. Mi hermano es mayor que yo, que soy su segundón. Y se esfuerza en tratarme inicuamente, lo que no le permito en modo alguno. Pronuncia, por tanto, entre nosotros, un juicio equitativo. Jesús replicó: Explícame en qué consiste el motivo de vuestro disgusto. Miqueas observó: Parece que eres hijo de juez y descendiente de grandes monarcas. Jesús refrendó: Tú lo has dicho.

Y Miqueas exclamó: ¡Dios te recompense, a ti y a tus padres, si hoy traes, a mi hermano y a mí, la justicia con la paz!

4. Mas Jesús dijo: ¿Quién me puso por juez o partidor sobre vosotros? Bien comprendo que no queréis someteros a mis mandatos. Los dos hermanos replicaron: No digas eso, ni nos hagas tamaña afrenta. Nos tomas por niños ignorantes. Tenemos, sin embargo, letras, y conocemos la ley divina. Jesús indicó: Ante todo, contraed el compromiso de no engañaros mutuamente, y de hacer lo que yo exija. Y los muchachos clamaron a una: Tomamos por testigo a la ley divina, y juramos sobre sus mandamientos obedecer tus órdenes, como órdenes emanadas de la Puerta Real. Y Jesús repuso: Reveladme la verdad, para que la oiga de vosotros.

5. Y Malaquías dijo: Somos dos hermanos, que quedamos huérfanos de padre y madre. Nuestros progenitores nos dejaron una herencia, y personas extrañas a la familia retienen por usurpación nuestro patrimonio. Y disputamos entre nosotros, porque mi hermano trata de desposeerme injustamente, y yo no me presto a ello. Y Jesús preguntó: Cuando murieron vuestros padres, ¿a quién os confiaron en calidad de tutor o encargado, hasta que alcanzaseis la edad de la razón? Los niños dijeron: Ninguno de los dos se acuerda de nuestros padres. Jesús los interrogó: ¿Por qué, pues, os querelláis el uno con el otro? Y Malaquías contestó: Mi hermano procura perjudicarme, alegando que es el mayor. Mas Jesús repuso: No obréis así. Si queréis escucharme, haced paces, y repartid amistosamente vuestros bienes. Y Miqueas dijo a Jesús: Niño, reconozco que procedes con cordura, al hablarnos de conciliación. Empero cuanto al juicio que pronuncias, es muy distinto, y óyeme lo que decirte quiero. Cuando murieron nuestros padres, yo tenía más edad que mi hermano, que la tenía muy corta aún, y me empleé, con muchos esfuerzos, en reconstituir nuestro patrimonio, que estaba devastado y en el abandono más completo. Yo solo realicé ese trabajo penoso, y mi hermano no sabe nada de ello.

6. Jesús lo hizo observar: Pero es tu hermano, y es un niño. Hasta hoy, lo has sustentado y nutrido por caridad. No le hagas daño ahora. Id, y repartid vuestros bienes con equidad. Guardaos mutuo afecto, y la paz de Dios será con vosotros. Y ellos, obedientes a los deseos de Jesús, se prosternaron ante él. Y, cayendo el uno en los brazos del otro, se besaron, y dijeron a Jesús: Hijo

de rey, por cuya mediación se ha restablecido la armonía entre ambos, Dios glorifique tu persona y tu santo nombre por toda la tierra. Te rogamos que nos bendigas. Y Jesús repuso: Id en paz. y que el amor de Dios permanezca en vosotros.

7. Y, luego que Jesús hubo hablado de esta suerte, se prosternaron de nuevo ante él, y se fueron a su casa. Y Jesús regresó a la suya de Nazareth, junto a María. Y su madre, al verlo, le preguntó: ¿Dónde has estado el día entero, sin comprender que ignoro lo que pueda ocurrirte, y que me alarmo por ti, al pensar que andas solo por sitios apartados? Y Jesús respondió: ¿Qué me quieres? ¿No sabes que debo, de aquí en adelante, recorrer la región, y cumplir lo que de mí está escrito? Porque para esto es para lo que he sido enviado. María opuso: Hijo mío, como no eres todavía más que un niño, y no un hombre hecho, temo de continuo que te suceda alguna desgracia. Mas Jesús advirtió: Madre mía, tus pensamientos no son razonables, porque yo sé todas las cosas que han de venir sobre mí. Y María replicó: No te aflijas por lo que te dije, pues muchos fantasmas me obsesionan, e ignoro lo que he de hacer. Y Jesús preguntó: ¿Qué piensas hacer conmigo? Respondió su madre: Eso es lo que me causa pena, porque tu padre y yo hemos cuidado de que aprendieses todas las profesiones en tu primera infancia, y tú no has hecho nada, ni te has prestado a nada. Y ahora, que eres ya mayorcito, ¿qué quieres hacer, y cómo quieres vivir sobre la tierra?

8. Al oír esto, Jesús se conmovió en su espíritu, y dijo a su madre: Me hablas con extrema inconsideración. ¿No comprendes las señales y los prodigios que he hecho ante ti, y que has visto con tus propios ojos? Y continúas todavía incrédula, a pesar del tiempo que llevo viviendo contigo. Considera todos mis milagros y todas mis obras, y toma paciencia por algún tiempo, hasta verlas cumplidas, puesto que aún no ha venido mi hora, y permanece firmemente fiel. Y, habiendo dicho esto, Jesús salió de la casa con premura.

XXVI. Sobre las numerosas curaciones que Jesús realizó en el pueblo, en la aldea y en diferentes lugares

1. Un día, Jesús, que había salido de su casa, recorría, solo, el país de los galileos. Y, habiendo llegado a una aldea, que se llamaba Buboron o Buasboroín, encontró allí a un hombre de treinta años, que estaba muy incomodado por la

vehemencia de su mal, y que yacía tendido sobre su lecho. Cuando Jesús lo vio, se compadeció de él, y le preguntó: ¿De qué raza eres? El hombre repuso: De raza siria y del país de los sirios. Jesús añadió: ¿Tienes todavía padre y madre? El hombre dijo: Sí, y mis padres me han expulsado de su hogar. Errante ando por doquiera, para buscar mi sustento diario, mas no poseo domicilio en parte alguna. Jesús inquirió: ¿Y cómo has podido salir de tu país? Respondió el hombre: Se me trataba, unas veces contra salario, y otras para pagarme. Jesús continuó: ¿Por qué has venido a este país? El hombre contestó: Para pedir limosna, y para subvenir a mis necesidades materiales. Y Jesús sentenció con gravedad: Si soportas con calma tus tormentos, encontrarás más tarde el reposo. A lo que el hombre replicó: Pueda o no pueda, los soporto y los acepto con júbilo.

2. Y Jesús dijo: ¿A qué dios sirves? El hombre repuso: Al dios Pathea. Y Jesús le preguntó: ¿Encuentras, pues justo que te halles en este estado? El hombre manifestó: He oído decir a mis padres que ese dios es el Dios de los sirios, y que puede hacer a los hombres todo lo que le place. Interrogó Jesús: ¿Cuál es tu nombre? El hombre dijo: Hiram. Y Jesús lo conminó, diciendo: Si quieres curarte, abandona ese error. Hiram dijo: ¿Y cómo he de dar crédito a tu propuesta? Porque tú eres todavía un niño, mientras que yo soy ya un varón adulto. Y Jesús le preguntó: El dios de tu culto ¿tiene el poder de devolverte la salud y la vida por una simple palabra? Y Jesús añadió: Si crees de todo corazón, y si confiesas que hay un Dios del cielo y de la tierra, que ha creado el mundo y el hombre, tal Dios es capaz de curarte. Hiram apuntó: No he oído hablar de él. Jesús dijo: Sea. Pero cree sencillamente, y tu alma vivirá. Hiram le preguntó: ¿Y cómo hacer ese acto de fe?

3. Respondió Jesús: He aquí la fórmula. Creo que es un Dios muy alto, el Padre creador de toda cosa, y creo en su Hijo único y en el Espíritu Santo, trinidad y divinidad una y perfecta. Hiram repuso: Creo lo que me dices. Entonces Jesús le habló, interrogándolo: ¿No te has presentado a alguien, para que te cure? E Hiram exclamó: ¿Qué médico podría librarme de tan grave enfermedad? Jesús dijo: Aquel a quien pagues, lo podrá fácilmente. Hiram opuso: Pobre como soy, nada tengo que dar, y nadie hace la caridad gratuitamente. Y Jesús objetó: ¿No has dicho tú mismo antes que has venido de un país lejano, que has recorrido numerosas comarcas, y que has recibido

limosnas? ¿Por qué dices ahora falsamente que no tienes con qué pagar? Hiram repuso: ¡Perdona, niño! Lo que te he dicho es que nada tengo que dar, excepto el alimento que recibo al día, y el vestido que me cubre.

4. Y Jesús, viéndolo llorar, exclamó: ¡Oh hombre, dirígeme tu demanda! ¿Qué puedo hacer por ti? Y respondió Hiram: Haz por mí todo lo que te plazca, y gratifícame con algún socorro. Y Jesús, extendiendo la mano, tomó la suya, y le ordenó: Levántate, yérguete sobre tus pies, y ve en paz. Y, en el mismo momento, el hombre quedó curado de sus males. Y cayó llorando de hinojos ante Jesús, y le hizo la siguiente petición: Señor, si quieres, te seguiré en calidad de discípulo. Mas Jesús le dijo: Vuelve en paz a tu casa, y cuenta todo lo que he hecho por ti en este encuentro. Y el hombre se prosternó de nuevo ante Jesús, y marchó a su país.

XXVII. De cómo se cumplieron las tradiciones escritas por los profetas y sobre las cosas sorprendentes que hizo Jesús

1. Y de nuevo fue Jesús llevado del Espíritu a la villa de Nazareth. Y circulaba siempre por los Sitios retirados. Y los que lo veían se sorprendían y murmuraban entre sí: Verdaderamente, el niño Jesús, el hijo del viejo, tiene el aire despierto e inteligente. Algunos refrendaban: Cierto es lo que decís. Mas Jesús no se manifestaba a ellos, a causa de su incredulidad.

2. Y sucedió que, aproximándose la gran fiesta, Jesús quiso ir a Jerusalén. Y, en el curso del viaje, se encontró con un viejo canoso que se sostenía sobre dos cayadas, las cuales desplazaba alternativamente, dejándose caer de la una a la otra. Y estaba enfermo de los ojos y de los oídos. Al verlo, Jesús se sorprendió, y le dijo: Bien hallado seas, viejo cargado de años. Y el anciano contestó: Bien hallado seas, niño, hijo único del gran rey, y primogénito del Padre. Y Jesús indicó: Siéntate aquí, reposa un poco, y luego proseguiremos nuestra ruta. El viejo asintió, diciendo: Hijo mío, cumpliré tu orden. Y, cuando se hubieron sentado, Jesús se puso a interrogarlo en estos términos: ¿Cuál es tu nombre, anciano? ¿De qué raza eres? ¿De qué país has venido a éste?

3. Y el viejo contestó: Mi nombre es Baltasar, soy de raza hebraica, y vengo del país de la India. Jesús le preguntó: ¿Qué buscas aquí? Y el viejo expuso: Mi padre era un príncipe noble e iniciado en el arte de la medicina, cuya práctica me enseñó. Pero ahora estoy impotente, y mi intención es ir a Jerusalén, para

mendigar, y ganar así mi vida. Jesús le hizo observar: Siendo hijo de médico, ¿cómo no puedes curarte a ti mismo? El viejo repuso: Mientras fui joven, fuerte y robusto, practiqué la medicina. Pero cuando la falta de salud me puso a prueba, perdí todo vigor, y hoy no soy ya capaz de nada. Jesús dijo: ¿Fue durante tu infancia o en tu ancianidad cuando la dolencia se apoderó de ti? Y el viejo repuso: Treinta años tenía, cuando este mal me atacó, y todo mi cuerpo fue presa de un temblor general.

4. Al oír esto, Jesús se sorprendió, y le dijo: ¿Qué especie de tratamiento te aplicas? El viejo contestó: A tal enfermedad, tal remedio. Mas Jesús le preguntó: ¿Sabes resucitar a los muertos, hacer andar a los cojos, purificar a los leprosos, expulsar a los demonios, curar todas las enfermedades, no con remedios, sino por una simple palabra? Al oír esto, el viejo se sorprendió, y dijo, riendo: Me admiras mucho, porque todo eso es una operación prodigiosa e imposible para el hombre. Jesús replicó: ¿Y por qué te admiras? Y el viejo dijo: Porque, siendo todavía un niño, ¿cómo puedes saber todo eso? Jesús contestó: Nadie me lo enseñó, sino que lo sé por mí mismo. Y el viejo concedió: Si es como lo afirmas, de Dios y no de los hombres has recibido ese don. Jesús respondió: Tú lo has dicho. Entonces el viejo murmuró: Paréceme que entiendes el arte de la medicina. Y Jesús declaró, diciendo: Mi Padre posee el poder de hacer todo eso.

5. Y el viejo le dijo: No ha habido nunca discípulo sin instrucción de su maestro, ni hijo sin enseñanza de su padre. Te ruego que uses de caridad conmigo, y el Señor te concederá una vida que largos años dure. Jesús dijo: Bien hablas, mas yo no puedo hacer esto gratuitamente. Dame, pues, una retribución proporcionada a mi trabajo. El viejo indicó: ¿Y qué retribución es la que pides? Jesús dijo: Poca cosa: oro, plata, todo lo que por escrito acordemos bajo contrato. A estas palabras, el viejo rompió a reír. Luego, reflexionando, pensó: ¿Qué hacer? Porque este muchacho se burla pérfidamente de mí. Y, en voz alta, se quejó, diciendo: Niño, ¿por qué te mofas de un viejo como yo? Se da limosna a los pobres, sobre todo a los ancianos, y no se los pone en irrisión. Y Jesús lo hizo observar: Empezaste elogiándome grandemente, y ahora me censuras. El viejo contestó: Es que me has irritado gravemente. Y dijo Jesús: No te encolerices porque, no siendo más que un muchacho, haya querido entablar conversación contigo. Entonces el viejo respondió a Jesús, y

dijo: ¿Por qué no me pides una cosa razonable, a fin de sacar provecho de mí? Pues ¿de dónde vendría esa fortuna que me reclamas?

6. Y Jesús replicó: ¿No me has asegurado antes que eras de gran familia, hijo de príncipe y descendiente de una casa real? El viejo otorgó: Y nada falso te aseguré, puesto que poseía una enorme fortuna. Pero, cuando me hirió la enfermedad, todo lo perdí. Y Jesús le preguntó: ¿Qué preferirías: recuperar tus opulentos tesoros, o hallarte en cabal salud? El viejo respondió: Valdríame más ser hijo de un mendigo, pero no estar enfermo. Y Jesús dijo: Si tal es tu deseo, abóname el precio de mi labor. Dijo el viejo: No me atormentes con tan largos discursos. ¿Por qué te obstinas en hostigarme con esas trampas y con esos engaños? Jesús repuso: ¿En qué hablé demasiado? ¿Y qué consejo he recibido de ti? El viejo exclamó: Por amor de Dios, no me exasperes, porque estoy gravemente enfermo. No me enojes. Ten un poco de paciencia. Nada más he de contarte. Pero, por poseer facultades bastantes para socorrerte, me compadezco de ti. El viejo exigió: Enuncia tus prescripciones. Y, respondiendo, Jesús le dijo: Dame una pequeña recompensa por mi trabajo, y te curaré. Y el viejo replicó: Dios te dará abundante recompensa por tu trabajo. Cuanto a mí, tanto me importa morir como seguir con vida. Y Jesús le indicó: Tu curación no es tan difícil como crees. El viejo dijo: Nada poseo más que un pedazo de pan y dos óbolos. Jesús comentó, festivo: ¡He aquí el descendiente de gentes ricas en extremo! Entonces el viejo montó en cólera, y exclamó, llorando: Verdaderamente, ¿he de sufrir todavía a este niño, que ya me ha incomodado en grado sumo? Y Jesús dijo: ¡Viejo, no te enojes! Ten un poco de paciencia, para que tu alma viva.

7. El viejo rezongó: Demasiada paciencia usé contigo, sin encontrar en ti asomos de piedad. Y, como el viejo hubiese dicho esto, siempre entre lágrimas, Jesús le preguntó: ¿Adónde vas? Respondió el viejo: A la ciudad de Jerusalén, para mendigar mi pan. Y, si vienes en pos mío, te daré la mitad de los recursos con que Dios sea servido de gratificarme. Jesús interrogó: ¿A qué Dios sirves? Y el viejo contestó: Al Dios de mis padres. Advirtió Jesús: Ahí está justamente la causa de tu aflicción. Si quieres ser perfecto, abandona la religión de tus padres, a fin de ser salvo en alma y en cuerpo. El viejo dijo: ¿Y cómo podría dar fe a tus palabras? Replicó Jesús: Varias veces me has puesto a prueba, y nada has conseguido. Y, al oír esto, el viejo reflexionó, diciéndose:

Mucho temo que este niño no esté jugando insidiosamente conmigo. Mas Jesús le ordenó: Viejo, responde a la cuestión que te he planteado.

8. Y el viejo dijo: Estoy en duda, y no sé qué hacer, ni qué responder a esa cuestión. Me parece que Dios te ha enviado a mí, y que eres el Señor, el que sondea el pensamiento de los hombres. Dame, pues, a conocer lo que me es necesario. Jesús exclamó, solemne: ¿Crees que existe un Dios creador de todas las cosas y su Hijo único y el Espíritu Santo, trinidad y única divinidad? El viejo repuso: Sí, lo creo. Y Jesús extendió la mano sobre el viejo, y dijo: Libre quedas de tu azote, y curado de tu mal. Y, en el mismo instante, la curación fue un hecho. Y el viejo, cayendo a los pies de Jesús, le confesó sus pecados. Y Jesús le dijo: Perdonados te son. Ve en paz, y el Señor sea contigo. El viejo exclamó: ¡Te ruego que me digas cómo te llamas! Y Jesús repuso: ¿Para qué necesitas saber mi nombre? Ve en paz.

9. Y el viejo, inclinándose, se prosternó de nuevo ante Jesús, y se marchó apaciblemente en dirección a Jerusalén. Y, cuando los habitantes de esta ciudad vieron al viejo inmune, le preguntaron: ¿Quién te curó? Y el viejo dijo: Me curó, por una simple palabra, un hijo de médico, que encontré en mi camino. Ellos dijeron: ¿Quién es ese médico? El viejo confesó: No lo sé. Y ellos fueron en su busca, y no lo encontraron, porque Jesús había huido de aquel lugar, y vuelto a Nazareth. Y el viejo publicó por doquiera el milagro que en él se había cumplido.

XXVIII. Sobre el juicio que Jesús pronunció entre dos soldados

1. Y sucedió, a los quince días, que Jesús pensó en mostrarse un poco a los hombres. Y, como fuese por un camino, encontró a dos soldados que, durante su marcha, disputaban con gran violencia, y que querían tomar uno de otro sanguinolenta venganza. Y, cuando Jesús los divisó desde lejos, se dirigió hacia ellos y les preguntó: ¿Por qué, soldados, estáis tan llenos de furia, y en plan de mataros el uno al otro? Pero ellos tenían el corazón tan henchido de cólera y de rabia, que no le respondieron. Y, como llegasen a cierto paraje, ante un pozo, se sentaron cerca del agua, y se amenazaban entre sí, con injurias. Y Jesús, que se había sentado también junto a ambos, prestaba oído a la verbal contienda. Y uno de los dos, el que era más joven, reflexionó, y se dijo:

Él es mayor, yo menor, y conviene que me someta. ¡Desventurado de mí! Pero ¿por qué ponerle furioso, contrariándole? Me rendiré mal de mi grado, al suyo.

2. Y, como después el soldado mirase a su alrededor, vio a Jesús sentado tranquilamente, y le preguntó: ¿De dónde vienes, niño? ¿Adónde vas? ¿Cuál es tu nombre? Y Jesús respondió: Si te lo digo, no me comprenderías. El soldado interrogó: ¿Viven tu padre y tu madre? Y Jesús respondió: Mi Padre vive, y es inmortal. El soldado replicó: ¿Cómo inmortal? Jesús repuso: Es inmortal desde el principio. Vive, y la muerte no tiene imperio sobre él. El soldado insistió: ¿Quién es el que vive siempre, y sobre quien la muerte no tiene imperio, puesto que afirmas que a tu padre le está asegurada la inmortalidad? Dijo Jesús: No podrías conocerlo, ni aun alcanzar de él la menor idea. Entonces el soldado le preguntó, diciendo: ¿Quién puede verlo? Y, respondiendo él, dijo: Nadie. E interrogó el soldado: ¿Dónde está tu padre? Y él contestó: En el cielo, por encima de tierra. El soldado inquirió: Y tú ¿cómo puedes ir a su lado? Jesús repuso: Yo he estado siempre con él, y hoy todavía con él estoy. El soldado indicó, confuso: No comprendo lo que dices. Y Jesús aprobó: Ello es, en efecto, incomprensible e inexpresable. El soldado añadió: ¿Quién, pues, puede comprenderlo? Jesús dijo: Si me lo pides, te lo explicaré. Y el soldado encareció: Te ruego que así lo hagas.

3. Y Jesús expuso: Estoy sin padre en la tierra, y sin madre en el cielo. El soldado objetó: ¿Cómo has nacido, y cómo te has alimentado? Jesús dijo: Mi primera generación procede del Padre antes de los siglos, y mi segunda generación tuvo lugar sobre este suelo. Mas el soldado prosiguió objetando: ¿Cómo? ¿Se vio nunca que quien nació de su padre, renazca de su madre? Jesús advirtió: No lo entiendes como es debido. Y el soldado replicó: ¿Cuántos padres y cuántas madres tienes? Contrarreplicó Jesús: ¿No te lo dije ya? Yo tengo un Padre único, y, con él, allá arriba, nací sin madre. Yo tengo una madre única, y, con ella, aquí abajo, nací sin padre. El soldado opuso: Primero dices que has nacido de tu padre, sin haber tenido madre, y después dices que has nacido de tu madre, sin haber tenido padre. Jesús concedió: Así es. El soldado exclamó: ¡Prodigiosa manera de nacer y de existir! ¿De quién eres hijo, pues? Jesús afirmó: Soy hijo único del Padre, vástago carnal surgido de mi madre, y heredero de todas las cosas. Y el soldado argumentó todavía: Tu padre, ¿no ha conocido a tu madre? ¿Cómo entonces tu madre te ha concebido en su vien-

tre, y te ha traído al mundo? Dijo Jesús: Por efecto de una simple palabra de mi Padre, sin sospecha de una aproximación a él por parte suya, y sin la idea siquiera de esta aproximación. Rearguyó el soldado: ¿Cómo puedes conciliar las voluntades de tu padre y de tu madre, y complacer los deseos del uno y de la otra? Respondió Jesús: Estoy con mi Padre en el cielo, y permanezco con él por toda la eternidad, y habito con mi madre en la tierra.

4. El soldado exclamó: ¡Sorprendente es lo que dices! Y Jesús repuso: ¿Y por qué me planteas la cuestión sobre la que me interrogas, y que no puedes comprender? Mas el soldado dijo: Si te he interrogado, ha sido con objeto de inducirte a que te pongas a nuestro servicio. Además, he reconocido que eres vástago de una ilustre familia real. Dios te glorifique en todo lugar y en todo tiempo, y te haga obtener la herencia de tu padre.

5. Y Jesús le contestó, diciendo: Bendito seas de Dios. Pero informadme sobre el motivo de vuestra querella. Y el soldado dijo: Yo te explicaré todo el asunto, y tú pronunciarás entre nosotros una justa sentencia. Jesús dijo: Sí. Contadme el caso. Y el soldado expuso: Somos del país de los magos y de una casa real. Hemos seguido a los reyes que llegaron a Bethlehem con numerosas tropas y con ricos presentes en honor del recién nacido rey de los israelitas. Cuando los reyes volvieron a Persia, nosotros fuimos a la ciudad de Jerusalén, y, por amor de Dios, nos convertimos en compañeros y como en hermanos el uno del otro. E hicimos un pacto de alianza, comprometiéndonos por juramento a no separarnos hasta morir, y repartirnos, en amistad perfecta y con equidad mutua, todos los provechos que Dios nos enviase.

6. Y, como nos alistásemos en la guardia del palacio de un gran jefe del reino, mi poderoso príncipe me envió con un mensaje a un país lejano, donde permanecí largo tiempo. Se me recibió allí con benevolencia y con honra, como la etiqueta de las cortes reales prescribe hacer, concediendo a los portadores de mensajes las deferencias que les son debidas. Por la gracia de Dios, volví satisfecho y, de todo lo que gané, nada oculté a mi amigo y estoy pronto a repartirlo con él. Mi camarada partió también con una tropa de caballeros y regresó a su casa, después de haber obtenido un rico botín. Yo le pido que reparta conmigo el haber que ha traído de su expedición y él se niega a ello y, en cambio, me reclama ásperamente la deuda que de mí le corresponde. Y, ahora, ¿qué me ordenas que haga?

7. Y Jesús dijo: Si queréis escucharme, y obrar con rectitud, no os engañáis mutuamente, y no olvidáis vuestros compromisos, antes bien, haced lo que habéis prometido cumplir con toda solemnidad. Repartid vuestras ganancias equitativamente, conforme al uso de la regla humana y a lo que habéis jurado sobre la ley divina. No mintáis en presencia de Dios y no os frustréis el uno al otro injustamente, si queréis vivir en amistad recíproca.

8. Empero el otro compañero, el que tenía más edad, manifestó: Niño, el juzgar en verdadero derecho, no te concierne en modo alguno. Yo estuve en el campo de muerte, corrí mil peligros y a duras penas pude tornar a mi hogar. Él, rodeado de un aparato principesco, visitó los palacios de los reyes y volvió con presentes numerosos. Es, pues, justo que me dé una parte de lo suyo y que yo no le dé nada de lo mío.

9. Mas Jesús replicó: No sabes lo que dices, soldado. Si, a la ida o a la vuelta, hubiera él sufrido de los enemigos todo género de vejaciones, ¿qué parte le hubieras dado tú? Y añadió: Si quieres repartir lo tuyo con él en plan de amistad, descubre claramente tu pensamiento. Y, pronunciadas estas palabras, Jesús se calló.

10. Entonces, el soldado de menos edad se incorporó, se puso de hinojos ante su colega, y le dijo: Perdona, hermano, que te haya contrariado gravemente, y haz ahora lo que gustes. Yo repartiré, pero no viviré más contigo en relación de comunidad. Tú has adquirido importancia, y te has convertido en el asesor de los reyes. Yo soy pobre, me veo sin recursos, y tomará lo que buenamente quieras darme. Entonces Jesús, mirándolo, lo amó, y se llenó de piedad, al ver su mansedumbre. Porque el mayor era violento, por ser hijo de pobre, y el menor era humilde, por ser vástago de casa grande.

11. Y Jesús dijo al último: Según lo que me referiste al principio, fuisteis a Bethlehem, en la comitiva de los magos. ¿Visteis con vuestros propios ojos a aquel rey recién nacido, que había venido al mundo? El soldado más joven repuso: Sí, lo vi, y lo adoré. Jesús preguntó: ¿Y qué pensaste de él? ¿Qué fe tienes en él? El soldado respondió: Es el Verbo encarnado, enviado por Dios. Y, conducidos por una estrella, fuimos a visitarlo, y lo encontramos nacido de la Virgen y acostado en la caverna. Jesús apuntó: He oído decir que vive todavía. El soldado confesó: No lo sé. Pero he oído decir que lo mataron por orden de Herodes, después de haber sido éste engañado por los magos. Algunos

afirman que, por causa suya, Herodes hizo perecer a los niños de Bethlehem. Otros pretenden que su padre y su madre huyeron con él a Egipto. Jesús comentó: Estás en lo cierto, pero repito que he oído decir que vive todavía. Ahora que no falta quien asegure que no era lo que se creía, sino un impostor y un seductor. El soldado rectificó: No propagues sobre él difamaciones que no podrías probar, porque todos los que lo han visto, aseguran que es el rey de Israel. Mas Jesús opuso: ¿Por qué entonces el pueblo de Israel no ha creído en él?

12. Y los soldados dijeron: Lo ignoramos. Y Jesús interrogó: ¿Cómo os llamáis? Y un soldado contestó: Mi nombre es Khortar. Y el otro: Mi nombre es Gotar. Jesús añadió: ¿A qué dios servís? Los soldados repusieron: Cuando vinimos a este país, estábamos seducidos por los falsos dioses del nuestro, y practicábamos el culto del Sol. Y Jesús expuso: Volviendo a vuestro pleito, ¿cómo pensáis resolverlo? Y los soldados replicaron: Haz lo que te sugiera tu buen juicio, pues nos has aparecido hoy como un juez entre ambos. En efecto: desde que nos has visto, cesó nuestra indignación precedente, y la gracia de Dios descendió sobre nosotros. Y, mientras con nosotros has departido, nuestros corazones se han llenado de un vivo júbilo.

13. Y Jesús hizo entre los dos un reparto equitativo, y los soldados se conformaron con su decisión. Y él los bendijo, y ellos prosiguieron su camino en paz.

El evangelio de Bernabé (fragmento italiano)

1. En el momento en que los judíos se preparaban para ir a capturar en el huerto de los Olivos a Jesús, éste fue arrebatado al tercer cielo.

2. Porque no morirá hasta el fin del mundo, y se crucificó a Judas en su lugar.

3. Dios permitió que el discípulo traidor pareciese a los judíos hasta tal punto semejante en su rostro a Jesús, que lo tomasen por él, y que, como a tal, lo entregasen a Pilatos.

4. Aquella semejanza era tamaña, que la misma Virgen María y los mismos apóstoles fueron engañados por ella.

5. Y, el día en que se publicó el decreto del Gran Sacerdote, la Virgen María volvió a Jerusalén con Jacobo, con Juan y conmigo.

6. Y, temerosa de Dios, y aun sabiendo que el decreto del Gran Sacerdote era injusto, ordenó a los que residían con ella que olvidasen a su Hijo, profeta tan santo, y muerto, sin embargo, con tanta ignominia.

7. Mas Dios, que conoce lo que pasa en el corazón de los hombres, comprendía que estábamos abrumados de dolor, a causa de la muerte de Judas, la cual mirábamos como la de Jesús mismo, nuestro maestro, y que experimentábamos el más vivo deseo de verlo, después de su resurrección.

8. He aquí por qué los ángeles que guardaban a la Virgen María subieron al tercer cielo, en que Jesús estaba acompañado de sus ángeles, y lo enteraron de lo que ocurría.

9. Entonces Jesús pidió a Dios que le diese medios de ver a su madre y a sus discípulos.

10. Y Dios, lleno de misericordia, ordenó a cuatro de sus ángeles más queridos, Gabriel, Miguel, Rafael y Uriel, que llevasen a Jesús a la casa de su madre, y que lo guardasen allí durante tres días consecutivos, no dejándolo ver por más personas que por las que creyesen en su doctrina.

11. Y Jesús, rodeado de esplendor, llegó a la habitación en que estaba la Virgen María, con sus dos hermanas, y Marta con María Magdalena, y Lázaro conmigo, y Juan con Jacobo y con Pedro. Y, al verlo, fuimos presa de tal pavor, que caímos todos al suelo como muertos.

12. Mas Jesús, levantando a su madre y a sus discípulos, dijo: No temáis, ni lloréis, porque vivo estoy, y no difunto, como habéis creído.

13. Y cada cual permaneció largo tiempo como fuera de sí, ante el asombro de ver a Jesús, a quien juzgaban muerto.

14. Y, con grandes gemidos, la Virgen exclamó: Te ruego, hijo mío, que me digas por qué, habiéndote dado Dios el poder de resucitar a los muertos, has sufrido la muerte tú, con gran vergüenza para tus parientes y para tus amigos, y con gran oprobio para tu doctrina, de suerte que todos los que te aman están como heridos de estupor y de agonía.

15. Mas Jesús, abrazando a su madre, repuso: Puedes creerme, madre mía, cuando afirmo que nunca he muerto, y que Dios me ha reservado hasta el fin del mundo.

16. Y, habiendo hablado así, ordenó a los cuatro ángeles que se dejasen ver, y que diesen testimonio del modo como las cosas habían ocurrido.

17. Y los ángeles aparecieron como cuatro soles deslumbrantes, y de nuevo todos los asistentes, presa de pavor, cayeron como muertos.

18. Entonces Jesús dio cuatro velos a los ángeles para que se cubriesen, y para que, de esta manera, su madre y sus discípulos pudiesen soportar su aspecto, y oírlos hablar.

19. Y, animándolos a ello, dijo: He aquí a los ministros de Dios. Gabriel anuncia los secretos divinos. Miguel combate a los enemigos del Altísimo. Rafael recibe las almas de los muertos. Uriel, en el último día, llamará a juicio a todos los hombres.

20. Y los ángeles contaron a la Virgen lo que Dios les había mandado, y cómo Judas había sufrido una transformación para que sufriese la pena que había querido infligir a otro.

21. Y yo, Bernabé, dije a Jesús: ¿Me permitirás, oh maestro, dirigirte una pregunta, como cuando habitabas entre nosotros?

22. Y Jesús repuso: Pregunta, Bernabé, todo lo que quieras, y te responderé.

23. Y yo inquirí: Maestro, puesto que Dios es misericordioso, ¿por qué nos ha atormentado así, y por qué ha consentido que creyésemos que había muerto, mientras tu madre te lloraba hasta el punto de hallarse muy cerca de morir

también? Y a ti, que eres el Santo de Dios, ¿cómo éste te ha dejado expuesto a la infamia de morir sobre el Calvario, entre dos ladrones?

24. Y Jesús contestó: Créeme, Bernabé. Siendo Dios la pureza misma, no puede ver en sus servidores la menor falta, que no castigue severamente. Y, como mi madre y mis discípulos me amaban con un afecto demasiado terrestre y humano, Dios, que es justo, ha querido castigar este afecto en el mundo mismo, y no hacerlo expiar por las llamas del infierno. Aunque yo hubiese llevado en la tierra una vida inocente, no obstante, como los hombres me habían llamado Dios e Hijo de Dios, mi Padre, no queriendo que fuese, en el día del juicio, un objeto de burla para los demonios, prefirió que fuese en el mundo un objeto de afrenta por la muerte de Judas en la cruz, y que todos quedasen persuadidos de que yo había sufrido este suplicio infamante. Y esa afrenta durará hasta la muerte de Mahoma, que, cuando venga al mundo, sacará de semejante error a todos los que creen en la ley de Dios.

El evangelio de Nicodemo

I. Hechos de Pilatos (Acta Pilati)

Acusado por los príncipes de los judíos, Jesús comparece ante Pilatos realizado a su entrada en el pretorio

1. Yo, Emeo, israelita de nación, doctor de la ley en Palestina, intérprete de las Divinas Escrituras, lleno de fe en la grandeza de Nuestro Señor Jesucristo, revestido del carácter sagrado del santo bautismo, e investigador de las cosas que acaecieron, y que hicieron los judíos, bajo la gobernación de Poncio Pilatos, trayendo a la memoria el relato de esos hechos, escrito por Nicodemo en lengua hebrea, lo traduje en lengua griega, para darlo a conocer a todos los que adoran el nombre del Salvador del mundo.

2. Y lo he hecho bajo el imperio de Flavio Teodosio, en el año decimoctavo de su reinado y bajo Valentiniano.

3. Y os suplico a cuantos leáis tales cosas, en libros griegos o latinos, que oréis por mí, pobre pecador, a fin de que Dios me sea favorable y que me perdone todas las culpas que haya cometido. Con lo cual, y deseando paz a los lectores, y salud a los que entiendan, termino mi prefacio.

4. Lo que voy a contar ocurrió el año decimoctavo del reinado de Tiberio César, emperador de los romanos, y de Herodes, hijo de Herodes, monarca de Galilea, el año decimoctavo de su dominación, el ocho de las calendas de abril, que es el día 25 del mes de marzo, bajo el consulado de Rufino y de Rubelión, el año IV de la olimpíada 202, cuando Josefo y Caifás eran grandes sacerdotes de los judíos. Entonces escribió Nicodemo, en lengua hebrea, todo lo sucedido en la pasión y en la crucifixión de Jesús.

5. Y fue que varios judíos de calidad, Anás, Caifás, Sommas, Dathan, Gamaliel, Judas, Levi, Nephtalim, Alejandro, Siro y otros príncipes visitaron a Pilatos, y acusaron a Jesús de muchas cosas malas, diciendo: Nosotros lo conocemos por hijo de José el carpintero y por nacido de María. Sin embargo, él pretende que es hijo de Dios y rey de todos los hombres, y no solo con palabras, mas con hechos, profana el sábado y viola la ley de nuestros padres.

6. Preguntó Pilatos: ¿Qué es lo que dice, y qué es lo que quiere disolver en vuestro pueblo?

7. Y los judíos contestaron: La ley, confirmada por nuestras costumbres, manda santificar el sábado y prohíbe curar en este día. Mas Jesús, en él, cura ciegos, sordos, cojos, paralíticos, leprosos, poseídos, sin ver que ejecuta malas acciones.

8. Pilatos repuso: ¿Cómo pueden ser malas acciones ésas?

9. Y ellos replicaron: Mago es, puesto que por Beelzebuh, príncipe de los demonios, expulsa los demonios, y por él también todas las cosas le están sometidas.

10. Dijo Pilatos: No es el espíritu inmundo quien puede expulsar los demonios, sino la virtud de Dios.

11. Pero uno de los judíos respondió por todos: Te rogamos hagas venir a Jesús a tu tribunal, para que lo veas y lo oigas.

12. Y Pilatos llamó a un mensajero y le ordenó: Trae a Jesús a mi presencia y trátalo con dulzura.

13. Y el mensajero salió, y habiendo visto a Jesús, a quien muy bien conocía, tendió su manto ante él y se arrojó a sus pies, diciéndole: Señor, camina sobre este manto de tu siervo, porque el gobernador te llama.

14. Viendo lo cual, los judíos, llenos de enojo, se dirigieron en son de queja a Pilatos, y le dijeron: Debieras haberlo mandado traer a tu presencia no por un mensajero, sino por la voz de tu heraldo. Porque el mensajero, al verlo, lo adoró, y extendió ante Jesús su manto, rogándole que caminase sobre él.

15. Y Pilatos llamó al mensajero y le preguntó: ¿Por qué obraste así?

16. El mensajero, respondiendo, dijo: Cuando me enviaste a Jerusalén cerca de Alejandro, vi a Jesús caballero sobre un asno y a los niños de los hebreos que, con ramas de árbol en sus manos, gritaban: Salve, hijo de David. Y otros, extendiendo sus vestidos por el camino, decían: Salud al que está en los cielos. Bendito el que viene en nombre del Señor.

17. Mas los, judíos respondieron al mensajero, exclamando: Aquellos niños de los hebreos se expresaban en hebreo. ¿Cómo tú, que eres griego, comprendiste palabras pronunciadas en una lengua que no es la tuya?

18. Y el mensajero contestó: Interrogué a uno de los judíos sobre lo que quería decir lo que pronunciaban en hebreo y él me lo explicó.

19. Entonces Pilatos intervino, preguntando: ¿Cuál era la exclamación que pronunciaban en hebreo? Y los judíos respondieron: Hosanna. Y Pilatos repu-

so: ¿Cuya es la significación de ese término? Y los judíos replicaron: ¡Señor, salud! Y Pilatos dijo: Vosotros mismos confirmáis que los niños se expresaban de ese modo. ¿En qué, pues, es culpable el mensajero?

20. Y los judíos se callaron. Mas el gobernador dijo al mensajero: Sal, e introdúcelo.

21. Y el mensajero fue hacia Jesús, y le dijo: Señor, entra, porque el gobernador te llama.

22. Y, al entrar Jesús en el Pretorio, las imágenes que los abanderados llevaban por encima de sus estandartes se inclinaron por sí mismas y adoraron a aquél. Y los judíos, viendo que las imágenes se habían inclinado por sí mismas, para adorar a Jesús, elevaron gran clamoreo contra los abanderados.

23. Entonces Pilatos dijo a los judíos: Noto que no rendís homenaje a Jesús, a pesar de que ante él se han inclinado las imágenes para saludarlo, y, en cambio, despotricáis contra los abanderados, como si ellos mismos hubiesen inclinado sus pendones y adorado a Jesús. Y los judíos repusieron: Los hemos visto proceder tal como tú indicas.

24. Y el gobernador hizo que se aproximasen los abanderados y les preguntó por qué habían hecho aquello. Mas los abanderados respondieron a Pilatos: Somos paganos y esclavos de los templos. ¿Concibes siquiera que hubiéramos podido adorar a ese judío? Las banderas que empuñábamos se han inclinado por sí mismas, para adorarlo.

25. En vista de esta contestación, Pilatos dijo a los jefes de la Sinagoga y a los ancianos del pueblo: Elegid por vuestra cuenta hombres fuertes y robustos, que empuñen las banderas, y veremos si ellas se inclinan por sí mismas.

26. Y los ancianos de los judíos escogieron doce varones muy fornidos de su raza, en cuyas manos pusieron las banderas, y los formaron en presencia del gobernador. Y Pilatos dijo al mensajero: Conduce a Jesús fuera del Pretorio, e introdúcelo enseguida. Y Jesús salió del Pretorio con el mensajero.

27. Y Pilatos, dirigiéndose a los que empuñaban las banderas, los conminó, haciendo juramento por la salud del César: Si las banderas se inclinan cuando él entre, os haré cortar la cabeza.

28. Y el gobernador ordenó que entrase Jesús por segunda vez. Y el mensajero rogó de nuevo a Jesús que entrase, pasando sobre el manto que había

extendido en tierra. Y Jesús lo hizo y, cuando entró, las banderas se inclinaron y lo adoraron.

II. Testimonios adversos y favorables a Jesús

1. Viendo esto, Pilatos quedó sobrecogido de espanto y comenzó a agitarse en su asiento. Y, cuando pensaba en levantarse, su mujer, llamada Claudia Prócula, le envió un propio para decirle: No hagas nada contra ese justo, porque he sufrido mucho en sueños esta noche a causa de él.

2. Pilatos, que tal oyó, dijo a todos los judíos: Bien sabéis que mi esposa es pagana y que, sin embargo, ha hecho construir para vosotros numerosas sinagogas. Pues bien: acaba de mandarme a decir que Jesús es un hombre justo y que ha sufrido mucho en sueños esta noche a causa de él.

3. Mas los judíos respondieron a Pilatos: ¿No te habíamos dicho que era un encantador? He aquí que ha enviado a tu esposa un sueño.

4. Y Pilatos, llamando a Jesús, le preguntó: ¿No oyes lo que éstos dicen contra ti? ¿Nada contestas?

5. Jesús repuso: Si no tuviesen la facultad de hablar, no hablarían. Empero, cada uno puede a su grado abrir la boca y decir cosas buenas o malas.

6. Los ancianos de los judíos replicaron a Jesús: ¿Qué es lo que decimos? Primero, que has nacido de la fornicación; segundo, que el lugar de tu nacimiento fue Bethlehem y que, por causa tuya, fueron degollados todos los niños de tu edad; y tercero, que tu padre y tu madre huyeron contigo a Egipto, porque no tenían confianza en el pueblo.

7. Pero algunos judíos que allí se encontraban, y que eran menos perversos que los otros, decían: No afirmaremos que procede de la fornicación, porque sabemos que María se casó con José y que, por ende, Jesús no es hijo ilegítimo.

8. Y Pilatos dijo a los judíos que mantenían ser Jesús producto de fornicación: Vuestro discurso es mentiroso, puesto que hubo casamiento, según lo atestiguan personas de vuestra clase.

9. Empero Anás y Caifás insistieron ante Pilatos, diciendo: Toda la multitud grita que ha nacido de la fornicación y que es un hechicero. Y esos que deponen en contra son sus prosélitos y sus discípulos.

10. Preguntó Pilatos: ¿Qué es eso de prosélitos? Y ellos respondieron: Son hijos de paganos, que ahora se han hecho judíos.

11. Mas Lázaro, Asterio, Antonio, Jacobo, Zaro, Samuel, Isaac, Fineo, Crispo, Agripa, Amenio y Judas dijeron entonces: No somos prosélitos, sino hijos de judíos, y decimos la verdad, porque hemos asistido a las bodas de María.

12. Y Pilatos, dirigiéndose a los doce hombres que así habían hablado, les dijo: Os ordeno, por la salud del César, que declaréis si decís la verdad y si Jesús no ha nacido de la fornicación.

13. Y ellos contestaron a Pilatos: Nuestra ley nos prohíbe jurar, porque es un pecado. Ordena a ésos que juren, por la salud del César, ser falso lo que nosotros decimos y habremos merecido la muerte.

14. Anás y Caifás dijeron a Pilatos: ¿Creerás a estos doce hombres, que pretenden que no ha nacido de la fornicación y no nos creerás a nosotros, que aseguramos que es un mago, y que se llama a sí mismo hijo de Dios y rey de los hombres?

15. Entonces Pilatos ordenó que saliese todo el pueblo, y que se pusiese aparte a Jesús y, dirigiéndose a los que habían aseverado que éste no era hijo de la fornicación, les preguntó: ¿Por qué los judíos quieren hacer perecer a Jesús? Y ellos le respondieron: Están irritados contra él, porque opera curaciones en día de sábado. Pilatos exclamó: ¿Quieren, pues, hacerlo perecer, por ejecutar una buena obra? Y ellos confirmaron: Así es, en efecto.

III. Diálogo entre Jesús y Pilatos

1. Lleno de cólera, Pilatos salió del Pretorio, y dijo a los judíos: Pongo al Sol por testigo de que nada he encontrado de reprensible en ese hombre.

2. Mas los judíos respondieron al gobernador: Si no fuese un brujo, no te lo hubiéramos entregado. Pilatos dijo: Tomadlo y juzgadlo según vuestra ley. Mas los judíos repusieron: No nos está permitido matar a nadie. Y Pilatos redarguyó: Es a vosotros, y no a mí, a quien Dios preceptuó: No matarás.

3. Y, vuelto al Pretorio, Pilatos llamó a Jesús a solas, y lo interrogó: ¿Eres tú el rey de los judíos? Y Jesús respondió: ¿Dices esto de ti mismo, o te lo han dicho otros de mí?

4. Pilatos repuso: ¿Por ventura soy judío yo? Tu nación y los príncipes de los sacerdotes te han entregado a mí. ¿Qué has hecho?

5. Contestó Jesús: Mi reino no es de este mundo. Si mi reino fuese de este mundo, mis servidores habrían peleado para que yo no fuera entregado a los judíos. Pero mi reino no es de aquí.

6. Pilatos exclamó: ¿Luego rey eres tú? Replicó Jesús: Tú dices que yo soy rey. Yo para esto he nacido y para esto he venido al mundo: para dar testimonio de la verdad. El que oye mi palabra la verdad escucha.

7. Dijo Pilatos: ¿Qué es la verdad? Y Jesús respondió: La verdad viene del cielo. Pilatos le preguntó: ¿No hay, pues, verdad sobre esta tierra? Y Jesús dijo: Mira cómo los que manifiestan la verdad sobre la tierra son juzgados por los que tienen poder sobre la tierra.

IV. Nuevos cargos de los judíos contra Jesús

1. Dejando a Jesús en el interior del Pretorio, Pilatos salió, y se fue hacia los judíos, a quienes dijo: No encuentro en él falta alguna.

2. Mas los judíos repusieron: Él ha dicho que podía destruir el templo, y reedificarlo en tres días.

3. Pilatos les preguntó: ¿Qué es el templo? Y los judíos contestaron: El que Salomón tardó cuarenta y seis años en construir, y él asegura que, en solo tres días, puede aniquilarlo y volver a levantarlo otra vez.

4. Y Pilatos afirmó de nuevo: Inocente soy de la sangre de este hombre. Ved lo que os toca hacer con él.

5. Y los judíos gritaron: ¡Caiga su sangre sobre nosotros y sobre nuestros hijos!

6. Entonces Pilatos, llamando a los ancianos, a los sacerdotes y a los levitas, les comunicó en secreto: No obréis así, porque nada hallo digno de muerte en lo que le reprocháis de haber violado el sábado. Mas ellos opusieron: El que ha blasfemado contra el César es digno de muerte. Y él ha hecho más, pues ha blasfemado contra Dios.

7. Ante esta pertinacia en la acusación, Pilatos mandó a los judíos que saliesen del Pretorio y, llamando a Jesús, le dijo: ¿Qué haré a tu respecto? Jesús dijo: Haz lo que debes. Y Pilatos preguntó a los judíos: ¿Cómo debo

obrar? Jesús respondió: Moisés y los profetas han predicho esta pasión y mi resurrección.

8. Al oír esto, los judíos dijeron a Pilatos: ¿Quieres escuchar más tiempo sus blasfemias? Nuestra ley estatuye que, si un hombre peca contra su prójimo, recibirá cuarenta azotes menos uno, y que el blasfemo será castigado con la muerte.

9. Y Pilatos expuso: Si su discurso es blasfematorio, tomadlo, conducidlo a vuestra Sinagoga, y juzgadlo según vuestra ley. Mas los judíos dijeron: Queremos que sea crucificado. Pilatos les dijo: Eso no es justo. Y, mirando a la asamblea, vio a varios judíos que lloraban, y exclamó: No es voluntad de toda la multitud que muera.

10. Empero, los ancianos dijeron a Pilatos: Para que muera hemos venido aquí todos. Y Pilatos preguntó a los judíos: ¿Qué ha hecho, para merecer la muerte? Y ellos respondieron: Ha dicho que era rey e hijo de Dios.

V. Defensa de Jesús por Nicodemo

1. Entonces un judío llamado Nicodemo se acercó al gobernador y le dijo: Te ruego me permitas, en tu misericordia, decir algunas palabras. Y Pilatos le dijo: Habla.

2. Y Nicodemo dijo: Yo he preguntado a los ancianos, a los sacerdotes, a los levitas, a los escribas, a toda la multitud de los judíos, en la Sinagoga: ¿Qué queja o agravio tenéis contra este hombre? Él hace numerosos y extraordinarios milagros, tales como nadie los ha hecho, ni se harán jamás. Dejadlo, y no le causéis mal alguno, porque si esos milagros vienen de Dios, serán estables y, si vienen de los hombres, perecerán. Moisés, a quien Dios envió a Egipto, realizó los milagros que el Señor le había ordenado hacer, en presencia del Faraón. Y había allí magos, Jamnés y Mambrés, a quienes los egipcios miraban como dioses, y que quisieron hacer los mismos milagros que Moisés, mas no pudieron imitarlos todos. Y, como los milagros que operaron no provenían de Dios, perecieron, como perecieron también los que en ellos habían creído. Ahora, pues, dejad, repito, a este hombre, porque no merece la muerte.

3. Mas los judíos dijeron a Nicodemo: Te has hecho discípulo suyo y por ello levantas tu voz en su favor.

4. Nicodemo replicó: ¿Es que el gobernador, que habla también en su favor, es discípulo suyo? ¿Es que el César no le ha conferido la misión de ser su ejecutor de la justicia?

5. Mas los judíos, estremecidos de cólera, tremaron los dientes contra Nicodemo, a quien dijeron: Crees en él, y compartirás la misma suerte que él.

6. Y Nicodemo repuso: Así sea. Comparta yo la misma suerte que él, según que vosotros lo decís.

VI. Nuevos testimonios favorables a Jesús

1. Y otro de los judíos avanzó, pidiendo al gobernador permiso para hablar. Y Pilatos repuso: Lo que quieras decir, dilo.

2. Y el judío habló así: Hacía treinta años que yacía en mi lecho, y era constantemente presa de grandes sufrimientos, y me hallaba en peligro de perder la vida. Jesús vino, y muchos demoníacos y gentes afligidas de diversas enfermedades fueron curadas por él. Y unos jóvenes piadosos me llevaron a presencia suya en mi lecho. Y Jesús, al verme, se compadeció de mí y me dijo: Levántate, toma tu lecho, y marcha. Y, en el acto, quedé completamente curado, tomé mi lecho y marché.

3. Mas los judíos dijeron a Pilatos: Pregúntale en qué día fue curado. Y él respondió: En día de sábado. Y los judíos exclamaron: ¿No decíamos que en día de sábado curaba las enfermedades y expulsaba los demonios?

4. Y otro judío avanzó y dijo: Yo era un ciego de nacimiento, que oía hablar, pero que a nadie veía. Y Jesús pasó, y yo me dirigí a él, gritando en alta voz: ¡Jesús, hijo de David, ten piedad de mí! Y él tuvo piedad de mí, y puso su mano sobre mis ojos, e inmediatamente recobré la vista.

5. Y otro avanzó y dijo: Yo era leproso, y él me curó con una sola palabra.

VII. Testimonio de la Verónica

1. Y una mujer, llamada Verónica, dijo: Doce años venía afligiéndome un flujo de sangre y, con solo tocar el borde de su vestido, el flujo se detuvo en el mismo momento.

2. Y los judíos exclamaron: Según nuestra ley, una mujer no puede venir a deponer como testigo.

VIII. Testimonio colectivo de la multitud

1. Y algunos otros de la multitud de los judíos, varones y hembras, se pusieron a gritar: ¡Ese hombre es un profeta, y los demonios le están sometidos! Entonces Pilatos preguntó a los acusadores de Jesús: ¿Por qué los demonios no están sometidos a vuestros doctores? Y ellos contestaron: No lo sabemos.

2. Y otros dijeron a Pilatos: Ha resucitado a Lázaro, que llevaba cuatro días muerto, y lo ha sacado del sepulcro.

3. Al oír esto, el gobernador quedó aterrado, y dijo a los judíos: ¿De qué nos servirá verter sangre inocente?

IX. Las turbas prefieren la libertad de Barrabás a la de Jesús. Pilatos se lava las manos

1. Y Pilatos, llamando a Nicodemo y a los doce hombres que decían que Jesús no había nacido de la fornicación, les habló así: ¿Qué debo hacer ante la sedición que ha estallado en el pueblo? Respondieron: Lo ignoramos. Véanlo ellos mismos.

2. Y Pilatos, convocando de nuevo a la muchedumbre, dijo a los judíos: Sabéis que, según costumbre, el día de los Ázimos os concedo la gracia de soltar a un preso. Encarcelado tengo a un famoso asesino, que se llama Barrabás, y no encuentro en Jesús nada que merezca la muerte. ¿A cuál de los dos queréis que os suelte? Y todos respondieron a voz en grito: ¡Suéltanos a Barrabás!

3. Pilatos repuso: ¿Qué haré, pues, de Jesús, llamado el Cristo? Y exclamaron todos: ¡Sea crucificado!

4. Y los judíos dijeron también: Demostrarás no ser amigo del César si pones en libertad al que se llama a sí mismo rey e hijo de Dios. Y aun quizá deseas que él sea rey en lugar del César.

5. Entonces Pilatos montó en cólera y les dijo: Siempre habéis sido una raza sediciosa, y os habéis opuesto a los que estaban por vosotros.

6. Y los judíos preguntaron: ¿Quiénes son los que estaban por nosotros?

7. Y Pilatos respondió: Vuestro Dios, que os libró de la dura servidumbre de los egipcios y que os condujo a pie por la mar seca, y que os dio, en el desierto, el maná y la carne de las codornices para vuestra alimentación, y que

hizo salir de una roca agua para saciar vuestra sed, y contra el cual, a pesar de tantos favores, no habéis cesado de rebelaros, hasta el punto de que Él quiso haceros perecer. Y Moisés rogó por vosotros, a fin de que no perecieseis. Y ahora decís que yo odio al rey.

8. Mas los judíos gritaron: Nosotros sabemos que nuestro rey es el César, y no Jesús. Porque los magos le ofrecieron presentes como a un rey. Y Herodes, sabedor por los magos de que un rey había nacido, procuró matarlo. Enterado de ello José, su padre, lo tomó junto con su madre, y huyeron los tres a Egipto. Y Herodes mandó dar muerte a los hijos de los judíos, que por aquel entonces habían nacido en Bethlehem.

9. Al oír estas palabras, Pilatos se aterrorizó y, cuando se restableció la calma entre el pueblo que gritaba, dijo: El que buscaba Herodes ¿es el que está aquí presente? Y le respondieron: Él mismo es.

10. Y Pilatos tomó agua y se lavó las manos ante el pueblo, diciendo: Inocente soy de la sangre de este justo. Pensad bien lo que vais a hacer. Y los judíos repitieron: ¡Caiga su sangre sobre nosotros y sobre nuestros hijos!

11. Entonces Pilatos ordenó que se trajese a Jesús al tribunal en que estaba sentado, y prosiguió en estos términos, al dictar sentencia contra él: Tu raza no te quiere por rey. Ordeno, pues, que seas azotado, conforme a los estatutos de los antiguos príncipes.

12. Y mandó enseguida que se lo crucificase en el lugar en que había sido detenido, con dos malhechores, cuyos nombres eran Dimas y Gestas.

X. Jesús en el Gólgota

1. Y Jesús salió del Pretorio y los dos ladrones con él. Y cuando llegó al lugar que se llama Gólgota, los soldados lo desnudaron de sus vestiduras y le ciñeron un lienzo, y pusieron sobre su cabeza una corona de espinas y colocaron una caña en sus manos. Y crucificaron igualmente a los dos ladrones a sus lados, Dimas a su derecha y Gestas a su izquierda.

2. Y Jesús dijo: Padre, perdónalos, y déjalos libres de castigo, porque no saben lo que hacen. Y ellos repartieron entre sí sus vestiduras.

3. Y el pueblo estaba presente, y los príncipes, los ancianos y los jueces se burlaban de Jesús, diciendo: Puesto que a otros salvó, que se salve a sí mismo. Y si es hijo de Dios, que descienda de la cruz.

4. Y los soldados se mofaban de él, y le ofrecían vinagre mezclado con hiel, exclamando: Si eres el rey de los judíos, sálvate a ti mismo.

5. Y un soldado, llamado Longinos, tomando una lanza, le perforó el costado, del cual salió sangre y agua.

6. Y el gobernador ordenó que, conforme a la acusación de los judíos, se inscribiese sobre un rótulo, en letras hebraicas, griegas y latinas: Éste es el rey de los judíos.

7. Y uno de los ladrones que estaban crucificados, Gestas, dijo a Jesús: Si eres el Cristo, líbrate y libértanos a nosotros. Mas Dimas lo reprendió, diciéndole: ¿No temes a Dios tú, que eres de aquellos sobre los cuales ha recaído condena? Nosotros recibimos el castigo justo de lo que hemos cometido, pero él no ha hecho ningún mal. Y, una vez hubo censurado a su compañero, exclamó, dirigiéndose a Jesús: Acuérdate de mí, señor en tu reino. Y Jesús le respondió: En verdad te digo que hoy serás conmigo en el paraíso.

XI. Muerte de Jesús

1. Era entonces como la hora de sexta del día y grandes tinieblas se esparcieron por toda la tierra hasta la hora de nona. El Sol se oscureció, y he aquí que el velo del templo se rasgó en dos partes de alto abajo.

2. Y hacia la hora de nona, Jesús clamó a gran voz: Hely, Hely, lama zabathani, lo que significa: Dios mío, Dios mío, ¿por qué me has abandonado?

3. Y enseguida murmuró: Padre mío, encomiendo mi espíritu entre tus manos. Y, dicho esto, entregó el espíritu.

4. Y el centurión, al ver lo que había pasado, glorificó a Dios, diciendo: Este hombre era justo. Y todos los espectadores, turbados por lo que habían visto, volvieron a sus casas, golpeando sus pechos.

5. Y el centurión refirió lo que había ocurrido al gobernador, el cual se llenó de aflicción extrema y ni el uno, ni el otro comieron, ni bebieron, aquel día.

6. Y Pilatos, convocando a los judíos, les preguntó: ¿Habéis sido testigos de lo que ha sucedido? Y ellos respondieron al gobernador: El Sol se ha eclipsado de la manera habitual.

7. Y todos los que amaban a Jesús se mantenían a lo lejos, así como las mujeres que lo habían seguido desde Galilea.

8. Y he aquí que un hombre llamado José, varón bueno y justo, que no había tomado parte en las acusaciones y en las maldades de los judíos, que era de Arimatea, ciudad de Judea, y que esperaba el reino de Dios, pidió a Pilatos el cuerpo de Jesús.

9. Y, bajándolo de la cruz, lo envolvió en un lienzo muy blanco, y lo depositó en una tumba completamente nueva, que había hecho construir para sí mismo, y en la cual ninguna persona había sido sepultada.

XII. Los judíos amenazan a Nicodemo y encierran en un calabozo a José de Arimatea

1. Sabedores los judíos de que José había pedido el cuerpo de Jesús, lo buscaron, como también a los doce hombres que habían declarado que Jesús no naciera de la fornicación, y a Nicodemo y a los demás que habían comparecido ante Pilatos, y dado testimonio de las buenas obras del Salvador.

2. Todos se ocultaban y únicamente Nicodemo, por ser príncipe de los judíos, se mostró a ellos, y les preguntó: ¿Cómo habéis entrado en la Sinagoga?

3. Y ellos le respondieron: Y tú, ¿cómo has entrado en la Sinagoga, cuando eras adepto del Cristo? Ojalá tengas tu parte con él en los siglos futuros. Y Nicodemo contestó: Así sea.

4. Y José se presentó igualmente a ellos y les dijo: ¿Por qué estáis irritados contra mí, a causa de haber yo pedido a Pilatos el cuerpo de Jesús? He aquí que yo lo he depositado en mi propia tumba, y lo he envuelto en un lienzo muy blanco, y he colocado una gran piedra al lado de la gruta. Habéis obrado mal contra el justo, y lo habéis crucificado, y lo habéis atravesado a lanzadas.

5. Al oír esto, los judíos se apoderaron de José y lo encerraron, hasta que pasase el día del sábado. Y le dijeron: En este momento, por ser tal día, nada podemos hacer contra ti. Pero sabemos que no eres digno de sepultura y abandonaremos tu carne a las aves del cielo y a las bestias de la tierra.

6. Y José respondió: Esas vuestras palabras son semejantes a las de Goliath el soberbio, que se levantó contra el Dios vivo, y a quien hirió David. Dios ha dicho por la voz del profeta: Me reservaré la venganza. Y Pilatos, con el corazón endurecido, lavó sus manos en pleno Sol, exclamando: Inocente soy de la sangre de ese justo. Y vosotros habéis contestado: ¡Caiga su sangre sobre

nosotros y sobre nuestros hijos! Y mucho temo que la cólera de Dios caiga sobre vosotros y sobre vuestros hijos, como habéis proclamado.

7. Al oír a José expresarse de este modo, los judíos se llenaron de rabia, y, apoderándose de él, lo encerraron en un calabozo sin reja que dejara penetrar el menor rayo de luz. Y Anás y Caifás colocaron guardias a la puerta y pusieron su sello sobre la llave.

8. Y tuvieron consejo con los sacerdotes y con los levitas, para que se reuniesen todos después del día del sábado, y deliberasen sobre qué genero de muerte infligirían a José.

9. Y cuando estuvieron reunidos, Anás y Caifás ordenaron que se les trajese a José. Y, quitando el sello, abrieron la puerta y no encontraron a José en el calabozo en que lo habían encerrado. Y toda la asamblea quedó sumida en el mayor estupor, porque habían encontrado sellada la puerta. Y Anás y Caifás se retiraron.

XIII. Los soldados atestiguan la resurrección de Jesús. Temor de los judíos, al saberlo

1. Y, mientras ellos no salían de su asombro, uno de los soldados a quienes habían encomendado la guardia del sepulcro entró en la Sinagoga y dijo: Cuando vigilábamos la tumba de Jesús, la tierra tembló y hemos visto a un ángel de Dios, que quitó la piedra del sepulcro y que se sentó sobre ella. Y su semblante brillaba como el relámpago y sus vestidos eran blancos como la nieve. Y nosotros quedamos como muertos de espanto. Y oímos al ángel que decía a las mujeres que habían ido al sepulcro de Jesús: No temáis. Sé que buscáis a Jesús el crucificado, el cual resucitó, como lo había predicho. Venid, y ved el lugar en que había sido colocado, y apresuraos a avisar a sus discípulos que ha resurgido de entre los muertos, y que va delante de vosotros a Galilea, donde lo veréis.

2. Y los judíos, convocando a todos los soldados que habían puesto para guardar a Jesús, les preguntaron: ¿Qué mujeres fueron aquellas a quienes el ángel habló? ¿Por qué no os habéis apoderado de ellas?

3. Replicaron los soldados: No sabemos qué mujeres eran, y quedamos como difuntos, por el mucho temor que nos inspiró el ángel. ¿Cómo, en estas condiciones, habríamos podido apoderarnos de dichas mujeres?

4. Los judíos exclamaron: ¡Por la vida del Señor, que no os creemos! Y los soldados respondieron a los judíos: Habéis visto a Jesús hacer milagros, y no habéis creído en él. ¿Cómo creeríais en nuestras palabras? Con razón juráis por la vida del Señor, pues vive el Señor a quien encerrasteis en el sepulcro. Hemos sabido que habéis encarcelado en un calabozo, cuya puerta habéis sellado, a ese José que embalsamó el cuerpo de Jesús, y que, cuando fuisteis a buscarlo, no lo encontrasteis. Devolvednos a José, a quien aprisionasteis, y os devolveremos a Jesús, cuyo sepulcro hemos guardado.

5. Los judíos dijeron: Devolvednos a Jesús y os devolveremos a José, porque éste se halla en la ciudad de Arimatea. Mas los soldados contestaron: Si José está en Arimatea, Jesús está en Galilea, puesto que así lo anunció a las mujeres el ángel.

6. Oído lo cual, los judíos se sintieron poseídos de temor y se dijeron entre sí: Cuando el pueblo escuche estos discursos, todos en Jesús creerán.

7. Y reunieron una gruesa suma de dinero, que entregaron a los soldados, advirtiéndoles: Decid que, mientras dormíais, llegaron los discípulos de Jesús al sepulcro y robaron su cuerpo. Y, si el gobernador Pilatos se entera de ello, lo apaciguaremos en vuestro favor y no seréis inquietados.

8. Y los soldados, tomando el dinero, dijeron lo que los judíos les habían recomendado.

XIV. Intrigas de los judíos para invalidar la resurrección de Jesús

1. Y un sacerdote llamado Fineo, y el maestro de escuela Addas, y el levita Ageo llegaron los tres de Galilea a Jerusalén, y dijeron a todos los que estaban en la Sinagoga: A Jesús, por vosotros crucificado, lo hemos visto en el Monte los Olivos, sentado entre sus discípulos, hablando con ellos y diciéndoles: Id por el mundo, predicad a todas las naciones, y bautizad a los gentiles en el nombre del Padre, del Hijo y del Espíritu Santo. Y el que crea y sea bautizado será salvo. Y, no bien hubo dicho estas cosas a sus discípulos, lo vimos subir al cielo.

2. Al oír esto, los príncipes de los sacerdotes, los ancianos del pueblo y los levitas dijeron a aquellos tres hombres: Glorificad al Dios de Israel, y tomadlo por testigo de que lo que habéis visto y oído es verdadero.

3. Y ellos respondieron: Por la vida del Señor de nuestros padres, Dios de Abraham, de Isaac y de Jacob, declaramos decir la verdad. Hemos oído a Jesús hablar con sus discípulos y lo hemos visto subir al cielo. Si callásemos ambas cosas, cometeríamos un pecado.

4. Y los príncipes de los sacerdotes, levantándose enseguida, exclamaron: No repitáis a nadie lo que habéis dicho de Jesús. Y les dieron una fuerte suma de dinero.

5. Y los hicieron acompañar por tres hombres, para que se restituyesen a su país, y no hiciesen estada alguna en Jerusalén.

6. Y, habiéndose reunido todos los judíos, se entregaron entre sí a grandes meditaciones, y dijeron: ¿Qué es lo que ha sobrevenido en Israel?

7. Y Anás y Caifás, para consolarlos, replicaron: ¿Es que vamos a creer a los soldados, que guardaban el sepulcro de Jesús, y que aseguraron que un ángel abrió su losa? ¿Por ventura no han sido sus discípulos los que les dieron mucho oro para que hablasen así, y los dejasen a ellos robar el cuerpo de Jesús? Sabed que no cabe conceder fe alguna a las palabras de esos extranjeros, porque, habiendo recibido de nosotros una fuerte suma, hayan por doquiera dicho lo que nosotros les encargamos que dijesen. Ellos pueden ser infieles a los discípulos de Jesús lo mismo que a nosotros.

XV. Intervención de Nicodemo en los debates de la Sinagoga. Los judíos mandan llamar a José de Arimatea y oyen las noticias que éste les da

1. Y Nicodemo se levantó y dijo: Rectamente habláis, hijos de Israel. Os habéis enterado de lo que han dicho esos tres hombres, que juraron sobre la ley del Señor haber oído a Jesús hablar con sus discípulos en el monte de los Olivos, y haberlo visto subir al cielo. Y la Escritura nos enseña que el bienaventurado Elías fue transportado al cielo, y que Eliseo, interrogado por los hijos de los profetas sobre dónde había ido su hermano Elías, respondió que les había sido arrebatado. Y los hijos de los profetas le dijeron: Acaso nos lo ha arrebatado el espíritu, y lo ha depositado sobre las montañas de Israel. Pero elijamos hombres que vayan con nosotros, y recorramos esas montañas, donde quizá lo encontremos. Y suplicaron así a Eliseo, que caminó con ellos tres días, y no encontraron a Elías. Y ahora, escuchadme, hijos de Israel. Enviemos hombres

a las montañas, porque acaso el espíritu ha arrebatado a Jesús, y quizá lo encontremos, y haremos penitencia.

2. Y el parecer de Nicodemo fue del gusto de todo el pueblo, y enviaron hombres, que buscaron a Jesús, sin encontrarlo, y que, a su vuelta, dijeron: No hemos hallado a Jesús en ninguno de los lugares que hemos recorrido, pero hemos hallado a José en la ciudad de Arimatea.

3. Y, al oír esto, los príncipes y todo el pueblo se regocijaron, y glorificaron al Dios de Israel de que hubiesen encontrado a José, a quien habían encerrado en un calabozo, y a quien no habían podido encontrar.

4. Y, reuniéndose en una gran asamblea, los príncipes de los sacerdotes se preguntaron entre sí: ¿Cómo podremos traer a José entre nosotros, y hacerlo hablar?

5. Y tomando papel, escribieron a José por este tenor: Sea la paz contigo, y con todos los que están contigo. Sabemos que hemos pecado contra Dios y contra ti. Dígnate, pues, venir hacia tus padres y tus hijos, porque tu marcha del calabozo nos ha llenado de sorpresa. Reconocemos que habíamos concebido contra ti un perverso designio, y que el Señor te ha protegido, librándote de nuestras malas intenciones. Sea la paz contigo, José, hombre honorable entre todo el pueblo.

6. Y eligieron siete hombres, amigos de José, y les dijeron: Cuando lleguéis a casa de José, dadle el saludo de paz, y entregadle la carta.

7. Y los hombres llegaron a casa de José, y lo saludaron, y le entregaron la carta. Y luego que José la hubo leído, exclamó: ¡Bendito sea el Señor Dios, que ha preservado a Israel de la efusión de mi sangre! ¡Bendito seas, Dios mío, que me has protegido con tus alas!

8. Y José abrazó a los embajadores, y los acogió y regaló en su domicilio.

9. Y, al día siguiente, montando en un asno, se puso en camino con ellos, y llegaron a Jerusalén.

10. Y, cuando los judíos se enteraron de su llegada, corrieron todos ante él, gritando y exclamando: ¡Sea la paz a tu llegada, padre José! Y él repuso: ¡Sea la paz del Señor con todo el pueblo!

11. Y todos lo abrazaron. Y Nicodemo lo recibió en su casa, acogiéndolo con gran honor y con gran complacencia.

12. Y, al siguiente día, que lo era de la fiesta de Preparación, Anás, Caifás y Nicodemo dijeron a José: Rinde homenaje al Dios de Israel, y responde a todo lo que te preguntemos. Irritados estábamos contra ti, porque habías sepultado el cuerpo de Jesús, y te encerramos en un calabozo, donde no te encontramos, al buscarte, lo que nos mantuvo en plena sorpresa y en pleno espanto, hasta que hemos vuelto a verte. Cuéntanos, pues, en presencia de Dios, lo que te ha ocurrido.

13. Y José contestó: Cuando me encerrasteis, el día de Pascua, mientras me hallaba en oración a medianoche, la casa quedó como suspendida en los aires. Y vi a Jesús, brillante como un relámpago, y, acometido de terror, caí por tierra. Y Jesús, tomándome por la mano, me elevó por encima del suelo, y un sudor frío cubría mi frente. Y él, secando mi rostro, me dijo: Nada temas, José. Mírame y reconóceme, porque soy yo.

14. Y lo miré, y exclamé, lleno de asombro: ¡Oh Señor Elías! Y él me dijo: No soy Elías, sino Jesús de Nazareth, cuyo cuerpo has sepultado.

15. Y yo le respondí: Muéstrame la tumba en que te deposité. Y Jesús, tomándome por la mano otra vez, me condujo al lugar en que lo había sepultado, y me mostró el sudario y el paño en que había envuelto su cabeza.

16. Entonces reconocí que era Jesús, y lo adoré, diciendo: ¡Bendito el que viene en nombre del Señor!

17. Y Jesús, tomándome por la mano de nuevo, me condujo a mi casa de Arimatea, y me dijo: Sea la paz contigo, y, durante cuarenta días, no salgas de tu casa. Yo vuelvo ahora cerca de mis discípulos.

XVI. Estupor de los judíos ante las declaraciones de José de Arimatea

1. Cuando los sacerdotes y los levitas oyeron tales cosas, quedaron estupefactos y como muertos. Y, vueltos en sí, exclamaron: ¿Qué maravilla es la que se ha manifestado en Jerusalén? Porque nosotros conocemos al padre y a la madre de Jesús.

2. Y cierto levita explicó: Sé que su padre y su madre eran personas temerosas del Altísimo, y que estaban siempre en el templo, orando, y ofreciendo hostias y holocaustos al Dios de Israel. Y, cuando Simeón, el Gran Sacerdote, lo recibió, dijo, tomándolo en sus brazos: Ahora, Señor, envía a tu servidor en

paz, según tu palabra, porque mis ojos han visto al Salvador que has preparado para todos los pueblos, luz que ha de servir para la gloria de tu raza de Israel. Y aquel mismo Simeón bendijo también a María, madre de Jesús, y le dijo: Te anuncio, respecto a este niño, que ha nacido para la ruina y para la resurrección de muchos, y como signo de contradicción.

3. Entonces los judíos propusieron: Mandemos a buscar a los tres hombres que aseguran haberlo visto con sus discípulos en el monte de los Olivos.

4. Y, cuando así se hizo, y aquellos tres hombres llegaron, y fueron interrogados, respondieron con unánime voz: Por la vida del Señor, Dios de Israel, hemos visto manifiestamente a Jesús con sus discípulos en el monte de las Olivas, y asistido al espectáculo de su subida al cielo.

5. En vista de esta declaración, Anás y Caifás tomaron a cada uno de los testigos aparte, y se informaron de ellos separadamente. Y ellos insistieron sin contradicción en confesar la verdad, y en aseverar que habían visto a Jesús.

6. Y Anás y Caifás pensaron: Nuestra ley preceptúa que, en la boca de dos o tres testigos, toda palabra es válida. Pero sabemos que el bienaventurado Enoch, grato a Dios, fue transportado al cielo por la palabra de Él, y que la tumba del bienaventurado Moisés no se encontró nunca, y que la muerte del profeta Elías no es conocida. Jesús, por lo contrario, ha sido entregado a Pilatos, azotado, abofeteado, coronado de espinas, atravesado por una lanza, crucificado, muerto sobre el madero, y sepultado. Y el honorable padre José, que depositó su cadáver en un sepulcro nuevo, atestigua haberlo visto vivo. Y estos tres hombres certifican haberlo encontrado con sus discípulos en el monte de los Olivos, y haber asistido al espectáculo de su subida al cielo.

Descenso de Cristo al infierno (descensus Christi ad inferos)

XVII. Nuevas y sensacionales declaraciones de José de Arimatea

1. Y José, levantándose, dijo a Anás y a Caifás: Razón tenéis para admiraros, al saber que Jesús ha sido visto resucitado y ascendiendo al empíreo. Pero aún os sorprenderéis más de que no solo haya resucitado, sino de que haya sacado del sepulcro a muchos otros muertos, a quienes gran número de personas han visto en Jerusalén.

2. Y escuchadme ahora, porque todos sabemos que aquel bienaventurado Gran Sacerdote, que se llamó Simeón, recibió en sus manos, en el templo, a Jesús niño. Y Simeón tuvo dos hijos, hermanos de padre y de madre, y todos hemos presenciado su fallecimiento y asistido a su entierro. Pues id a ver sus tumbas, y las hallaréis abiertas, porque los hijos de Simeón se hallan en la villa de Arimatea, viviendo en oración. A veces se oyen sus gritos, mas no hablan a nadie, y permanecen silenciosos como muertos. Vayamos hacia ellos, y tratémoslos con la mayor amabilidad. Y, si con suave insistencia los interrogamos, quizá nos hablen del misterio de la resurrección de Jesús.

3. A cuyas palabras todos se regocijaron, y Anás, Caifás, Nicodemo, José y Gamaliel, yendo a los sepulcros, no encontraron a los muertos, pero, yendo a Arimatea, los encontraron arrodillados allí.

4. Y los abrazaron con sumo respeto y en el temor de Dios, y los condujeron a la Sinagoga de Jerusalén.

5. Y, no bien las puertas se cerraron, tomaron el libro santo, lo pusieron en sus manos, y lo conjuraron por el Dios Adonaí, Señor de Israel, que ha hablado por la Ley y por los profetas, diciendo: Si sabéis quién es el que os ha resucitado de entre los muertos, decidnos cómo habéis sido resucitados.

6. Al oír esta adjuración, Carino y Leucio sintieron estremecerse sus cuerpos, y, temblorosos y emocionados, gimieron desde el fondo de su corazón.

7. Y, mirando al cielo, hicieron con su dedo la señal de la cruz sobre su lengua.

8. Y, enseguida, hablaron, diciendo: Dadnos resmas de papel, a fin de que escribamos lo que hemos visto y oído.

9. Y, habiéndoselas dado, se sentaron, y cada uno de ellos escribió lo que sigue.

XVIII. Carino y Leucio comienzan su relato

1. Jesucristo, Señor Dios, vida y resurrección de muertos, permítenos enunciar los misterios por la muerte de tu cruz, puesto que hemos sido conjurados por ti.

2. Tú has ordenado no referir a nadie los secretos de tu majestad divina, tales como los has manifestado en los infiernos.

3. Cuando estábamos con nuestros padres, colocados en el fondo de las tinieblas, un brillo real nos iluminó de súbito, y nos vimos envueltos por un resplandor dorado como el del Sol.

4. Y, al contemplar esto, Adán, el padre de todo el género humano, estalló de gozo, así como todos los patriarcas y todos los profetas, los cuales clamaron a una: Esta luz es el autor mismo de la luz, que nos ha prometido transmitirnos una luz que no tendrá ni desmayos ni término.

XIX. Isaías confirma uno de sus vaticinios

1. Y el profeta Isaías exclamó: Es la luz del Padre, el Hijo de Dios, como yo predije, estando en tierras de vivos: en la tierra de Zabulón y en la tierra de Nephtalim. Más allá del Jordán, el pueblo que estaba sentado en las tinieblas, vería una gran luz, y esta luz brillaría sobre los que estaban en la región de la muerte. Y ahora ha llegado, y ha brillado para nosotros, que en la muerte estábamos.

2. Y, como sintiésemos inmenso júbilo ante la luz que nos había esclarecido, Simeón, nuestro padre, se aproximó a nosotros, y, lleno de alegría, dijo a todos: Glorificad al Señor Jesucristo, que es el Hijo de Dios, porque yo lo tuve recién nacido en mis manos en el templo e, inspirado por el Espíritu Santo, lo glorifiqué y dije: Mis ojos han visto ahora la salud que has preparado en presencia de todos los pueblos, la luz para la revelación de las naciones, y la gloria de tu pueblo de Israel.

3. Al oír tales cosas, toda la multitud de los santos se alborozó en gran manera.

4. Y, enseguida, sobrevino un hombre, que parecía un ermitaño. Y, como todos le preguntasen quién era, respondió: Soy Juan, el oráculo y el profeta del Altísimo, el que precedió a su advenimiento al mundo, a fin de preparar

sus caminos, y de dar la ciencia de la salvación a su pueblo para la remisión de los pecados. Y, viéndolo llegar hacia mí, me sentí poseído por el Espíritu Santo, y le dije: He aquí el Cordero de Dios, que quita los pecados del mundo. Y lo bauticé en el río del Jordán, y vi al Espíritu Santo descender sobre él bajo la figura de una paloma. Y oí una voz de los cielos, que decía: Éste es mi Hijo amado, en quien tengo todas mis complacencias, y a quien debéis escuchar. Y ahora, después de haber precedido a su advenimiento, he descendido hasta vosotros, para anunciaros que, dentro de poco, el mismo Hijo de Dios, levantándose de lo alto, vendrá a visitarnos, a nosotros, que estamos sentados en las tinieblas y en las sombras de la muerte.

XX. La profecía hecha por el arcángel Miguel a Seth

1. Y, cuando el padre Adán, el primer formado, oyó lo que Juan dijo de haber sido Jesús bautizado en el Jordán, exclamó, hablando a su hijo Seth: Cuenta a tus hijos, los patriarcas y los profetas, todo lo que oíste del arcángel Miguel, cuando, estando yo enfermo, te envié a las puertas del Paraíso, para que el Señor permitiese que su ángel diera aceite del árbol de la misericordia, que ungiese mi cuerpo.

2. Entonces Seth, aproximándose a los patriarcas y a los profetas, expuso: Me hallaba yo, Seth, en oración delante del Señor, a las puertas del Paraíso, y he aquí que Miguel, el numen de Dios, me apareció, y me dijo: He sido enviado a ti por el Señor, y presido sobre el cuerpo humano. Y te declaro, Seth, que es inútil pidas y ruegues con lágrimas el aceite del árbol de la misericordia, para ungir a tu padre Adán, y para que cesen los sufrimientos de su cuerpo. Porque de ningún modo podrás recibir ese aceite hasta los días postrimeros, cuando se hayan cumplido cinco mil años. Entonces, el Hijo de Dios, lleno de amor, vendrá a la tierra, y resucitará el cuerpo de Adán, y al mismo tiempo resucitará los cuerpos de los muertos. Y, a su venida, será bautizado en el Jordán, y, una vez haya salido del agua, ungirá con el aceite de su misericordia a todos los que crean en él, y el aceite de su misericordia será para los que deban nacer del agua y del Espíritu Santo para la vida eterna. Entonces Jesucristo, el Hijo de Dios, lleno de amor, y descendido a la tierra, introducirá a tu padre Adán en el Paraíso y lo pondrá junto al árbol de la misericordia.

3. Y, al oír lo que decía Seth, todos los patriarcas y todos los profetas se henchieron de dicha.

XXI. Discusión entre Satanás y la Furia en los infiernos

1. Y, mientras todos los padres antiguos se regocijaban, he aquí que Satanás, príncipe y jefe de la muerte, dijo a la Furia: prepárate a recibir a Jesús, que se vanagloria de ser el Cristo y el Hijo de Dios, y que es un hombre temerosísimo de la muerte, puesto que yo mismo lo he oído decir: Mi alma está triste hasta la muerte. Y entonces comprendí que tenía miedo de la cruz.

2. Y añadió: Hermano, aprestémonos, tanto tú como yo, para el mal día. Fortifiquemos este lugar, para poder retener aquí prisionero al llamado Jesús que, al decir de Juan y de los profetas, debe venir a expulsarnos de aquí. Porque ese hombre me ha causado muchos males en la tierra, oponiéndose a mí en muchas cosas, y despojándome de multitud de recursos. A los que yo había matado, él les devolvió la vida. Aquellos a quienes yo había desarticulado los miembros, él los enderezó por su sola palabra, y les ordenó que llevasen su lecho sobre los hombros. Hubo otros que yo había visto ciegos y privados de la luz, y por cuya cuenta me regocijaba, al verlos quebrarse la cabeza contra los muros, y arrojarse al agua, y caer, al tropezar en los atascaderos, y he aquí que este hombre, venido de no sé dónde, y, haciendo todo lo contrario de lo que yo hacía, les devolvía la vista por sus palabras. Ordenó a un ciego de nacimiento que lavase sus ojos con agua y con barro en la fuente de Siloé, y aquel ciego recobró la vista. Y, no sabiendo a qué otro lugar retirarme, tomé conmigo a mis servidores, y me alejé de Jesús. Y, habiendo encontrado a un joven, entré en él, y moré en su cuerpo. Ignoro cómo Jesús lo supo, pero es lo cierto que llegó adonde yo estaba, y me intimó la orden de salir. Y, habiendo salido, y no sabiendo dónde entrar, le pedí permiso para meterme en unos puercos, lo que hice, y los estrangulé.

3. Y la Furia, respondiendo a Satanás, dijo: ¿Quién es ese príncipe tan poderoso y que, sin embargo, teme la muerte? Porque todos los poderosos de la tierra quedan sujetos a mi poder desde el momento en que tú me los traes sometidos por el tuyo. Si, pues, tú eres tan poderoso, ¿quién es ese Jesús que, temiendo la muerte, se opone a ti? Si hasta tal punto es poderoso en su humanidad, en verdad te digo que es todopoderoso en su divinidad, y

que nadie podrá resistir a su poder. Y, cuando dijo que temía la muerte, quiso engañarte, y constituirá tu desgracia en los siglos eternos.

4. Pero Satanás, el príncipe de la muerte, respondió y dijo: ¿Por qué vacilas en aprisionar a ese Jesús, adversario de ti tanto como de mí? Porque yo lo he tentado, y he excitado contra él a mi antiguo pueblo judío, excitando el odio y la cólera de éste. Y he aguzado la lanza de la persecución. Y he hecho preparar madera para crucificarlo, y clavos para atravesar sus manos y sus pies. Y le he dado a beber hiel mezclada con vinagre. Y su muerte está próxima, y te lo traeré sujeto a ti y a mí.

5. Y la Furia respondió, y dijo: Me has informado de que él es quien me ha arrancado los muertos. Muchos están aquí, que retengo, y, sin embargo, mientras vivían sobre la tierra, muchos me han arrebatado muertos, no por su propio poder, sino por las plegarias que dirigieron a su Dios todopoderoso, que fue quien verdaderamente me los llevó. ¿Quién es, pues, ese Jesús, que por su palabra, me ha arrancado muertos? ¿Es quizá el que ha vuelto a la vida, por su palabra imperiosa, a Lázaro, fallecido hacía cuatro días, lleno de podredumbre y en disolución, y a quien yo retenía como difunto?

6. Y Satanás, el príncipe de la muerte, respondió y dijo: Ese mismo Jesús es.

7. Y, al oírlo, la Furia repuso: Yo te conjuro, por tu poder y por el mío, que no lo traigas hacia mí. Porque, cuando me enteré de la fuerza de su palabra, temblé, me espanté y, al mismo tiempo, todos mis ministros impíos quedaron tan turbados como yo. No pudimos retener a Lázaro, el cual, con toda la agilidad y con toda la velocidad del águila, salió de entre nosotros, y esta misma tierra que retenía su cuerpo privado de vida se la devolvió. Por donde ahora sé que ese hombre, que ha podido cumplir cosas tales, es el Dios fuerte en su imperio, y poderoso en la humanidad, y Salvador de ésta, y, si le traes hacia mí, libertará a todos los que aquí retengo en el rigor de la prisión, y encadenados por los lazos no rotos de sus pecados y, por virtud de su divinidad, los conducirá a la vida que debe durar tanto como la eternidad.

XXII. Entrada triunfal de Jesús en los infiernos

1. Y, mientras Satanás y la Furia así hablaban, se oyó una voz como un trueno, que decía: Abrid vuestras puertas, vosotros, príncipes. Abríos, puertas eternas, que el Rey de la Gloria quiere entrar.

2. Y la Furia, oyendo la voz, dijo a Satanás: Anda, sal, y pelea contra él. Y Satanás salió.

3. Entonces la Furia dijo a sus demonios: Cerrad las grandes puertas de bronce, cerrad los grandes cerrojos de hierro, cerrad con llave las grandes cerraduras, y poneos todos de centinela, porque, si este hombre entra, estamos todos perdidos.

4. Y, oyendo estas grandes voces, los santos antiguos exclamaron: Devoradora e insaciable Furia, abre al Rey de la Gloria, al hijo de David, al profetizado por Moisés y por Isaías.

5. Y otra vez se oyó la voz de trueno que decía: Abrid vuestras puertas eternas, que el Rey de la Gloria quiere entrar.

6. Y la Furia gritó, rabiosa: ¿Quién es el Rey de la Gloria? Y los ángeles de Dios contestaron: El Señor poderoso y vencedor.

7. Y, en el acto, las grandes puertas de bronce volaron en mil pedazos, y los que la muerte había tenido encadenados se levantaron.

8. Y el Rey de la Gloria entró en figura de hombre, y todas las cuevas de la Furia quedaron iluminadas.

9. Y rompió los lazos, que hasta entonces no habían sido quebrantados, y el socorro de una virtud invencible nos visitó, a nosotros, que estábamos sentados en las profundidades de las tinieblas de nuestras faltas y en la sombra de la muerte de nuestros pecados.

XXIII. Espanto de las potestades infernales ante la presencia de Jesús

1. Al ver aquello, los dos príncipes de la muerte y del infierno, sus impíos oficiales y sus crueles ministros quedaron sobrecogidos de espanto en sus propios reinos, cual si no pudiesen resistir la deslumbradora claridad de tan viva luz, y la presencia del Cristo, establecido de súbito en sus moradas.

2. Y exclamaron con rabia impotente: Nos has vencido. ¿Quién eres tú, a quien el Señor envía para nuestra confusión? ¿Quién eres tú, tan pequeño y tan grande, tan humilde y tan elevado, soldado y general, combatiente admirable bajo la forma de un esclavo, Rey de la Gloria muerto en una cruz y vivo, puesto que desde tu sepulcro has descendido hasta nosotros? ¿Quién eres tú, en cuya muerte ha temblado toda criatura, y han sido conmovidos todos los

astros, y que ahora permaneces libre entre los muertos, y turbas a nuestras legiones? ¿Quién eres tú, que redimes a los cautivos, y que inundas de luz brillante a los que están ciegos por las tinieblas de sus pecados?

3. Y todas las legiones de los demonios, sobrecogidos por igual terror, gritaban en el mismo tono, con sumisión temerosa y con voz unánime, diciendo: ¿De dónde eres, Jesús, hombre tan potente, tan luminoso, de majestad tan alta, libre de tacha y puro de crimen? Porque este mundo terrestre que hasta el día nos ha estado siempre sometido, y que nos pagaba tributos por nuestros usos abominables, jamás nos ha enviado un muerto tal como tú, ni destinado semejantes presentes a los infiernos. ¿Quién, pues, eres tú, que has franqueado sin temor las fronteras de nuestros dominios, y que no solamente no temes nuestros suplicios infernales, sino que pretendes librar a los que retenemos en nuestras cadenas? Quizá eres ese Jesús, de quien Satanás, nuestro príncipe, decía que, por su suplicio en la cruz, recibiría un poder sin límites sobre el mundo entero.

4. Entonces el Rey de la Gloria, aplastando en su majestad a la muerte bajo sus pies, y tomando a nuestro primer padre, privó a la Furia de todo su poder y atrajo a Adán a la claridad de su luz.

XXIV. Imprecaciones acusadoras de la furia contra Satanás

1. Y la Furia, bramando, aullando y abrumando a Satanás con violentos reproches, le dijo: Belzebú, príncipe de condenación, jefe de destrucción, irrisión de los ángeles de Dios, ¿qué has querido hacer? ¿Has querido crucificar al Rey de la Gloria, sobre cuya ruina y sobre cuya muerte nos habías prometido tan grandes despojos? ¿Ignoras cuán locamente has obrado? Porque he aquí que este Jesús disipa, por el resplandor de su divinidad, todas las tinieblas de la muerte. Ha atravesado las profundidades de las más sólidas prisiones, libertando a los cautivos, y rompiendo los hierros de los encadenados. Y he aquí que todos los que gemían bajo nuestros tormentos nos insultan, y nos acribillan con sus imprecaciones. Nuestros imperios y nuestros reinos han quedado vencidos, y no solo no inspiramos ya terror a la raza humana, sino que, al contrario, nos amenazan y nos injurian aquellos que, muertos, jamás habían podido mostrar soberbia ante nosotros, ni jamás habían podido experimentar un momento de alegría durante su cautividad. Príncipe de todos los

males y padre de los rebeldes e impíos, ¿qué has querido hacer? Los que, desde el comienzo del mundo hasta el presente, habían desesperado de su vida y de su salvación no dejan oír ya sus gemidos. No resuena ninguna de sus quejas clamorosas, ni se advierte el menor vestigio de lágrimas sobre la faz de ninguno de ellos. Rey inmundo, poseedor de las llaves de los infiernos, has perdido por la cruz las riquezas que habías adquirido por la prevaricación y por la pérdida del Paraíso. Toda tu dicha se ha disipado y, al poner en la cruz a ese Cristo, Jesús, Rey de la Gloria, has obrado contra ti y contra mí. Sabe para en adelante cuántos tormentos eternos y cuántos suplicios infinitos te están reservados bajo mi guarda, que no conoce término. Luzbel, monarca de todos los perversos, autor de la muerte y fuente del orgullo, antes que nada hubieras debido buscar un reproche justiciero que dirigir a Jesús. Y, si no encontrabas en él falta alguna, ¿por qué, sin razón, has osado crucificarlo injustamente, y traer a nuestra región al inocente y al justo, tú, que has perdido a los malos, a los impíos y a los injustos del mundo entero?

2. Y, cuando la Furia acabó de hablar así a Satanás, el Rey de la Gloria dijo a la primera: El príncipe Satanás quedará bajo tu potestad por los siglos de los siglos, en lugar de Adán y de sus hijos, que me son justos.

XXV. Jesús toma a Adán bajo su protección y los antiguos profetas cantan su triunfo

1. Y el Señor extendió su mano, y dijo: Venid a mí, todos mis santos, hechos a mi imagen y a mi semejanza. Vosotros, que habéis sido condenados por el madero, por el diablo y por la muerte, veréis a la muerte y al diablo condenados por el madero.

2. Y, enseguida, todos los santos se reunieron bajo la mano del Señor. Y el Señor, tomando la de Adán, le dijo: Paz a ti y a todos tus hijos, mis justos.

3. Y Adán, vertiendo lágrimas, se prosternó a los pies del Señor, y dijo en voz alta: Señor, te glorificaré, porque me has acogido, y no has permitido que mis enemigos triunfasen sobre mí para siempre. Hacia ti clamé, y me has curado, Señor. Has sacado mi alma de los infiernos, y me has salvado, no dejándome con los que descienden al abismo. Cantad las alabanzas del Señor, todos los que sois santos, y confesad su santidad. Porque la cólera está en su indignación, y en su voluntad está la vida.

4. Y asimismo todos los santos de Dios se prosternaron a los pies del Señor, y dijeron con voz unánime: Has llegado, al fin, Redentor del mundo, y has cumplido lo que habías predicho por la ley y por tus profetas. Has rescatado a los vivos por tu cruz, y, por la muerte en la cruz, has descendido hasta nosotros, para arrancarnos del infierno y de la muerte, por tu majestad. Y, así como has colocado el título de tu gloria en el cielo, y has elevado el signo de la redención, tu cruz, sobre la tierra, de igual modo, Señor, coloca en el infierno el signo de la victoria de tu cruz, a fin de que la muerte no domine más.

5. Y el Señor, extendiendo su mano, hizo la señal de la cruz sobre Adán y sobre todos sus santos. Y, tomando la mano derecha de Adán, se levantó de los infiernos, y todos los santos lo siguieron.

6. Entonces el profeta David exclamó con enérgico tono: Cantad al Señor un cántico nuevo, porque ha hecho cosas admirables. Su mano derecha y su brazo nos han salvado. El Señor ha hecho conocer su salud, y ha revelado su justicia en presencia de todas las naciones.

7. Y toda la multitud de los santos respondió, diciendo: Esta gloria es para todos los santos. Así sea. Alabad a Dios.

8. Y entonces el profeta Habacuc exclamó, diciendo: Has venido para la salvación de tu pueblo, y para la liberación de tus elegidos.

9. Y todos los santos respondieron, diciendo: Bendito el que viene en nombre del Señor, y nos ilumina.

10. Igualmente el profeta Miqueas exclamó, diciendo: ¿Qué Dios hay como tú, Señor, que desvaneces las iniquidades, y que borras los pecados? Y ahora contienes el testimonio de tu cólera. Y te inclinas más a la misericordia. Has tenido piedad de nosotros, y nos has absuelto de nuestros pecados, y has sumido todas nuestras iniquidades en el abismo de la muerte, según que habías jurado a nuestros padres en los días antiguos.

11. Y todos los santos respondieron, diciendo: Es nuestro Dios para siempre, por los siglos de los siglos, y durante todos ellos nos regirá. Así sea. Alabad a Dios.

12. Y los demás profetas recitaron también pasajes de sus viejos cánticos, consagrados a alabar a Dios. Y todos los santos hicieron lo mismo.

XXVI. Llegada de los santos antiguos al Paraíso y su encuentro con Enoch y con Elías

1. Y el Señor, tomando a Adán por la mano, lo puso en las del arcángel Miguel, al cual siguieron asimismo todos los santos.

2. Y los introdujo a todos en la gracia gloriosa del Paraíso, y dos hombres, en gran manera ancianos, se presentaron ante ellos.

3. Y los santos los interrogaron, diciendo: ¿Quiénes sois vosotros, que no habéis estado en los infiernos con nosotros, y que habéis sido traídos corporalmente al Paraíso?

4. Y uno de ellos repuso: Yo soy Enoch, que he sido transportado aquí por orden del Señor. Y el que está conmigo es Elías, el Tesbita, que fue arrebatado por un carro de fuego. Hasta hoy no hemos gustado la muerte, pero estamos reservados para el advenimiento del Anticristo, armados con enseñas divinas, y pródigamente preparados para combatir contra él, para darle muerte en Jerusalén, y para, al cabo de tres días y medio, ser de nuevo elevados vivos en las nubes.

XXVII. Llegada del buen ladrón al Paraíso

1. Y mientras Enoch y Elías así hablaban, he aquí que sobrevino un hombre muy miserable, que llevaba sobre sus espaldas el signo de la cruz.

2. Y, al verlo, todos los santos le preguntaron: ¿Quién eres? Tu aspecto es el de un ladrón. ¿De dónde vienes, que llevas el signo de la cruz sobre tus espaldas?

3. Y él, respondiéndoles, dijo: Con verdad habláis, porque yo he sido un ladrón, y he cometido crímenes en la tierra. Y los judíos me crucificaron con Jesús, y vi las maravillas que se realizaron por la cruz de mi compañero, y creí que es el Creador de todas las criaturas, y el rey todopoderoso, y le rogué, exclamando: Señor, acuérdate de mí, cuando estés en tu reino. Y, acto seguido, accediendo a mi súplica, contestó: En verdad te digo que hoy serás conmigo en el Paraíso. Y me dio este signo de la cruz, advirtiéndome: Entra en el Paraíso llevando esto, y, si su ángel guardián no quiere dejarte entrar, muéstrale el signo de la cruz, y dile: Es Jesucristo, el hijo de Dios, que está crucificado ahora, quien me ha enviado a ti. Y repetí estas cosas al ángel

guardián, que, al oírmelas, me abrió presto, me hizo entrar, y me colocó a la derecha del Paraíso, diciendo: Espera un poco, que pronto Adán, el padre de todo el género humano, entrará con todos sus hijos, los santos y los justos del Cristo, el Señor crucificado.

4. Y, cuando hubieron escuchado estas palabras del ladrón, todos los patriarcas, con voz unánime, clamaron: Bendito sea el Señor todopoderoso, padre de las misericordias y de los bienes eternos, que ha concedido tal gracia a los pecadores, y que los ha introducido en la gloria del Paraíso, y en los campos fértiles en que reside la verdadera vida espiritual. Así sea.

XXVIII. Carino y Leucio concluyen su relato

1. Tales son los misterios divinos y sagrados que oímos y vivimos, nosotros, Carino y Leucio.

2. Mas no nos está permitido proseguir, y contar los demás misterios de Dios, como el arcángel Miguel los declaró altamente, diciéndonos: Id con vuestros hermanos a Jerusalén, y permaneced en oración, bendiciendo y glorificando la resurrección del Señor Jesucristo, vosotros a quienes él ha resucitado de entre los muertos. No habléis con ningún nacido, y permaneced como mudos, hasta que llegue la hora en que el Señor os permita referir los misterios de su divinidad.

3. Y el arcángel Miguel nos ordenó ir más allá del Jordán, donde están varios, que han resucitado con nosotros en testimonio de la resurrección del Cristo. Porque hace tres días solamente que se nos permite, a los que hemos resucitado de entre los muertos, celebrar en Jerusalén la Pascua del Señor con nuestros parientes, en testimonio de la resurrección del Cristo, y hemos sido bautizados en el santo río del Jordán, recibiendo todos ropas blancas.

4. Y, después de los tres días de la celebración de la Pascua, todos los que habían resucitado con nosotros fueron arrebatados por nubes. Y, conducidos más allá del Jordán, no han sido vistos por nadie.

5. Estas son las cosas que el Señor nos ha ordenado referiros. Alabadlo, confesadlo y haced penitencia, a fin de que os trate con piedad. Paz a vosotros en el Señor Dios Jesucristo, Salvador de todos los hombres. Amén.

6. Y, no bien hubieron terminado de escribir todas estas cosas sobre resmas separadas de papel, se levantaron. Y Carino puso lo que había escrito en

manos de Anás, de Caifás y de Gamaliel. E igualmente Leucio dio su manuscrito a José y a Nicodemo.

7. Y, de súbito, quedaron transfigurados, y aparecieron cubiertos de vestidos de una blancura deslumbradora, y no se los vio más.

8. Y se encontró ser sus escritos exactamente iguales en extensión y en dicción, sin que hubiese entre ellos una letra de diferencia.

9. Y toda la Sinagoga quedó en extremo sorprendida, al ver aquellos discursos admirables de Carino y de Leucio. Y los judíos se decían los unos a los otros: Verdaderamente es Dios quien ha hecho todas estas cosas, y bendito sea el Señor Jesús por los siglos de los siglos. Amén.

10. Y salieron todos de la Sinagoga con gran inquietud, temor y temblor, dándose golpes de pecho, y cada cual se retiró a su casa.

11. Y José y Nicodemo contaron todo lo ocurrido al gobernador, y Pilatos escribió cuanto los judíos habían dicho tocante a Jesús, y puso todas aquellas palabras en los registros públicos de su Pretorio.

XXIX. Pilatos en el templo

1. Después de esto, Pilatos, habiendo entrado en el templo de los judíos, congregó a todos los príncipes de los sacerdotes, a los escribas y a los doctores de la ley.

2. Y penetró con ellos en el santuario, y ordenó que se cerrasen todas las puertas, y les dijo: He sabido que poseéis en este templo una gran colección de libros, y os mando que me los mostréis.

3. Y, cuando cuatro de los ministros del templo hubieron aportado aquellos libros adornados con oro y con piedras preciosas, Pilatos dijo a todos: Por el Dios vuestro Padre, que ha hecho y ordenado que este templo fuera construido, os conjuro a que no me ocultéis la verdad. Sabéis todos vosotros lo que en estos libros está escrito. Pues ahora manifestadme si encontráis en las Escrituras que ese Jesús, a quien habéis crucificado, es el Hijo de Dios, que debía venir para la salvación del género humano, y explicadme cuántos años debían transcurrir hasta su venida.

4. Así apretados por el gobernador, Anás y Caifás hicieron salir de allí a los demás, que estaban con ellos, y ellos mismos cerraron todas las puertas del templo y del santuario, y dijeron a Pilatos: Nos pides, invocando la edificación

del templo, que te manifestemos la verdad, y que te demos razón de los misterios. Ahora bien: luego que hubimos crucificado a Jesús, ignorando que era el Hijo de Dios, y pensando que hacía milagros por arte de encantamiento, celebramos una gran asamblea en este mismo lugar. Y, consultando entre nosotros sobre las maravillas que había realizado Jesús, hemos encontrado muchos testigos de nuestra raza, que nos han asegurado haberlo visto vivo después de la pasión de su muerte. Hasta hemos hallado dos testigos de que Jesús había resucitado cuerpos de muertos. Y hemos tenido en nuestras manos el relato por escrito de los grandes prodigios cumplidos por Jesús entre esos difuntos. Y es nuestra costumbre que cada año, al abrir los libros sagrados ante nuestra Sinagoga, busquemos el testimonio de Dios. Y, en el primer libro de los Setenta, donde el arcángel Miguel habla al tercer hijo de Adán, encontramos mención de los cinco mil años que debían transcurrir hasta que descendiese del cielo el Cristo, el Hijo bien amado de Dios, y consideramos que el Señor de Israel dijo a Moisés: Haz un arca de alianza de dos codos y medio de largo, de codo y medio de alto, y de codo y medio de ancho. En estos cinco codos y medio hemos comprendido y adivinado el simbolismo de la fábrica del arca del Antiguo Testamento, simbolismo significativo de que, al cabo de cinco millares y medio de años, Jesucristo debía venir al mundo en el arca de su cuerpo, y de que, conforme al testimonio de nuestras Escrituras, es el Hijo de Dios y el Señor de Israel. Porque, después de su pasión, nosotros, príncipes de los sacerdotes, presa de asombro ante los milagros que se operaron a causa de él, hemos abierto estos libros, y examinado todas las generaciones hasta la generación de José y de María, madre de Jesús. Y, pensando que era de la raza de David, hemos encontrado lo que ha cumplido el Señor. Y, desde que creó el cielo, la tierra y el hombre, hasta el diluvio, transcurrieron dos mil doscientos doce años. Y, desde el diluvio hasta Abraham, novecientos doce años. Y, desde Abraham hasta Moisés, cuatrocientos treinta años. Y, desde Moisés hasta David, quinientos diez años. Y, desde David hasta la cautividad de Babilonia, quinientos años. Y, desde la cautividad de Babilonia hasta la encarnación de Jesucristo, cuatrocientos años. Los cuales forman en conjunto cinco millares y medio de años. Y así resulta que Jesús, a quien hemos crucificado, es el verdadero Cristo, hijo del Dios omnipotente.

Primera carta de Pilatos a Tiberio

XXX. Carta de Pilatos al emperador

1. Poncio Pilatos a Claudio Tiberio César, salud.

2. Por este escrito mío sabrás que sobre Jerusalén han recaído maravillas tales como jamás se vieran.

3. Los judíos, por envidia a un profeta suyo, llamado Jesús, lo han condenado y castigado cruelísimamente, a pesar de ser un varón piadoso y sincero, a quien sus discípulos tenían por Dios.

4. Lo había dado a luz una virgen, y las tradiciones judías habían vaticinado que sería rey de su pueblo.

5. Devolvía la vista a los ciegos, limpiaba a los leprosos, hacía andar a los paralíticos, expulsaba a los demonios del interior de los posesos, resucitaba a los muertos, imperaba sobre los vientos y sobre las tempestades, caminaba por encima de las ondas del mar, y realizaba tantas y tales maravillas que, aunque el pueblo lo llamaba Hijo de Dios, los príncipes de los judíos, envidiosos de su poder, lo prendieron, me lo entregaron, y, para perderlo, mintieron ante mí, diciéndome que era un mago, que violaba el sábado, y que obraba contra su ley.

6. Y yo, mal informado y peor aconsejado, les creí, hice azotar a Jesús y lo dejé a su discreción.

7. Y ellos lo crucificaron, lo sepultaron, y pusieron en su tumba, para custodiarlo, soldados que me pidieron.

8. Empero, al tercer día resucitó, escapando a la muerte.

9. Y, al conocer prodigio tamaño, los príncipes de los judíos dieron dinero a los guardias, advirtiéndole: Decid que sus discípulos vinieron al sepulcro, y robaron su cuerpo.

10. Mas, no bien hubieron recibido el dinero, los guardias no pudieron ocultar mucho tiempo la verdad, y me la revelaron.

11. Y yo te la transmito, para que abiertamente la conozcas, y para que no ignores que los príncipes de los judíos han mentido.

Libros a la carta

A la carta es un servicio especializado para

empresas,

librerías,

bibliotecas,

editoriales

y centros de enseñanza;

y permite confeccionar libros que, por su formato y concepción, sirven a los propósitos más específicos de estas instituciones.

Las empresas nos encargan ediciones personalizadas para marketing editorial o para regalos institucionales. Y los interesados solicitan, a título personal, ediciones antiguas, o no disponibles en el mercado; y las acompañan con notas y comentarios críticos.

Las ediciones tienen como apoyo un libro de estilo con todo tipo de referencias sobre los criterios de tratamiento tipográfico aplicados a nuestros libros que puede ser consultado en Linkgua-ediciones.com.

Linkgua edita por encargo diferentes versiones de una misma obra con distintos tratamientos ortotipográficos (actualizaciones de carácter divulgativo de un clásico, o versiones estrictamente fieles a la edición original de referencia).

Este servicio de ediciones a la carta le permitirá, si usted se dedica a la enseñanza, tener una forma de hacer pública su interpretación de un texto y, sobre una versión digitalizada «base», usted podrá introducir interpretaciones del texto fuente. Es un tópico que los profesores denuncien en clase los desmanes de una edición, o vayan comentando errores de interpretación de un texto y esta es una solución útil a esa necesidad del mundo académico.

Asimismo publicamos de manera sistemática, en un mismo catálogo, tesis doctorales y actas de congresos académicos, que son distribuidas a través de nuestra Web.

El servicio de «libros a la carta» funciona de dos formas.

1. Tenemos un fondo de libros digitalizados que usted puede personalizar en tiradas de al menos cinco ejemplares. Estas personalizaciones pueden ser de todo tipo: añadir notas de clase para uso de un grupo de estudiantes, introducir logos corporativos para uso con fines de marketing empresarial, etc. etc.

2. Buscamos libros descatalogados de otras editoriales y los reeditamos en tiradas cortas a petición de un cliente.